Colloquial
Greek

The Colloquial Series

* Colloquial Albanian
* Colloquial Arabic of Egypt
* Colloquial Arabic (Levantine)
* Colloquial Arabic of the Gulf
  and Saudi Arabia
* Colloquial Bulgarian
* Colloquial Cantonese
* Colloquial Chinese
* Colloquial Czech
* Colloquial Danish
* Colloquial Dutch
* Colloquial English
* Colloquial Estonian
* Colloquial French
  Colloquial German
* Colloquial Greek
* Colloquial Hungarian

* Colloquial Indonesian
* Colloquial Italian
* Colloquial Japanese
* Colloquial Persian
* Colloquial Polish
  Colloquial Portuguese
* Colloquial Romanian
* Colloquial Russian
* Colloquial Serbo-Croat
* Colloquial Spanish
* Colloquial Spanish of Latin
  America
* Colloquial Swedish
* Colloquial Thai
* Colloquial Turkish
* Colloquial Ukrainian
* Colloquial Vietnamese

* Accompanying cassette(s) available

Colloquial
Greek

Niki Watts

London and New York

First published 1994
by Routledge
11 New Fetter Lane, London EC4P 4EE

Simultaneously published in the USA and Canada
by Routledge
29 West 35th Street, New York, NY 10001

© 1994 Niki Watts

Typeset in Times Ten by Florencetype Ltd, Kewstoke, Avon

Printed and bound in England by Clays Ltd, St Ives plc

British Library Cataloguing in Publication Data
A catalogue record for this book is available from the British Library

Library of Congress Cataloging in Publication Data
A catalog record for this book has been applied for

ISBN 0–415–08690–6 (book)
ISBN 0–415–08691–4 (cassettes)
ISBN 0–415–08692–2 (book and cassettes course)

I would like to thank Quentin Watts, Tina Lendari and Aglaia Kasdagli for reading the book and for their helpful suggestions.

I would also like to thank Richard Watts, whose computer expertise was invaluable in the compilation of the glossaries and the reference sections of the book.

Niki Watts
Cambridge, 1994.

Σας καλωσορίζουμε στο βιβλίο μας
Colloquial Greek
και σας ευχόμαστε καλή διασκέδαση
και . . . καλό ταξίδι!

Welcome to
Colloquial Greek
We hope you will enjoy it.

Contents

Preface

Colloquial Greek has been written with the aim of helping the student to learn modern Greek through a balanced provision of material which, inevitably, makes use of grammar in order to explain the intricacies of the language but without putting undue emphasis on grammatical jargon.

From the very beginning, the intention has been to provide a clear explanation of the basic structures of the language, plenty of examples to illustrate these structures, dialogues and narrative to reinforce and exercises to help the student consolidate what has been introduced.

The elements of the written and the spoken language are neatly interwoven together through the combination of the book and the cassette. The latter contains most of the dialogues and narratives in the book and offers an excellent opportunity to listen carefully and repeatedly to the native speakers guiding you smoothly through modern Greek pronunciation. Please, remember that a language can best be learned through continuous repetition and practice, and the dialogues and narratives in the book provide ample opportunity for this, further reinforced by the tape.

With its clear explanations, ample exercises and key to exercises, *Colloquial Greek* caters for the student learning the language on his or her own. However, in view of the numbers of students who prefer and, indeed, have the opportunity to learn the language with the aid of a teacher, exercises which offer the additional challenge of freer self-expression have also been provided.

The principle of discovery, widely used in formal education, has also been implemented sparingly by guiding students towards discovering things for themselves as well as towards developing techniques to tackle new structures and words when confronted with them.

Every effort has been made to use authentic material wherever possible. Every attempt has been made to cater for a wide range of interests, and, while not neglecting the practical aspects, the reading material has been carefully chosen to inform the student about things Greek in general, from Greek food and wine to Greek traditions.

Practical matters are the first concern when learning a language: how to ask for things, how to change travellers' cheques, how to reserve a room at an hotel. Increasingly challenging subjects are tackled as the student acquires more confidence in the language: the landscape, the antiquities present in every corner of Greece, history, poetry and religion.

During this journey through the Greek language, do not forget that the more exciting the journey the more adventure you will encounter and the more persistence you will need. Take it easy, in stages, move at your own pace and repeat things when you need to, not only when you are asked to.

In the words of one of the best-known Greek poets, C. P. Cavafy:

Pray that your journey be long,
that there may be many summer mornings
when with what joy, what delight
you will enter harbours you have not seen before.

Να εύχεσαι να 'ναι μακρύς ο δρόμος.
Πολλά καλοκαιρινά πρωϊά να είναι
που με τι ευχαρίστηση, με τι χαρά
θα μπαίνεις σε λιμένες πρωτοειδωμένους.

Ιθάκη

Suggestions for further reading

At various points in *Colloquial Greek* you will find a recommendation that, should you wish further explanation, you might like to consult a Greek dictionary or a Greek grammar. Being painfully aware of how limited the choice of both is, we hope that you will find a few suggestions helpful.

Any reasonably recent pocket dictionary (published in a new edition after 1982), e.g.:

> HarperCollins *The Greek Pocket Dictionary* H. Hionides
> New Edition 1988: Niki Watts and Helen Papageorgiou
> Oxford University Press *Oxford Learner's Pocket Dictionary*
> D. N. Stavropoulos 1990

For those who wish to study Greek in more detail the following two volumes will prove invaluable, although the first of the two has not had its accentuation system updated:

> Oxford University Press *Oxford English–Greek Learner's Dictionary* 1977
> Oxford University Press *Oxford Greek–English Learner's Dictionary* 1987
> Both volumes are by D. N. Stavropoulos

The subject of grammar reference books is more complicated. In short, there is nothing on the market in English that is suitable at this level.

If your Greek reaches a reasonable level, you may in the future wish to consider the standard school grammar in use in Greece *Νεοελληνική Γραμματική* του Μανόλη Τριανταφυλλίδη. It has been written for use in Greek secondary schools and as a result its language and approach are quite accessible, but it is not suitable for beginners.

Those who wish to take up the study of Greek in greater depth might like to consider reading a book published by Oxford University Press: *The Modern Greek Language* by Dr Peter Mackridge. This is probably the best study of Modern Greek in the English language but is written for the academic reader.

First steps

The introduction will introduce you to:

- the alphabet
- a few common Greek expressions

We will be taking the first steps in learning to read Greek, albeit in a simple form in the initial stages. We will start with the alphabet and we will proceed to learn a few basic phrases and words in Greek which will prove very useful both in the lessons to come and on visits to Greece and Cyprus.

The use of the accompanying tapes, if you have them, will be invaluable in helping you take these first few steps. An additional help will be the transliteration (the equivalent pronunciation in the Latin alphabet) which you will be provided with, exceptionally, in the first lesson. Sound equivalences can be misleading, and the differences can be just as revealing in helping you try to pronounce the language as closely as possible to an authentic pronunciation. Possible equivalences and differences will be pointed out to you in the initial stages but, if you have the tapes, listen to them as often as you can. Use them to learn, as well as to reinforce what you have already learned.

The Greek alphabet

'It's Greek to me!'

The phrase may have come into being largely on account of the alphabet, since it tends to intimidate, looking so different from the Latin alphabet. However, once you have mastered the various letters, it is very easy to read. Unlike English, the same letter, or combination of letters, is pronounced in exactly the same way wherever it occurs.

The vowels

These are:

α
ε
η   ι   υ
ο   ω

α	pronounced as the English *a*	as in *a*gain
ε	pronounced as *e*	as in th*e*n

The next three vowels may look very different but they are pronounced in exactly the same way.

η
ι
υ   all pronounced as *i*, the English *e*   as in th*e*se

There is no distinction between the short and longer *i* as in English in, e.g., 'ship' and 'sheep'. In Modern Greek there are three single letters ι, η, υ all with the same sound.

The next two letters also share the same sound:

ο
ω   both pronounced *o*   as in *o*pera

Exercise 1

The following letters are the upper-case (capital) equivalents of the vowels you have just learned. They are not in the correct order. See if you can match them up correctly. Some are obvious, but you may have some difficulty with others. You can consult the alphabet chart on the inside cover.

α	Ω
ε	A
η	Y
ο	E
ι	H

υ ο
ω ι

The consonants

Some consonants are very similar to those in the Latin alphabet; some are equivalent in appearance and sound, but some in appearance only; this can be deceptive.

Let's begin with those that are very similar to sounds you already know from English.

Similar are:

M μ	pronounced as *m*	as in *m*other
N ν	pronounced as *n*	as in *n*o
K κ	pronounced as *k* or *c*, but much softer	as in *k*eep and *c*at
T τ	pronounced something between the English *t* and *d*	as in *t*able but much softer
Z ζ	pronounced as *z*	as in *z*est

Note: The upper-case letters are the same as in the Latin alphabet, but not the lower-case ones.

The following three letters are deceptively similar in appearance to English letters but are pronounced quite differently.

Β β	pronounced as the English *v*	as in *v*ase
P ρ	pronounced as *r*	as in *r*oll

P, ρ may be the Greek equivalent of the English *r* but it is a rolling sound, far closer to the way this is spoken in Scotland, if you are familiar with Scottish pronunciation.

X χ	is on the other hand a far gentler sound in Greek, more like the English *h* closer in fact to the *ch* sound	as in *h*ave as in Ba*ch*

By far the largest category includes letters which look refreshingly new:

Γ γ	is as *g* if followed by **α**, **o** or **ου** but much softer but as *y* if followed by **ε** or **ι**	as in *g*allant as in *y*et
Δ δ	it has the sound of *th*	as in *th*e

Θ θ	This can also be represented by *th*	as in *th*eme
Λ λ	This is similar to *l*	as in *l*imit
Ξ ξ	Similar to *x*	as in *X*ero*x*
Π π	like *p* but much softer	as in *p*ope

(This in fact has a sound between the English b and p.)

Σ σ ς	is similar to *s*	as in *s*afe

(σ is used at the beginning and in the middle of the word and ς at the end; the latter is perhaps more appropriately referred to as the final ς.)

Φ φ	pronounced as *f*	as in *f*ire
Ψ ψ	This may be a rather difficult sound.	
	is like *ps*	as in cor*ps*e

It is the letter that has given us words like 'psychology' and 'psyche' but has lost some of its initial harshness in English by dropping the sound of the *p*.

Note: The alphabet has not been given in alphabetical order as we have concentrated on the sounds of the letters rather than their names. Refer to the alphabet chart on the inside cover.

Expressions and the stress-accent

If you have the cassettes, listen to the relevant section a few times before moving on to the next step to form words with the sounds we have learned so far.

Greek word	Transliteration	Meaning
Όχι	Óhi	No
σιγά	sigá	slowly or quietly
παρακαλώ	parakaló	please
καλό ταξίδι	kaló taxíthi	bon voyage
καλή όρεξη	kalí órexi	bon appétit
μάλιστα	málista	yes (certainly)
τίποτα	típota	nothing
καλημέρα	kaliméra	good morning
καληνύχτα	kaliníhta	good night
καλησπέρα	kalispéra	good evening
αμέσως	amésos	immediately

The stress-accent

From the above words and phrases you will have noticed the use of the stress-accent. With a few exceptions, it is used on every word with more than one syllable, and nowadays simply has the function of telling the reader which syllable must be stressed. Greek, far more than English, has a definite stressed syllable in every word with more than one syllable. This is placed over the appropriate vowel, if lower-case, and beside it if upper-case, like this:

ά   Ά   έ   Έ   ό   Ό   ί   Ί

The accents on upper-case letters are used only if the word is in upper and lower case. If a word is entirely in upper-case letters, the stress-accent is omitted altogether (see Exercise 3, below).
At times, the meaning of otherwise identical words is determined by the position of the stress-accent.

το* τζαμί	to tzamí	the mosque
but		
το* τζάμι	to tzámi	the glass
το* άνθος	to ánTHos	the flower
but		
ο* ανθός	o anTHós	the blossom
ο* γέρος	o yéros	the old man
but		
γερός	yerós	robust, sturdy

* All Greek nouns will appear in word lists with the relevant definite article, ο, η, το, which is the equivalent of 'the' in English. Nouns in English will not appear with the definite article from now on. The reasons for doing this in Greek will become apparent in later lessons.

The stress-accent merely results in a change in the pronunciation of a word, as in the case of

| μία | mí-a | one (feminine) |
| μια | mia | one (feminine) |

The first is pronounced as two syllables with the stress on **ί,** while the second one is pronounced as one syllable with no stress.
It is vital to try to stress the correct syllables when reading or speaking Greek. The stress-accent will guide you. This is an area in which native English speakers may have particular difficulty.

Exercise 2

You have already come across some of the following words but not necessarily in exactly the same context. Can you give their meaning?

καλή, μέρα, νύχτα, ταξίδι, όρεξη, μία μέρα, μία νύχτα

How do you read the following two words which have exactly the same meaning but differ in pronunciation?

δύο	**thio**	two
δυο	**thio**	two

(**Hint:** How many syllables does each have?)

1 Reading and speaking Greek

This lesson will deal with:

- more details of the Greek alphabet
- signs
- greetings and introductions

The aim in this, the first lesson, is to help you consolidate what you have learned about the Greek alphabet in the Introduction. We are going to do this through exercises and reading passages or dialogues, during which we shall rely heavily on the cassettes.

In the dialogues that follow, the purpose is to help you become more familiar with the way the language sounds and to understand the gist of what is being said. Do not be concerned with grammar or punctuation at this stage as these will be dealt with in later lessons. What is important is to listen as much as you can, certainly more than once, to the native speakers reading the words and phrases of the exercises and the dialogues. For those of you who have only bought the book, you will find the transliteration given either in the exercises themselves or in the Key to Exercises at the end of the book.

Let us begin with some signs which you are likely to see if you go to Greece or Cyprus on holiday.

Exercise 1

Can you read these signs on your own and then transcribe them in lower-case letters? If you have the cassettes, listen again and put the stress-accents on the correct syllable, i.e. the one that is emphasized by the reader.

ΕΞΟΔΟΣ	éxothos	exit
ΑΠΟΧΩΡΗΤΗΡΙΑ	apohoritíria	toilets
ΤΡΑΠΕΖΑ	trápeza	bank
ΣΤΑΣΗ	stási	stop (e.g. bus stop)
ΕΣΤΙΑΤΟΡΙΟ	estiatório	restaurant
ΤΑΞΙ	taxí	taxi
ΚΛΙΝΙΚΗ	klinikí	clinic
ΑΝΔΡΩΝ	anthrón	Gents (toilets)
ΠΕΖΟΔΡΟΜΟΣ	pezóthromos	pedestrian area
ΕΡΓΑ	érga	road works
ΑΕΡΟΛΙΜΕΝΑΣ	aeroliménas	airport
ΑΕΡΟΔΡΟΜΙΟ	aerothrómio	airport
ΣΤΑΘΜΟΣ	staTHmós	railway

Exercise 2

A great many English words derive from Greek words. Can you recognize the following Greek words well enough to suggest their possible equivalents in English?

η ψυχολογία	το τηλέφωνο	το ράδιο
η αλφαβήτα	η σύνθεση	το αεροπλάνο
η τεχνολογία	η αρχιτεκτονική	η βιολογία
η φωτογραφία	η ηχώ	ηλεκτρονικός
η δημοκρατία	τα μαθηματικά	ο ηλεκτρισμός
το εξάγωνο	η ιδέα	το θέατρο
η ορχήστρα	ο μύθος	

Exercise 3

Equally, there are many words in Greek in daily use which are also used in English and are clearly recognizable as such or almost identical to them. Can you match them with the correct English word from the list that follows? Remember that the pronunciation may well have changed and been adapted to the Greek alphabet and pronunciation.

το τέλεξ	*also known as* ο τηλέτυπος *but more often referred to as* τέλεξ *in business*
το τέλεφαξ	or το φαξ
το βίντεο	
το σινεμά	

το εξπρές
το κανό
η καφετερία   *also pronounced as*   η καφετέρια
το μίνι
η σαλάτα
το μιλκ σέικ
το μότο

cinema, fax, canoe, milk shake, express, mini-dress or mini-skirt, cafeteria, motto, telex, video, salad.

Exercise 4

You have already come across the individual words which can be used to form the following short phrases. Using this knowledge, can you express the following in Greek?

a nice day, have a good journey, quietly please, enjoy your meal, taxi please, good night, slowly please.

Double letters (vowels and consonants)

Double vowels, or diphthongs

Sometimes two vowels or two consonants appear side by side and are treated as a single letter in terms of their sound. When two vowels do this, they are known as diphthongs. The thing to remember is that they are then pronounced as one letter. These are:

ει οι   They have the same sound as the single vowels we have already come across ι, η, υ.

αι   This is pronounced the same as an already familiar sound ε.

ου   is a new sound, however, similar to the *oo* sound in English, as in the word *too*.

ει has the sound *i*, and αι has the sound *e*.

Both α and ε can also be combined with υ to form two distinct sounds:

αυ	pronounced *av*	as in	h*av*e
αυ	pronounced *af*	as in	*af*ter

εu	pronounced *ev*	as in	*ev*er
εu	pronounced *ef*	as in	*ef*fect

In the case of diphthongs where the stress-accent happens to lie on the syllable of the diphthong, it is placed on the second vowel of the two in the pair, e.g. **θεραπεία**, **φαρμακείο**.

If, however, the stress-accent falls on the first of two vowels which could be a diphthong, the two vowels are treated as two separate letters e.g. **τσάι**, **μιλκ σέικ**.

Exercise 5 ▣▣

If you have the cassettes, listen carefully to the following words. Read them aloud, referring to the transliteration in the Key to Exercises if you need to. Which English words do they remind you of? Write them down and check your answers in the Key to Exercises.

η θεραπεία	**η μουστάρδα**
το φαρμακείο	**η σάουνα**
η Ευρώπη	**το ούζο**
η αρχαιολογία	**το σουπερμάρκετ**
η τηλεπάθεια	**ο κομουνισμός**

Double consonants

Certain combinations of consonants have a special sound when they appear side by side.

μπ	pronounced as *b* at the beginning of a word	as in *b*ird
	and as *mb* in the middle of a word	as in ba*mb*oo
ντ	pronounced as *d* at the beginning of a word	as in *d*emand
	and as *nd* in the middle of a word	as in da*nd*elion
γκ	pronounced as *g* at the beginning of a word	as in *g*oal
	and as *ng* in the middle of a word	as in a*ng*uish
γγ	pronounced as *ng*	as in a*ng*el
τσ	pronounced as *ts*	as in ca*ts*
τζ	pronounced as *tz*	as in *tz*atziki

Double consonants such as **λλ**, **σσ**, are pronounced the same as a single consonant:

| **η Ελλάδα** | **i elátha** | Greece |
| **ο Έλληνας** | **o élinas** | Greek (man) |

η Ελληνίδα	i elinítha	Greek (woman or girl)
τα ελληνικά	ta eliniká	Greek (language)
η θάλασσα	i THálasa	sea

Exercise 6

In an earlier exercise we looked at some similarities between words used in English and in Greek. Appearances, however, can be deceptive at times. If you go into a Greek electrical goods shop and ask for

ένα πικ απ, παρακαλώ　　(**ένα** = one)

it won't be a pickup truck. Or if at a kiosk or supermarket you ask for

τσιπς, παρακαλώ

What will you get?
When someone tells you that he has

μια κάμερα

he does not in fact have a camera. What does he have?
On the other hand you will be quite safe in knowing what you will be enjoying if you ask the barman for

ένα ουίσκυ, παρακαλώ
or
δύο τζιν, παρακαλώ

Look the answers up in the Key to Exercises.

Exercise 7

Some of the following words are known to you through their English equivalents. Refer to their transliteration in the Key to Exercises. They are not necessarily pronounced the same as in English. Give their meaning.

το γκαράζ	**ο μάνατζερ**	**το μπέικον**
το μάρκετινγκ	**το γκρουπ**	**το σινεμά**
το πάρκινγκ	**μπράβο**	**το κέτσαπ**
ο κομπιούτερ		

Exercise 8

Here are a few more signs that will help you find your way about.
Pay particular attention to the stress-accent. To help you, they are
given in both upper-case letters (in the form in which you are likely
to encounter them) and in lower case so that you can see where the
stress-accent falls.

ΕΙΣΟΔΟΣ	είσοδος	ENTRANCE
ΤΟΥΑΛΕΤΕΣ	τουαλέτες	TOILETS
ΓΥΝΑΙΚΕΣ	γυναίκες	LADIES
ΤΑΧΥΔΡΟΜΕΙΟ	ταχυδρομείο	POST OFFICE
ΕΣΤΙΑΤΟΡΙΟ	εστιατόριο	RESTAURANT
ΝΟΣΟΚΟΜΕΙΟ	νοσοκομείο	HOSPITAL
ΛΕΩΦΟΡΕΙΟ	λεωφορείο	BUS
ΠΛΗΡΟΦΟΡΙΕΣ	πληροφορίες	INFORMATION
ΑΡΤΟΠΩΛΕΙΟ	αρτοπωλείο	BAKERY
ΚΑΠΝΟΠΩΛΕΙΟ	καπνοπωλείο	TOBACCONIST
ΚΡΕΟΠΩΛΕΙΟ	κρεοπωλείο	BUTCHER'S
ΠΑΝΤΟΠΩΛΕΙΟ	παντοπωλείο	GROCERY SHOP
ΒΙΒΛΙΟΠΩΛΕΙΟ	βιβλιοπωλείο	BOOKSHOP
ΧΑΡΤΟΠΩΛΕΙΟ	χαρτοπωλείο	STATIONER'S
ΠΕΡΙΠΤΕΡΟ	περίπτερο	KIOSK

Exercise 9

What would you associate the following words with? Choose from
the list that follows.

το ταξί	εντάξει	όχι	παρακαλώ
η στάση	η έξοδος	το τέλεξ	το φαρμακείο
το νοσοκομείο	τα τσιπς	το ούζο	καλησπέρα

transport, medicines, agreement, illness, eating, request, greeting,
leaving, business, drinking, refusal, buses.

Dialogue – Greetings [oo]

Two acquaintances meet each other on their way to work

– Καλημέρα	Kaliméra
– Καλημέρα	Kaliméra
– Πώς είστε;	Pos íste?

– Ετσι κι έτσι,
  ευχαριστώ.   Étsi k étsi, efharistó

Good morning
Good morning
How are you?
So so, thanks.

– Κι εσείς;   K esís?
– Καλά, ευχαριστώ.   Kalá, efharistó

And you?
Fine, thanks.

New words:

πώς είστε;   How are you? (polite plural)
εσείς   you (plural, here used as the polite plural)

Although there are only two people involved in this short exchange, both the verb **είστε** and the personal pronoun **εσείς** are in the plural. This is because the two people involved are not well known to each other and they are using the polite plural.

Dialogue – More greetings

In the next dialogue, similar questions are asked but in a different way, and they receive different answers

– Καλημέρα   Kaliméra
– Καλή σας μέρα   Kali sas méra
– Τι κάνετε;   Ti kánete?
– Πολύ καλά, ευχαριστώ.   Polí kalá, efharistó.
  Εσείς;   Esís?
– Κι εγώ, ευχαριστώ.   K egó, efharistó

Good morning
Good day to you
How are you doing?
Very well, thank you.
And you?
I am well, too, thanks.

A few new words have been introduced:

πολύ	very
κάνετε	you do (polite plural)
τι κάνετε;	how are you? (how are you doing?), polite plural form

Dialogue – Introductions 📟

We can extend the next dialogue a little further. It is evening, and the person you are about to meet is accompanied by a female friend, Νίκη Σταματοπούλου (Niki Stamatopooloo), whom he will introduce to you. You are only occasional acquaintances and the 'polite plural' form is used. Unfortunately, Ms Stamatopoulou has to leave in a hurry to catch her bus shortly after the introductions are completed

Vocabulary

συστήνω	sistíno	I introduce
σας	sas	you
η κυρία	i kiría	Mrs
ο κύριος	o kírios	Mr
χαίρω πολύ	héro polí	pleased to meet you
επίσης	epísis	too, also
α!	a	oh!
να	na	there, as in 'there it is'
συγνώμη	siynómi	excuse me
το λεωφορείο	to leoforío	bus
το βράδυ	to vráthi	the evening
καλό βράδυ	kaló vráthi	have a good evening

(compare with **καλή σας μέρα** earlier in this lesson).

– Καλησπέρα.
– Καλησπέρα, τι κάνετε;
– Πολύ καλά. Να σας συστήσω. Η κυρία Σταματοπούλου, ο κύριος Jones.
– Χαίρω πολύ.
– Επίσης. Πώς είστε;
– Καλά, ευχαριστώ. Α, να το λεωφορείο, συγνώμη. Καληνύχτα.
– Καλό βράδυ.

If you have the cassettes, listen to the appropriate section. If you do not have them, refer to the Key to Exercises for the transliteration.

Points of interest

The Greek question-mark – ;

The Greek question-mark is just like the English semi-colon, which, of course, means that Greek semi-colon must be different, and it is. It is like a full stop but placed higher up, like this – **καληνύχτα·** There are a number of hidden cultural peculiarities in this dialogue worth noting and remembering. We have already encountered the use of the 'polite plural' and, hand in hand with this, the form of the introductions.

Names

Note that both the man and the woman are introduced to each other using their surnames (**κυρία Σταματοπούλου, κύριος Jones**), which befits a rather formal occasion. However, when two people become better acquainted, they will tend to maintain the use of the 'polite plural' but will indicate the change in their relationship by addressing each other using **κύριος, κυρία** but with their first names, e.g. **η κυρία Νίκη, ο κύριος David**. When they become much friendlier, they will then drop the 'polite plural' and address each other as **Νίκη, David**. The way they greet each other will also change, as in the following dialogue.

Dialogue – Less formality

Two friends pass each other in the street

– Χαίρετε.	Hérete	Hello.
– Γεια σου. Τι κάνεις;	Ya soo. Ti kánis?	Hi. How are you?
– Έτσι κι έτσι, εσύ;	Étsi k étsi, esí?	So so. You?
– Κι εγώ. Γεια σου.	K egó. Ya soo	Me too. Bye.
– Χαίρετε.	Hérete	Goodbye.

Points of interest

Γεια σου, γεια
'Hullo', 'hi', but also 'bye-bye'.

χαίρετε

is a general all purpose greeting that can be used when meeting or departing at any time of the day or night. It can be used in a formal or a less formal situation. However, the use of **γεια σου, γεια σας** or **γεια** is more widespread.

τι κάνεις;

Note the different form. Previously it was **τι κάνετε**; now it is used in the second person singular (i.e where one person is addressed as 'you').

Narrative – Πού είναι το διαβατήριό μου; Where is my passport? ▨

In the following passage the young man has just discovered that he is planning to catch a plane but has forgotten an essential item

Vocabulary

η φίλη	friend
η βαλίτσα	suitcase
το διαβατήριο	passport
το ξενοδοχείο	hotel
γρήγορα	quick
ποιο;	which?
πού είναι;	where is it?
το αυτοκίνητο	car
όχι	no

Εγώ, η φίλη μου η Μαρία και η βαλίτσα μας είμαστε στο αεροδρόμιο. Το διαβατήριό μου, όμως, είναι στο ξενοδοχείο. Γρήγορα, ένα ταξί!

– Ταξί, παρακαλώ.
– Μάλιστα, κύριε.
– Στο ξενοδοχείο, παρακαλώ.
– Ποιο ξενοδοχείο, και πού είναι το ξενοδοχείο, κύριε;
– Α! Μαρία, γρήγορα, ποιο ξενοδοχείο είναι; ... Το

ξενοδοχείο η «Αργώ», παρακαλώ, γρήγορα.
– Καλά, κύριε, μην κάνετε έτσι. Αυτοκίνητο είναι, όχι αεροπλάνο!

Points of interest

Punctuation

–

You must have noticed the way a dialogue is laid out, the use of a dash indicating a change of speaker.

« »

The word **«Αργώ»** is enclosed in the Greek quotation marks.

. . .

The dots . . . indicate a certain hesitation or speech missing in a text. Sometimes they are just used for emphasis.

Linguistic

Note the use of the words:

μάλιστα, κύριε   Yes, sir

Μάλιστα is used in a formal situation, as in English one would tend to use 'Yes, Sir', but in Greek **μάλιστα** can be used on its own. Generally **Ναι** is used for 'Yes'.

μην κάνετε έτσι   Don't worry (literally, Don't go on like this).

It is used as much to console as to reassure.

το διαβατήριό μου

Earlier in the lesson we said that, with exceptions, all words with more than one syllable have one stress-accent. In some cases we may find no stress-accent at all, or two as in this case. The reasons are rather complicated and outside the scope of this book. Both syllables with stress-accents are stressed.

στο, στη   to

It is formed by **σ** and a form of the definite articles **το, τη**, joined together, in this case to indicate movement towards.

Comprehension

Answer these questions in English.

1 Who is at the airport and why are they there?
2 Why is one of them calling for a taxi?
3 Where does he ask the taxi-driver to take him?
4 What is the name of the hotel?
5 Why do you think the man in the dialogue has caught a taxi and not a bus?
6 What does the taxi-driver mean by his last sentence, **Αυτοκίνητο είναι, όχι αεροπλάνο**?

Exercise 10

What is the relationship, if any, between each pair of words that follow:

γρήγορα	σιγά
κύριος	κυρία
όχι	μάλιστα
το ταξίδι	το διαβατήριο
πού	ποιο
το αυτοκίνητο	το ταξί
το αεροπλάνο	το αεροδρόμιο
το αεροδρόμιο	ο αερολιμένας

2 Meeting people

In this lesson you will learn about:

- the verb *to be* **είμαι**
- the personal pronouns, e.g. *I* **εγώ**
- possession – the possessive pronouns, e.g. *my* **μου**
- the definite article, *the* **ο, η, το**
- the indefinite article, e.g. *a* **ένας, μία , ένα**
- how to formulate questions
- more useful phrases when meeting people
- shopping

Dialogue – Με συγχωρείτε . . . 🔲

The lady in front of you in the bus queue has dropped her newspaper
without realizing it

Vocabulary

συγνώμη	I beg your pardon
με συγχωρείτε	excuse me
η εφημερίδα	newspaper
παρακαλώ	not at all

- Με συγχωρείτε, η εφημερίδα σας.
- Συγνώμη;
- Η εφημερίδα σας.
- Α, ναι· ευχαριστώ.
- Παρακαλώ.

Excuse me, your newspaper.
I beg your pardon?
Your newspaper.
Oh, yes; thank you very much.
Not at all.

Language points

1 Possession – possessive pronouns

In the dialogue above, the first speaker says **η εφημερίδα σας**, i.e. 'your newspaper'. The possessive pronoun is used to indicate ownership. In Greek, the possessive pronouns are as follows:

Singular

μου	my
σου	your
του, της, του	his, her, its

Plural

μας	our
σας	your
τους	their

In the examples that follow, note the position of the pronoun in relation to the object concerned. In English we say *my newspaper*, *his restaurant*, *our hospital*. In Greek the order is different:

η εφημερίδα μου
το εστιατόριό του
το νοσοκομείο μας

Exercise 1

From the two columns of Greek words can you choose the correct pairs which have the same meaning as the English short phrases below? The first has been done for you:

η σαλάτα μου (*my salad*).

η σαλάτα	**της**
το σινεμά	**του**
το βίντεο	**μας**

η φωτογραφία	μου
ο σταθμός	σας
το αεροδρόμιο	τους
η στάση	μου
το βιβλιοπωλείο	τους

my salad, their cinema, your video, my photograph, their station, our airport, his stop, her bookshop.

Exercise 2

The English phrases below explain which object belongs to whom. The names of the objects are also listed in Greek but not in the correct order. Can you select the correct form of the Greek pronoun for each object, like this:

This is Maria's passport – **το διαβατήριό της** *her passport*

Philip's and Peter's hotel
The woman's taxi
The aeroplane is mine
The restaurant belonged to a husband and wife team
Paul had an eventful journey to Corfu

το ξενοδοχείο
το ταξί
το αεροπλάνο
το εστιατόριο
το ταξίδι

2 The definite article – ο, η, το

In Lesson 1 it was pointed out that nouns will be appearing in the word lists in this book with their appropriate definite article, e.g. **το ταξίδι, το ξενοδοχείο, η καφετερία, η κυρία, η εφημερίδα, το βίντεο, ο κύριος.** Now it's time to explain why; the definite article – **ο, η, το** – is the most clear indicator of the gender of a noun, whether it is masculine, feminine or neuter. In Greek this is important because nouns are used with different endings according to their context; the gender acts as a guide as to how these endings change.

Masculine	Feminine	Neuter
Singular		
ο	η	το
Plural		
οι	οι	τα

The following are some examples of nouns with their appropriate definite article:

Masculine	Feminine	Neuter
ο πεζόδρομος	η δημοκρατία	το ταξίδι
ο αερολιμένας	η τουαλέτα	το εστιατόριο
ο σταθμός	η στάση	το βιβλιοπωλείο

Exercise 3

We have already come across the words below with their definite article. Fill in the gaps with the correct form of the definite article. If you cannot remember, go back to the previous pages and find out what it is.

– κύριος	– κυρία	– Ελληνίδα
– στάση	– σταθμός	– ταξί
– έξοδος	– ούζο	– θάλασσα
– φαρμακείο	– βράδυ	– Ελλάδα
– Ευρώπη	– Έλληνας	– ταξίδι

Exercise 4

Draw a circle round the words which are usually preceded by the definite article **το**. Write them down together with their meaning and check that you have remembered them correctly.

εντάξει   αεροδρόμιο   έτσι κι έτσι   ευχαριστώ

πληροφορίες   περίπτερο   όχι

αυτοκίνητο   βαλίτσα   καλός   νοσοκομείο

ελληνικά   μουστάρδα   λεωφορείο

Once you have written them all down, have you noticed any similarities about their endings? Make a mental note of these since you will find them useful later on.

Dialogue – Ordering a snack 〔▢▢〕

Vocabulary

η πορτοκαλάδα	orangeade
ο καφές	coffee
ο στιγμιαίος καφές	instant coffee
το καφεδάκι	small coffee (usually used for Greek coffee, which comes in small cups)
το τυρί	cheese
η ντομάτα	tomato
μέτριος	medium

– Παρακαλώ;
– Μία πορτοκαλάδα, παρακαλώ.
– Τίποτα άλλο;
– Ναι, ένα τοστ με τυρί και ντομάτα για την κυρία και ένα καφεδάκι.
– Ελληνικό καφέ ή στιγμιαίο για την κυρία;
– Ένα μέτριο, ευχαριστώ.

Yes, please?
An orangeade, please.
Anything else?
Yes, a toasted sandwich with cheese and tomato for the lady, and a coffee.
Greek coffee or instant for the lady?
A medium sweet. Thank you.

Points of interest

παρακαλώ

Note its use here and compare it with its use in Dialogue 5. In Lesson 1 we came across it being used as the equivalent of *please* in English. In Dialogue 1 it was used in response to **ευχαριστώ**. Here, it is used in a phrase which is the equivalent of the English phrase *Yes, please?* one hears in shops and restaurants.

το τοστ

This is reminiscent of the English word *toast* but it is used to mean toasted sandwich while **η φρυγανιά** is used for *toast*.

ο καφές 🔲🔲

In Greece and Cyprus Greek coffee is served in small cups with the sugar already added before the coffee is served. When you order Greek coffee you need to specify how sweet you want it. It comes in the following grades of sweetness, beginning with very sweet to containing no sugar at all:

βαρύς γλυκός	very sweet
γλυκός	sweet
μέτριος	medium sweet
σκέτος	no sugar added

Note: You will have noticed that a different form of words is sometimes used when ordering drinks and food from that given in the vocabulary lists. This will be explained in later lessons.

Language points

3 The indefinite article – ένας, μία, ένα

Like the definite article – **ο, η, το** – the indefinite article also has different forms according to the gender of the noun it defines. We have already come across its feminine form (**μία** or **μια**). Remember the difference in pronunciation between **μία** and **μια**, determined by the position of the accent? If not, go back to Lesson 1 and check it out.

Masculine	*Feminine*	*Neuter*
ένας	μία *or* μια	ένα
ένας άντρας	μία *or* μια γυναίκα	ένα παιδί

Exercise 5

In the following list nouns are given with their appropriate definite article. Copy them, substituting the indefinite article instead.

η πορτοκαλάδα	το τυρί	ο καφές
το καφεδάκι	ο κύριος	η ντομάτα
η φρυγανιά	το τοστ	

Exercise 6 🔾🔾

Look in the glossary at the back of the book for the meaning of these words. Put them into groups according to the form of the indefinite article, **ένας, μια, ένα,** they use and write down their meaning beside them. Use the cassettes, if you have them, to help you with their pronunciation.

λεμονάδα	παγωτό	λεμόνι
στιγμιαίος καφές	τσάι	σαλάμι
ζαμπόν	νερό	πάστα
αγγούρι	γάλα	γιαούρτι
χυμός πορτοκαλιού		

4 Questions 🔾🔾

We have already encountered the Greek questionmark (;) and have seen examples of questions in Greek. Basically, there are two ways of asking a question: Questions which begin with a question word such as *where* **πού,** *who* **ποιος, ποια, ποιο,** *what* **τι,** etc., and questions which have the same word order as sentences but are followed by a question-mark and the appropriate tone inflection.

We have seen some examples of both of these already:

Τίποτ' άλλο;
Ελληνικό καφέ για την κυρία;

Questions beginning with a question word:

Ποιο ξενοδοχείο, κύριε;
Πώς είστε;
Τι κάνεις;

Unlike English, the questions in the first group have the same word order whether they are a sentence or a question. What distinguishes a sentence from a question is the voice inflection if the question is spoken, and the presence of the question-mark if it is written.

In the case of questions beginning with a question word, the latter simply begins the question.

The following are some examples of sentences and questions. If you have the cassettes, listen carefully to how a sentence is intoned differently from the question. Repeat each one after the native speaker you hear on the cassette.

Να σας συστήσω.   Να σας συστήσω;
Να το λεωφορείο, συγνώμη.   Συγνώμη;
Μάλιστα, κύριε.   Μάλιστα;
Παρακαλώ.   Παρακαλώ;

Τι κάνεις;
Πώς είστε;
Πού είναι το ξενοδοχείο;
Ποιος είναι ο κύριος;

5 The verb to be είμαι

This is an irregular verb and has to be learned in its own right without any reference that will help us later on with other verbs. We have already used three forms of it in questions:

Πώς είσαι;
Πώς είστε;
Πού είναι το ξενοδοχείο;

The first form is the informal way of addressing a friend, and the second the more formal form of address directed at older people or distant acquaintances.

Present
Singular   *Plural*
είμαι   I am   είμαστε   we are
είσαι   you are   είστε   you are
είναι   he/she/it is   είναι   they are

The first thing you will notice is that, while in English the personal pronoun, *I, you, he, she, it,* etc., is always used together with the verb in order to distinguish the person it is referring to, in Greek this is not necessary. The ending of the verb itself differs from the first person to the second and so on, and this indicates whether the speaker is referring to himself or herself, or to another person or persons.

Although in the above example there may be cause for confusion in the use of **είναι** which could be applied to a man, a woman, an object or a number of them, in the case of most verbs each form is different and is a clear indication in itself.

6 The personal pronoun I, you, he etc. – εγώ

Although in certain contexts it is not necessary to use the personal pronoun *I*, *you*, *he* etc., with the verb, there are of course circumstances where it is necessary to use the personal pronoun as, for example, where the emphasis is placed on the person rather than the action taken.

Singular		*Plural*	
εγώ	I	**εμείς**	we
εσύ	you	**εσείς**	you
αυτός, αυτή, αυτό	he, she, it	**αυτοί, αυτές, αυτά**	they

Exercise 7

Answer the questions below, in Greek, and check your answers in the Key to Exercises section.

Ποιος είναι;	**Εσύ είσαι Παύλο;**
Πώς είσαι;	**Είστε Ελληνίδα;**
Τι είναι;	

Exercise 8

In the dialogue below, only part of the dialogue is provided. Can you provide the missing parts? The word **η** is the article used with feminine nouns; **ή** with an accent means *or* and has the accent in order to distinguish it from the definite article. You will see it used in the dialogue.

-
- Μια λεμονάδα, παρακαλώ.
- Μια λεμονάδα ή ένα χυμό λεμονιού;
- Μια λεμονάδα.
-
- Όχι, ευχαριστώ.

Exercise 9

The following sentences and questions have their words all jumbled up. Can you sort them out into the right order? Remember to put in the upper-case letter wherever appropriate. In Greek, as in English, a sentence begins with an upper-case letter, and so do names.

1 παύλος έλληνας είναι ο.
2 ένα παρακαλώ γλυκό καφέ.
3 νίκη η πώς είναι;

4 πολύ χαίρω
5 το πού είναι λεωφορείο;
6 πολύ ευχαριστώ.
   παρακαλώ.

Exercise 10

You are at a Greek coffee shop. You want to order but the waiter is not paying much attention to you. Try to attract his attention, and once you do so order yourself a Greek coffee without sugar and a glass of water. Then, turn to Key to Exercises to see some of the possible ways of doing so.

Narrative – Ψώνια *Shopping* 📼

A young lady is at an open market and is looking to buy vegetables and fruit in season. It is summer.

Essential vocabulary

(You can look up any other vocabulary you may need in the Glossary at the back of the book.)

ο Αύγουστος	August
το πρωί	morning
η αγορά	market
το μανάβικο	greengrocer's
η δραχμή	drachma
το κιλό	kilo
το μισό κιλό	half a kilo
όλα μαζί	altogether
ορίστε	here you are
τότε	then
φρέσκα	fresh
αμέσως	immediately

Είναι Αύγουστος, πρωί. Η Σοφία είναι στην αγορά, στο μανάβικο. Κόσμος πολύς.

– Παρακαλώ;
– Πόσο κάνουν οι ντομάτες;
– 200 δραχμές το κιλό.
– Και τα αγγούρια;
– Τα αγγούρια είναι 50 δραχμές το ένα.
– Ένα κιλό ντομάτες και δύο αγγούρια, παρακαλώ.
– Αμέσως.
– Τα λεμόνια πόσο κάνουν;
– Είναι 200 δραχμές το κιλό, και τα πορτοκάλια είναι 200 δραχμές το κιλό.
– Είναι φρέσκα;
– Βέβαια είναι φρέσκα.
– Τότε και ένα κιλό λεμόνια, παρακαλώ.
– Βέβαια. Ορίστε οι ντομάτες και τα αγγούρια. Να και τα λεμόνια σας.
– Πόσο κάνουν όλα μαζί;

Points of interest

Linguistic

κάνουν

This is the same verb we encountered earlier on but in a different context and in a different form in the phrases

τι κάνεις;	how are you? (informal)
τι κάνετε;	how are you? (formal)

In the phrase **πόσο κάνουν** it means *How much are they?* If the enquiry concerns just one item then the phrase would change to **πόσο κάνει**; H*ow much is it?*

Να

This is used roughly as the equivalent of *here, there* in English as in *Here you are, There it is.*

Να το βιβλίο	Here is the book
Να τον Νίκο	There is Nikos

Comprehension

(a)   Please answer the following questions in English.

1 Is the weather cold or hot?
2 Where is she shopping?
3 What did she buy?
4 Did she buy yoghurt?
5 How many kilos of oranges did she buy?
6 What was the total cost of the groceries?

(b) Please answer these questions in Greek. Read the passage again carefully and you will find the answers there.

1 What did the grocer say when he gave the customer her groceries?
2 How many kilos of tomatoes did the customer buy?
3 What is the name of the lady doing the shopping?
4 Do we know the time of day the lady visited the market?
5 How much were the lemons?

Exercise 11

Finish the exchange between the greengrocer and the customer. The greengrocer has already been paid. What will he say when he returns her change? She thanks him and says goodbye. Remember that they do not know each other.

You will find the following new word useful:

τα ρέστα   change (money)

Exercise 12

A lady has left the greengrocer's store forgetting to collect all her shopping. She has left behind her yoghurt, **το γιαούρτι**. Write a short dialogue of a possible exchange between them. The grocer will need to attract her attention first. How will he do it if (a) he does not know her name; (b) he knows her name is **Σοφία** but she is only an occasional customer?

You might like to re-read the first dialogue before writing your own.

3 Travel

In this lesson we will look at:

- the verb *to have* έχω
- verbs ending in -ω and -ώ
- the present tense
- endings of neuter nouns
- numbers
- time
- travel

Dialogue – Buying a train ticket 🔘

Vocabulary

το εισιτήριο	ticket
το απλό εισιτήριο	one-way ticket
το εισιτήριο με επιστροφή	return ticket
η Θεσσαλονίκη	Salonica
η χιλιάδα	thousand
πέντε	five
οκτώ	eight
δέκα	ten

– Ένα εισιτήριο για τη Θεσσαλονίκη, παρακαλώ.
– Απλό ή με επιστροφή;
– Πόσο κάνει το απλό και πόσο το εισιτήριο με επιστροφή;
– Το απλό για τη Θεσσαλονίκη είναι πέντε χιλιάδες και με
  επιστροφή . . . οκτώ χιλιάδες δραχμές.
– Τότε, ένα με επιστροφή, παρακαλώ.
– Οκτώ χιλιάδες δραχμές.

– Έχω δέκα χιλιάδες δραχμές.
– Τα ρέστα σας, δύο χιλιάδες δραχμές.
– Ευχαριστώ, γεια σας.
– Καλό ταξίδι!

A ticket for Salonica, please.
Single or return?
How much is the single and how much the return?
The single to Salonica is five thousand and the return eight thousand drachmas.
Then a return, please.
Eight thousand drachmas.
I have ten thousand drachmas.
Your change, two thousand drachmas.
Thank you, bye.
Have a pleasant journey!

Language point

7 The verb to have έχω

Verbs are words which describe what we do, e.g. *come, go, have, write*. In English, we will be listing verbs like this: *to have, to write, to go*. In Greek we will be listing them in the first person singular like this: **έχω, είμαι**.

Singular	
έχ-ω	I have
έχ-εις	you have
έχ-ει	he/she/it has

Plural	
έχ-ουμε	we have
έχ-ετε	you have
έχ-ουν	they have

There are a number of things worth noting about **έχω**:

(a) It ends in **-ω.**
(b) Its endings, separated from the main part of the verb, which remains the same in the singular and the plural, are quite typical of the endings of other verbs ending in **-ω** as distinct from verbs ending in **-ώ,** which we will be discussing later in this lesson.

(c) It refers to the present.

Let us look at some examples of its use. In the dialogue above, the passenger says:

Έχω δέκα χιλιάδες δραχμές.

Other examples:

Ο Παύλος και η Νίκη έχουν αυτοκίνητο.
Ο κύριος Γιώργος έχει σπίτι με κήπο.
Η Θεσσαλονίκη έχει αεροδρόμιο.

Exercise 1 (1η άσκηση)

Translate the above examples into English. If there are any words you do not know, look them up in the Glossary at the back of the book.

Exercise 2 (2η άσκηση)

Using the verb **έχω** as an example, give the various present-tense forms of the verb **δένω**, meaning *to tie* or *to bind* – as in *to tie a knot* or *to bind a book*. Give all three forms in the singular (i.e. for one person) and in the plural (i.e. for more than one persons).

8 Numbers 1–20

We have already used some numbers between 1 and 20. The following is a complete list of numbers 1–20.

ένα	1		
δύο	2		
τρία	3		
τέσσερα	4		
πέντε	5		
έξι	6		
επτά	7	(εφτά)	
οκτώ	8	(οχτώ)	you may also come across these forms
εννέα	9	(εννιά)	
δέκα	10		
έντεκα	11		
δώδεκα	12		
δεκατρία	13		

δεκατέσσερα	14	
δεκαπέντε	15	
δεκαέξι	16	
δεκαεπτά	17	(δεκαεφτά)
δεκαοκτώ	18	(δεκαοχτώ)
δεκαεννέα	19	(δεκαεννιά)
είκοσι	20	

After twenty, we simply add numbers 1–9 after the 20, 30, 40, and so on, like this:

είκοσι ένα
είκοσι δύο
είκοσι τρία
είκοσι τέσσερα
κτλ*

*κτλ is an abbreviation for **και λοιπά** and is the equivalent of *etc.*

You will find more numbers in Lesson 4.

Exercise 3 *(3η άσκηση)*

Give in full the numbers listed below in figures. Write them down, followed by the words accompanying them. You are familiar with most of the words but in slightly different form. Do you recognize them? Check your answers in the Key to Exercises.

1 5 λεμόνια
2 24 πορτοκάλια
3 13 αυτοκίνητα
4 3 βιβλιοπωλεία

5 9 αεροπλάνα
6 4 εστιατόρια
7 6 ταχυδρομεία
8 2 ταξίδια

Now look up the singular form (i.e. for one item only) in the Glossary and make a list in two columns:

for one item
(the form in the glossary)

for more than one items
(the form in which they appear above)

Example:

το τυρί   **τα τυριά**

Do you see any similarities?

9 Endings of neuter nouns, singular and plural forms

In Lesson 2 we talked about the definite article **o**, **η**, **το** and gave its plural forms **οι**, **οι**, **τα**.

In English we simply add an *s* at the end of a noun when we speak about many objects, e.g. we say *one desk, many desks*. Some nouns, of course, form their plural forms differently, e.g. *one man, many men*, but these are the exceptions rather than the rule.

In Greek, nouns also have different forms in the plural but, although most of them fall into easy categories that follow certain rules, the plural is not formed as simply as in English.

In Greek, some nouns are masculine, some feminine, while others are neuter. In Lesson 2 we have already seen that all masculine nouns are preceded by the article **o**, feminine nouns are preceded by **η** and neuter nouns by **το**.

In Exercise 4, Lesson 2, and in Exercise 3 above you were asked to see if you could establish any similarities in the endings of the neuter nouns.

In Exercise 4, Lesson 2 they all ended in -**o**:

το ταχυδρομείο	το νοσοκομείο
το περίπτερο	το λεωφορείο
το αυτοκίνητο	

In Exercise 3 above they fell into two categories. Some indeed ended in -**o** but others ended in -**ι**:

το αυτοκίνητο	το πορτοκάλι
το βιλιοπωλείο	το λεμόνι
το αεροπλάνο	το τυρί
το εστιατόριο	το ταξίδι
το ταχυδρομείο	

Most neuter nouns (i.e. those preceded by **το**) have these endings but not all. We have already come across different endings, as in **το βράδυ**, which ends in -**υ**.

In the plural (i.e. for more than one object) neuter nouns end in -**α**. So we have:

τα αυτοκίνητα	τα πορτοκάλια
τα βιβλιοπωλεία	τα λεμόνια
τα αεροπλάνα	τα τυριά
τα εστιατόρια	τα ταξίδια
τα ταχυδρομεία	

In the first instance, the -**o** ending was changed to -**α** . In the second instance, an -**α** was added to -**ι**. In the case of **το τυρί** because the stress-accent falls on the last syllable it moves to the -**ά**, the last letter.

Exercise 4 *(4η άσκηση)*

Organize the neuter nouns listed below into two groups according to their ending, i.e. those ending in -**o** and those ending in -**ι**. Then form their plural by following the rules outlined above and check your answers in the Key to Exercises. The meaning of new words is given beside them. You will find them useful later on in this lesson.

το αεροπλάνο	
το τρένο	train
το αεροδρόμιο	
το εισιτήριο	
το νησί	island
το λιμάνι	port
το πλοίο	ship
το διαβατήριο	passport
το ταξίδι	
το παιδί	child
το ποδήλατο	bicycle
το λάστιχο	tyre
το πρατήριο (βενζίνης)	petrol station
το συνεργείο	garage (for car repairs)
το αυτοκινητάκι	toy car (compare with **αυτοκίνητο**)
το λεπτό	minute

Exercise 5 *(5η άσκηση)*

Use the words listed below to make six sentences using the correct form of the verb **έχω** and the full form of the numbers given below in figures. Decide on the best position of **έχω** in the sentence like this: **Η Νίκη έχει δυο παιδιά.**

1 Ο Γιώργος 3 εισιτήρια.

2 Εγώ 2 ποδήλατα.

3 Το ταξί 4 λάστιχα

4 Τα παιδιά 5 αυτοκινητάκια. Το ένα 2.

5 Η Μαρία αυτοκίνητο;

6 Το πρατήριο βενζίνη.

Dialogue – Στη στάση At the bus stop 🔲

A tourist is at a bus stop in the centre of Athens and wants to know how to get to the Acropolis

Vocabulary

αλλά	but
το τρόλεϊ	trolley bus
ο δρόμος	road
ίσια εμπρός	straight ahead
μακριά	away
εκεί	there
νομίζω	I think
πενήντα	fifty

- Αυτή είναι η στάση για το λεωφορείο;
- Ναι, αλλά πού πάτε;
- Στην Ακρόπολη.
- Στην Ακρόπολη να πάτε με το τρόλεϊ.
- Πού είναι η στάση του τρόλεϊ, παρακαλώ;
- Ίσια εμπρός.
- Είναι μακριά;
- Όχι, πέντε έξι λεπτά δρόμος, να εκεί.
- Ευχαριστώ πολύ. Πόσο κάνει το εισιτήριο;
- Νομίζω, ένα πενηντάρικο.
- Τι είναι το πενηντάρικο;
- Πενήντα δραχμές.
- Ευχαριστώ. Γεια σας.

Is this the bus stop?
Yes, but where are you going?
To the Acropolis.
Go by trolley bus to the Acropolis.
Where is the stop for the trolley bus, please?
Straight ahead.
Is it far?
No, five to six minutes away, look there.
Thank you very much. How much is the fare?
A fifty drachma coin, I think.
What is πενηντάρικο?

Fifty drachmas.
Thank you, Goodbye.

Points of interest

ï, ü, î, ũ

The diaeresis, i.e. two dots over a letter, is used with either the letter ι or the letter υ. It has a special function. It tells us that this letter is to be treated as a separate letter from the one coming before it, in other words it is to be pronounced as a separate letter and not to be taken as part of a diphthong.

Examples:

In the word **το εισιτήριο,** the initial letters **ει-** are treated as a single sound, i.e. a diphthong

In the word **το λεωφορείο,** **-εί-** is treated as one letter, i.e. a diphthong because the stress-accent falls on **-ί-.**

In the word **το μιλκ σέικ,** **-ε-** and **-ι-** are taken as two separate letters because the stress-accent falls on **-έ-.**

In the word **το τρόλεϊ** the diaeresis over the letter ι, **-ϊ** – indicates that this letter is read as a separate sound from **-ε-.**

Language point

10 Now – the present tense

When discussing the verb **έχω** we noted that it ended in -**ω** and that it describes actions that take place in the present. We also made a distinction between verbs ending in -**ω** and those ending in -**ώ.**

The reason for this is that they follow different rules in forming their tenses, and we will be looking at these two major categories of verbs throughout the book.

In English we say *I go to work every day* but *I am going to work now.* In other words, we distinguish between an action that takes place habitually and an action that we are actually carrying out this very moment.

In Greek, there is no such distinction. The same form of the verb is used to describe

(a) a habitual action and
(b) an action I am peforming now.

So, in English we would say *I eat fish on Fridays*, but *I am eating fish now*; in Greek we say **τρώω ψάρι κάθε Παρασκευή** and **τρώω ψάρι τώρα**.
Now let's look at the other group of verbs ending in -**ώ**.
The present tense of the verb **απαντώ** to answer.

Singular		*Plural*	
απαντ-ώ	I answer	**απαντ-ούμε**	we answer
απαντ-άς	you answer	**απαντ-άτε**	you answer
απαντ-ά	he/she/it answers	**απαντ-ούν**	they answer

Note the different endings when compared to verbs ending in -**ω** like **έχω**.
Some verbs ending in -**ώ** form their present tense with some differences, like **ωφελώ** *to benefit*.

Singular		*Plural*	
ωφελ-ώ	I benefit	**ωφελ-ούμε**	we benefit
ωφελ-είς	you benefit	**ωφελ-είτε**	you benefit
ωφελ-εί	he/she/it benefits	**ωφελ-ούν**	they benefit

The differences are underlined. They apply to the present tense and to tenses based on the present tense which will be discussed further in the relevant lessons.
The reasons for these differences are historical in origin and it would not be helpful to explain in this book. In time you will remember which verbs are conjugated like **απαντώ** and which like **ωφελώ**.

Exercise 6 *(6η άσκηση)*

Go back to the verb **έχω** at the beginning of this lesson and to **απαντώ** and **ωφελώ** above and re-read them. On this basis make sentences with the verbs listed below, using the words given alongside each verb. In addition you may need to use some of your own words. The first one has been done for you.

αγοράζω	to buy	εγώ (**Εγώ αγοράζω παπούτσια.**)
πηγαίνω	to go	η Σοφία και ο Γιώργος
χάνω	to lose, to miss	ο κύριος
ρωτώ	to ask	η Νίκη
αργώ	to be late	εμείς
αγαπώ	to love	εσύ
ταξιδεύω	to travel	η κυρία
αναχωρώ	to depart	εσείς, για

Exercise 7 (7η άσκηση)

From the list of words below select those that may be related to *travel*. If there are any amongst them you do not know, look them up in the Glossary at the back.

θάλασσα	πλοίο	αεροδρόμιο	λεμόνια	οδηγός
ρωτώ	τρένο	ταξίδι	πτήση	λεπτό
πετώ	ψάρι	βενζίνη	ταξί	
δραχμές		περίπτερο	σουπερμάρκετ	φέριμποτ

11 Numbers above 20 είκοσι

Earlier in this chapter we dealt with numbers from 1 to 20. Numbers over 20 are easy, provided you know the appropriate number for 20, 30, etc. These are as follows:

είκοσι	20	εβδομήντα	70
τριάντα	30	ογδόντα	80
σαράντα	40	ενενήντα	90
πενήντα	50	εκατό	100
εξήντα	60		

To express a number between 20 and 30, simply begin with 20 and add the appropriate unit between 1 and 9, e.g.:

25 είκοσι πέντε
27 είκοσι επτά
21 είκοσι ένα
κλπ.

12 Forms of numbers

Some numbers, like nouns, have a masculine, a feminine and a neuter form. The form in which we have encountered them is their neuter form. Numbers between 5 and 100 have only this one form.

The number 2 also has only one form. Numbers 1, 3 and 4 have a different form according to whether the noun they describe is masculine, feminine or neuter.

Masculine	Feminine	Neuter
ένας	μία ή μια	ένα (This is also the indefinite article)
τρεις	τρεις	τρία
τέσσερις	τέσσερις	τέσσερα

Examples (**Παραδείγματα**):

ένας κύριος	μια κυρία	ένα παιδί
δύο κύριοι	δύο κυρίες	δύο παιδιά

13 The time – η ώρα

In English we say *five (minutes) past ten,* i.e. first we put the minutes, followed by the hour. In Greek it is the reverse. First we put the hour and then the minutes past or to the hour.

και	past (the hour) (We have already used it with the meaning of *and.*)
παρά	to (the hour)
το λεπτό	minute

10.15	δέκα και δεκαπέντε	ή δέκα και τέταρτο
11.30	έντεκα και τριάντα	ή έντεκα και μισή
9.45	δέκα παρά τέταρτο	
4.40	πέντε παρά είκοσι	
12.05	δώδεκα και πέντε	

When using the twelve-hour clock the abbreviation **πμ** is used for *am* and **μμ** for *pm*. The Greek abbreviations stand for **πριν το μεσημέρι (πμ)** and **μετά το μεσημέρι (μμ)**, i.e. before noon and after noon respectively.

Exercise 8 *(8η άσκηση)*

Which of the times below are between midday and midnight?

δέκα και δέκα μμ	επτά και τέταρτο πμ
τέσσερις παρά πέντε μμ	εννέα παρά είκοσι μμ
δύο και είκοσι πέντε πμ	τρεις και τριάντα μμ
οκτώ και είκοσι πέντε μμ	έντεκα και τρία λεπτά πμ
δώδεκα παρά ένα λεπτό πμ	μία και μισή πμ

Exercise 9 (9η άσκηση)

In the left-hand column the words show action being taken: they are verbs. The right-hand column includes words which may be associated with such action. Pair them up like this: **ταξιδεύω φέρι μποτ.**

πηγαίνω	αυτοκίνητο
χάνω	δραχμές
ρωτώ	μετρό
αγαπώ	παιδιά
πετώ	ψάρια
έχω	αεροπλάνο
τρώω	πώς;

Narrative – Στο Ελληνικό ▣

While reading this narrative, concentrate on getting used to the sound of the language and to understanding the general gist.

Essential vocabulary

η Αθήνα	Athens
το ελικόπτερο	helicopter
αλλά	but
πρώτα	first
μετά	then
το περιοδικό	magazine
η κάρτα επιβίβασης	boarding card
η εφημερίδα	newspaper
η πάστα	pastry
η Ολυμπιακή Αεροπορία	Olympic Airways
το Λονδίνο	London

Στο Ελληνικό, το αεροδρόμιο στην Αθήνα, πηγαίνουμε με λεωφορείο, με ταξί, με αυτοκίνητο ή με . . . ελικόπτερο. Αλλά εμείς πηγαίνουμε με λεωφορείο.

Πρώτα, κοιτάζουμε για τον έλεγχο αποσκευών και εισιτηρίων. Εκεί παίρνουμε και την κάρτα επιβίβασης. Μετά, πηγαίνουμε στον έλεγχο διαβατηρίων και τέλος φτάνουμε στην αίθουσα αναμονής. Εδώ έχει περίπτερα, καφετερίες, καταστήματα αφορολόγητων. Πίνουμε ένα καφεδάκι, αγοράζουμε μια εφημερίδα ή ένα περιοδικό, τρώμε μια πάστα ή ένα σάντουιτς. Ταξιδεύουμε με αεροσκάφος της Ολυμπιακής Αεροπορίας, πτήση ΟΑ327 για το Λονδίνο. Ώρα αναχωρήσεως πέντε και τριάντα.Το ταξίδι είναι τρείς ώρες και τριάντα πέντε λεπτά.

Points of interest

με

In this context it is used with the meaning of *by*:

**πηγαίνει με λεωφορείο
πηγαίνω με αυτοκίνητο
ταξιδεύουν με αεροπλάνο ή με το τρένο**

στον, στην

Can be used to indicate place as well as movement to:

**είμαστε στην* Αθήνα
φτάνουμε στην* αίθουσα αναμονής
πηγαίνουμε στον* έλεγχο διαβατηρίων**

* This form of articles and of the nouns following them will be discussed in Lesson 4.

δεν ⬤⬤

It is used to form negative sentences, e.g. **δεν πηγαίνω** *I am not going*. You will find more details in Lesson 6.

Notices that are commonly encountered at Greek airports:

ΑΦΙΞΕΙΣ	ARRIVALS
ΑΝΑΧΩΡΗΣΕΙΣ	DEPARTURES
ΕΣΩΤΕΡΙΚΕΣ ΠΤΗΣΕΙΣ	INTERNAL FLIGHTS
ΕΛΕΓΧΟΣ ΔΙΑΒΑΤΗΡΙΩΝ	PASSPORT CONTROL
ΕΛΕΓΧΟΣ ΑΠΟΣΚΕΥΩΝ	CHECK IN (Luggage check-in)
ΕΛΕΓΧΟΣ ΕΙΣΙΤΗΡΙΩΝ	CHECK IN (Ticket check-in)
ΑΙΘΟΥΣΑ ΑΝΑΜΟΝΗΣ	LOUNGE
ΑΦΟΡΟΛΟΓΗΤΑ	TAX FREE GOODS

ΣΥΝΑΛΛΑΓΜΑ   FOREIGN EXCHANGE
ΚΡΑΤΗΣΕΙΣ ΞΕΝΟΔΟΧΕΙΩΝ   HOTEL RESERVATIONS

Comprehension

(a) Please answer the questions below in English.

1 What is **το Ελληνικό**?
2 How many people are actually travelling?
3 Where are they going?
4 How are they proposing to get to the airport?

(b) Please answer these questions in Greek.

1 Πώς ταξιδεύουν από την Αθήνα στο αεροδρόμιο;
2 Τι έχει στην αίθουσα αναμονής;
3 Ποια ώρα είναι η πτήση ΟΑ327;
4 Έχουν τα διαβατήριά τους;
5 Πόση ώρα είναι η πτήση για το Λονδίνο;

Exercise 10 (10η άσκηση)

You are in the main lounge of a Greek airport waiting to hear the final announcement to board the plane. What do you have to do when you hear the following announcement made in Greek?

Η πτήση ΟΑ432 αρχίζει την επιβίβαση – έξοδος 4. Διαβατήρια και κάρτες επιβίβασης έτοιμα για έλεγχο.

Exercise 11 (11η άσκηση)

You have arrived at a Greek port aboard a Greek boat. You have been separated from the other members of your party and now you must make your own way out in order to find a taxi. List the signs you will be looking for to guide you out to a taxi rank. You can look at any previous part of the book to refresh your memory.

Exercise 12 (12η άσκηση)

Answer the question below after looking carefully at the picture.

ΣΤΟ ΠΡΑΤΗΡΙΟ ΒΕΝΖΙΝΗΣ

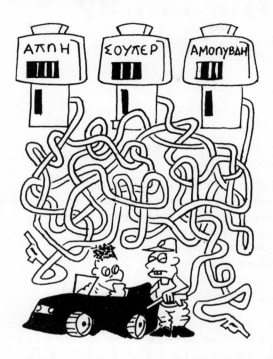

Ο οδηγός είναι στο βενζινάδικο και βάζει βενζίνη. Απλή, σούπερ ή αμόλυβδη;

το βενζινάδικο = το πρατήριο βενζίνης
αμόλυβδη βενζίνη = unleaded petrol.

4 The family
Η οικογένεια

This lesson will deal with:

- the future – the future tense of verbs
- masculine nouns, i.e. those preceded by the article **o**
- feminine nouns, i.e. those preceded by the article **η**
- the use of nouns to show ownership, i.e. the genitive case
- the months of the year
- the seasons
- the days of the week

Dialogue – (Διάλογος)
Στο ξενοδοχείο At the hotel 🔲

You have just arrived at a hotel and you are asked to answer a few questions prior to registering

Vocabulary (Λεξιλόγιο)

το ξενοδοχείο	hotel
στο ξενοδοχείο	at the hotel
ο, η υπάλληλος υποδοχής	receptionist
το όνομα	name
η διεύθυνση	address
το δωμάτιο	room
η πληροφορία	information

– Εδώ είναι το ξενοδοχείο «Η Ακρόπολις»;
– Ναι, αυτό είναι.
– Έχω δωμάτιο για έξι μέρες.

– Το όνομά σας, παρακαλώ;
– Το όνομά μου είναι Richard Brown.
– Α, ναι. Το διαβατήριό σας, παρακαλώ.
– Ορίστε.
– Ευχαριστώ. Η διεύθυνσή σας στην Αγγλία;
– 16 Burleigh Close, Λονδίνο.
– Πόσες μέρες θα είστε μαζί μας, κύριε Brown;
– Έξι. Μια πληροφορία, παρακαλώ· υπάρχει λεωφορείο για την πλαζ;
– Από αύριο, θα πηγαίνει λεωφορείο δυο φορές την ημέρα – στις εννέα το πρωί και στις δύο το απόγευμα.
– Ευχαριστώ.
– Παρακαλώ, καλές διακοπές.

Is this the hotel 'Acropolis'?
Yes, it is.
I have a room for six days.
Your name?
My name is Richard Brown.
Oh yes. Your passport, please.
Here you are.
Thank you. Your address in England?
16 Burleigh Close, London.
How many days will you be with us Mr Brown?
Six. And some information, please; is there a bus to the beach?
From tomorrow a bus will be going twice a day – at nine in the morning and at two in the afternoon.
Thank you.
Not at all, have a nice holiday.

Points of interest

η διεύθυνσή σας, το όνομά σας, το διαβατήριό σας

All these nouns have two stress-accents whilst in Lesson 1 we learned that, in Greek, on the whole all words with more than one syllable have one accent. Two accents are sometimes encountered, and both accented syllables are stressed in speech. The rule is rather involved and beyond the scope of this book.

Exercise 1 (1η άσκηση)

In the dialogue in Greek above, there are two speakers, one is the holidaymaker and the other the receptionist. Copy the dialogue adding the speaker at the beginning of each line ie

Πελάτης   –
Υπάλληλος υποδοχής   –

ο πελάτης = customer

Language points

14 Action that will take place in the future

In English, actions that will take place in the future are preceded by *shall* or *will*. In Greek the word **θα** is used before the verb, i.e. the word describing the action.

There are two forms of action in the future – the first describes actions that will take place in the future repetitively and is known as the future continuous. The following are a few examples in English.

I shall be going to the hospital once a week.
You will be coming here after school.

In Greek, this tense is formed with

θα + the present tense

as we learned it in Lesson 3. Here are some examples:

θα πηγαίνω, θα έχω, θα απαντούν, θα ρωτούν, θα απαντάς, θα ταξιδεύει

The following are full examples with two verbs – one ending in **-ω** and the second ending in **-ώ** .

Present	*Future continuous*
δέν-ω	θα δέν-ω
δέν-εις	θα δέν-εις
δέν-ει	θα δέν-ει
δέν-ουμε	θα δέν-ουμε
δέν-ετε	θα δέν-ετε
δέν-ουν	θα δέν-ουν

απαντ-ώ	θα απαντ-ώ
απαντ-άς	θα απαντ-άς
απαντ-ά	θα απαντ-ά
απαντ-ούμε	θα απαντ-ούμε
απαντ-άτε	θα απαντ-άτε
απαντ-ούν	θα απαντ-ούν

Exercise 2 (2η άσκηση)

The following expressions are associated with repetition of the duration of an action in the future. They are:

από αύριο	from tomorrow
από μεθαύριο	from the day after tomorrow
από την άλλη εβδομάδα	from next week
από εδώ και εμπρός	from now on
κάθε τόσο	every so often

Bearing these in mind, put the following sentences into Greek. If there are any words you do not know, look them up in the Glossary at the back of the book.

1 From next week I shall be going to work by train.
2 Every so often I shall be buying my newspaper in the morning.
3 From the day after tomorrow she will be paying by credit card.
4 From now on his wife will be going with him.
5 From tomorrow, he will be drinking only water.

Exercise 3 (3η άσκηση)

Read the following passage and give a brief account of what its author is planning to do and when. Please look up in the Glossary any words you don't know.

Τέλος στη δουλειά. Από αύριο θα είμαστε διακοπές. Θα περνούμε ζωή και κότα. Το πρωί θα πηγαίνουμε στην πλαζ, θα κολυμπούμε, θα κάνουμε την ηλιοθεραπεία μας, θα πίνουμε το καφεδάκι μας και θα διασκεδάζουμε με την ησυχία μας.

Point of interest

θα περνούμε ζωή και κότα

This is an idiomatic phrase roughly equivalent to the English idiom *to lead the life of Riley*. Look up in the Glossary the literal meaning of the words **η ζωή, η κότα**.

15 Nouns

Gender

We have been giving all nouns with their (definite) article, e.g. **o αερολιμένας, η Μαρία, το λεμόνι**, in lists of words in order to help you remember them together and make it easier when you come to the point of needing to know their gender in order to use them correctly.

The names of people and animals are generally masculine when referring to male members of the species and feminine when describing females.

So, in English we use the word *dog* for the male of the species (masculine) and *bitch* for a female animal (feminine).

In Greek we have **o σκύλος** *the dog*, **η σκύλα** *the bitch*; there is also a neuter form when we are not sure of the sex of the animal, **το σκυλί**.

Some other examples are:

| cat | **o γάτος** | **η γάτα** | **το γατί** |
| donkey | **o γάιδαρος** | **η γαϊδούρα** | **το γαϊδούρι** |

Words referring to men are masculine and words referring to women are feminne:

| father | **o πατέρας** | son | **o γιος** |
| mother | **η μητέρα** | daughter | **η κόρη** |

Number

Apart from a singular form, i.e. a form for one object, nouns also have a plural form, i.e. for many objects. We have seen these two different forms – singular and plural – in the previous lesson with reference to neuter nouns, e.g.:

Singular	Plural
το ταχυδρομείο	τα ταχυδρομεία
το εστιατόριο	τα εστιατόρια
το λεμόνι	τα λεμόνια

Cases

Within the singular or plural, nouns are also used in different forms called cases. In English this is not so apparent except in such phrases as *Paul's book, Maria's car, the woman's dress* (the genitive case).

In the sentence *Paul is here* the word *Paul* is in the nominative case.

In the sentence *I saw Paul* the word *Paul* is in the accusative case.

In the phrase *Paul, come here* the word *Paul* is in the vocative case.

In English, the difference among the cases can be seen more clearly if we substitute for the name *Paul* the word *he*.

Nominative	*He* is here
Genitive	It's *his* book
Accusative	I saw *him*
Vocative	It's used to attract attention or call somebody

In Greek, these differences are more apparent than in English, as in the example above using *he*.

16 Masculine nouns

In this section we will deal with masculine nouns – those preceded by **o**. Some examples we have already used in this and previous lessons are: **o Γιώργος, o δρόμος, o κύριος, o σταθμός, o αερολιμένας, o πατέρας**.

There are three principal categories of masculine nouns we will deal with in this lesson – those ending in **-ος, -ης, -ας**. We will be using the following examples: **o ουρανός** *the sky*, **o ναύτης** *the sailor*, **o μήνας** *the month*:

	-ος	-ης	-ας
Singular			
Nominative	ο ουρανός	ο ναύτης	ο μήνας
Genitive	του ουρανού	του ναύτη	του μήνα
Accusative	τον* ουρανό	το* ναύτη	το* μήνα
Vocative	ουρανέ	ναύτη	μήνα
Plural			
Nominative	οι ουρανοί	οι ναύτες	οι μήνες
Genitive	των ουρανών	των ναυτών	των μηνών
Accusative	τους ουρανούς	τους ναύτες	τους μήνες
Vocative	ουρανοί	ναύτες	μήνες

Note: You will have noticed that, apart from the changes to the endings in each case, in some instances the stress-accent has also moved, e.g. in the genitive plural – **ο ναύτης, οι ναύτες, των ναυτών** or **ο μήνας, οι μήνες, των μηνών**. The rules governing these changes are rather involved and need not be explained at this stage. If you are interested, however, you could consult a good modern Greek grammar.

The cases of the masculine article are:

Singular		*Plural*	
Nominative	**ο**	Nominative	**οι**
Genitive	**του**	Genitive	**των**
Accusative	**τον***	Accusative	**τους**

* This indicates that in some cases **τον** appears as **το**. The rules are beyond the scope of this book and can be found in a good modern Greek grammar. Please remember that sometimes you will see one, and sometimes the other, of the two forms of the article – i.e. **τον** or **το**.

The use of the cases in Greek

We use the nominative, i.e. **ο ουρανός, ο ναύτης, ο μήνας**, when the person or object is doing something, e.g.

Ο ναύτης αγοράζει λεμόνια.	The sailor is buying lemons.
Ο μήνας Αύγουστος έχει 31 μέρες.	The month of August has 31 days.
Ο ουρανός είναι γαλάζιος.	The sky is blue.

We use the genitive, i.e. **του ουρανού, του ναύτη, του πατέρα**, to indicate possesion, e.g.

Το όνομα του ναύτη είναι Νίκος.	The sailor's name is Nikos.

Το χρώμα του ουρανού είναι γαλάζιο.	The colour of the sky is blue.
Το αυτοκίνητο του πατέρα.	Father's car.

The accusative, i.e. **τον ουρανό, το ναύτη, τον πατέρα**, is used when the noun is the thing or person the verb is acting on (i.e. the object of the verb), e.g.:

Κοιτάζω τον ουρανό.	I am looking at the sky.
Συστήνω το ναύτη.	I introduce the sailor.
Αγαπώ τον πατέρα μου.	I love my father.

The vocative is used in order to attract somebody's attention, e.g.:

Νίκο,* έλα δω.	Nikos, come here.
Πού ταξιδεύεις, ναύτη;	Where are you travelling to, sailor?
Πατέρα, πού είσαι;	Father, where are you?

* We know the vocative of nouns ending in **-ο** to have the ending **-ε**, as in **ουρανέ**. Some names, e.g. **Γιώργος** (George), **Πέτρος** (Peter), form their vocative ending in **-ο**, e.g. you call them saying: **Γιώργο, Πέτρο**.

Exercise 4 *(4η άσκηση)*

Below you will find various forms of the article **ο** and some nouns. Match the correct case of the noun with the respective article, e.g. **τον Παύλο, του Παύλου**.

οι	**σταθμών**
του	**κύριε**
—	**άντρα** (man)
των	**Έλληνες**
ο	**υπαλλήλους**
το(ν)	**σκύλο**
τους	**φίλος** (friend)
—	**δρόμοι**

Exercise 5 *(5η άσκηση)*

Give a full list of the cases of the following masculine nouns – singular and plural (first read again the examples given above): **ο επιβάτης** *the passenger*, **ο πατέρας** *the father*, **ο γιατρός** *the doctor*. Check your answers with those in the Key to Exercises and note the differences if any.

Exercise 6 (6η άσκηση)

There are mistakes in the following short account of a telephone conversation. These mistakes relate to the form of the nouns used. Give the correct form. If necessary, go to the beginning of the section on nouns in this lesson and check how each case is used by looking again at the examples given in English.

– Ναι!
– Τον κύριε Γιώργο, παρακαλώ.
– Μια στιγμή, παρακαλώ. Ποιος τον ζητά;
– Ο φίλοι του, ο Παύλου.
– Ένα λεπτό, παρακαλώ. Κύριε Γιώργο, τηλέφωνο.
– Ναι, Παύλου; τι κάνεις;
– Καλά, εσύ;
– Καλά, καλά.

Exercise 7 (7η άσκηση) 🔲

ο μήνας means *month*. The months of the year are therefore masculine and have a masculine ending, not necessarily the same as **μήνας**. The first month of the year is

Ιανουάρι—

Look it up in the Glossary and add the correct ending to it. Once you have done that, add the correct endings to all the other months of the year which are listed below in order. Write beside them their equivalent names in English.

Ιανουάρι—	Ιούλι—
Φεβρουάρι—	Αύγουστ—
Μάρτι—	Σεπτέμβρι—
Απρίλι—	Οκτώβρι—
Μάι—	Νοέμβρι—
Ιούνι—	Δεκέμβρι—

Exercise 8 (8η άσκηση)

The months of the year also have an alternative form, more common colloquially. **Ιανουάριος** becomes **Γενάρ-ης**. What do you think will be the endings of the other months?

Γενάρης	Ιούλ—
Φλεβάρ—	Σεπτέμβρ—
Μάρτ—	Οκτώβρ—
Απρίλ—	Νοέμβρ—
Μά—	Δεκέμβρ—
Ιούν—	

Αύγουστος is not included in the alternative list above because it has only one form.

Dialogue – (Διάλογος)
Το διαβατήριο The passport 🔘

A Greek citizen is at an office making an application for a Greek passport

Vocabulary (Λεξιλόγιο)

δίνω	to give
στέλνω	to send
λήγω	to expire
νέος, νέα, νέο*	young
ελληνικός, ελληνική, ελληνικό*	Greek
αύριο	tomorrow
συμπληρώνω	to fill in
η δεσποινίς	Miss
ο σύζυγος	husband
η Κρήτη	Crete
η εβδομάδα	week

* All adjectives will from now on appear like this in word lists. The reason will be discussed in Lesson 7.

– Θέλω ένα νέο διαβατήριο, παρακαλώ. Αυτό που έχω λήγει αύριο.
– Ναι, θα <u>δώσετε</u> τα στοιχεία σας, θα <u>συμπληρώσουμε</u> αυτό εδώ το έντυπο και <u>θα στείλουμε</u> το διαβατήριό σας σε λίγες μέρες.
Το όνομά σας, παρακαλώ.
– Παπαδοπούλου Ευθυμία.
– Κυρία ή δεσποινίς;
– Κυρία.

– Όνομα συζύγου;
– Μιλτιάδης.
– Όνομα πατέρα και μητέρας;
– Του Ανδρέα και της Ευγενίας.
– Ημερομηνία γεννήσεως;
– 25 Ιανουαρίου 1993.
– Πολύ νέα είστε κυρία μου!
– Τι λέτε κύριε!
– Η ηλικία σας, λέω, Κα Παπαδοπούλου, είστε μόλις μερικών μηνών!
– Αχ, με συγχωρείτε, τι λέω. 1964, 25 Ιανουρίου 1964.
– Τόπος γεννήσεως;
– Χανιά Κρήτης.
– Υπηκοότητα ελληνική, έτσι;
– Ναι, πως, ελληνική.
– Θα δώσετε έξι χιλιάδες δραχμές και το παλιό σας διαβατήριο και θα σας στείλουμε το διαβατήριό σας σε δυο τρεις εβδομάδες.

I want a new passport, please. The one I have expires tomorrow.
Yes, give us your details, we will fill in this form and we will send your new passport in a few days. Your name please.
Papadopoulou Efthymia.
Mrs or Miss?
Mrs.
Husband's name?
Miltiadis.
Name of father and mother?
Andreas and Evyenia.
Date of birth?
25 January 1993.
You are very young, Madam?
What are you saying, Sir?
I am referring to your age, Mrs Papadopoulou, you are only a few months old.
Oh, I am sorry, what am I saying? 1964, 25 January 1964.
Place of birth?
Chania, Crete.
Nationality Greek, isn't it?
Yes, of course, Greek.
You must give us 6000 drachmas and your old passport and we will send your passport in two to three weeks.

Points of interest

Greek names

Note how Mrs Papadopoulou gives her name; she says **Παπαδοπούλου Ευθυμία**. She gives first her surname, then her first name. The surname is the family name. In the case of a married woman, it is the husband's surname, although there is an increasing tendency for Greek women to adopt a double-barrelled surname when they get married.

It is also worth noting that the surname is in the genitive, the case that we use to indicate possession or ownership. A man would give his name as **Παπαδόπουλος Μιλτιάδης** – the surname is given in the nominative.

The family

Mrs Papadopoulou is also asked to give the names of her father and mother. In fact on Greek documents, full names are often followed by the first names of the father and mother, in this order: **Παπαδόπουλος Γεώργιος του Ανδρέα και της Ευγενίας**.

Nationality

Nationality and religious denomination go hand in hand. On official documents both are shown and both are important elements of Greek identity. Far more importance is attached to religious festivals and religious institutions than in some Western European countries.

Language points

17 Non-repetitive action in the future

Earlier in this lesson we dealt with actions taking place in the future repeatedly. In this part of the lesson we shall deal with actions that will take place only once at some future time, i.e. the simple future tense. Some examples of this tense appear in the dialogue above and are underlined.

Further examples:

θα ακούσω τη μητέρα μου. I will listen to my mother (on a particular occasion).
θα απαντήσω την ερώτηση. I will answer the question.

It is formed with **θα** and a form of the verb that is different from those we have encountered so far. Compare the present with the future simple tense below:

Verbs ending in -ώ

Present	Future simple
Singular	
απαντ-ώ	θα απαντήσ-ω
απαντ-άς	θα απαντήσ-εις
απαντ-ά	θα απαντήσ-ει
Plural	
απαντ-ούμε	θα απαντήσ-ουμε
αναντ-άτε	θα απαντήσ-ετε
απαντ-ούν	θα απαντήσ-ουν

Verbs like **ωφελώ** form the future simple with the same endings as those like **απαντώ** – **θα ωφελήσω, θα ωφελήσεις, θα ωφελήσει,** etc.

Things are a little more complicated for verbs ending in **-ω**. They form the future simple in accordance with the following rules:

Verbs ending in

-ω -νω -ζω

form the future simple with the ending -**σω**, i.e. **δένω, θα δέσω.**

Verbs ending in

-πω -βω -φω

form the future simple with the ending -**ψω**, i.e. **κόβω** *to cut* – **θα κόψω.**

Verbs ending in

-κω -γω -χω -χνω

form the future simple with the ending -**ξω**, i.e. **σπρώχνω** *to push* – **θα σπρώξω.**

Once the future simple stem has been formed, however, the endings remain the same the same for all these verbs ending in -**ω**.

θα δέσ-ω	θα κόψ-ω	θα σπρώ-ξω
θα δέσ-εις	θα κόψ-εις	θα σπρώξ-εις
θα δέσ-ει	θα κόψ-ει	θα σπρώξ-ει
θα δέσ-ουμε	θα κόψ-ουμε	θα σπρώξ-ουμε
θα δέσ-ετε	θα κόψ-ετε	θα σπρώξ-ετε
θα δέσ-ουν	θα κόψ-ουν	θα σπρώξ-ουν

Exercise 9 (9η άσκηση)

Bearing in mind the above rules, give the future simple form of the following verbs. Refer to the above rules as frequently as you need to:

συστήνω	αγοράζω	αργώ
αρχίζω	ζητώ	αγαπώ
χάνω	ρωτώ	ευχαριστώ
φτάνω		

Exercise 10 (10η άσκηση)

The following words are associated with action taking place in the future and occurring once.

αύριο	tomorrow
μεθαύριο	the day after tomorrow
την ερχόμενη εβδομάδα	the coming week
τον άλλο μήνα	next month
απόψε	tonight
το απόγευμα	this afternoon

Use these phrases to make sentences with the verbs

αρχίζω	ζητώ
φτάνω	ρωτώ
αγοράζω	

Exercise 11 (11η άσκηση)

Below are some new verbs in the present tense. Give their future continuous and future simple like this: **μιλώ, θα μιλώ, θα μιλήσω**

ψήνω	to cook
ανάβω	to light

ζω	to live
τσουγκρίζω	to strike, to clink
γιορτάζω	to celebrate
ταξιδεύω	to travel
οδηγώ	to drive
γλεντώ	to have fun
βοηθώ	to help
ετοιμάζω	to prepare
βάφω	to die
κρύβω	to hide
κατοικώ	to reside, live
προχωρώ	to carry on, proceed

18 Feminine nouns, e.g. η μητέρα, η κυρία

Feminine nouns form their cases according to their endings, which fall into two broad categories. There are others, of course, but for the time being we will concentrate on the two principal ones – those ending in **-η** and those ending in **-α**, e.g. **η νίκη** *victory*, **η μητέρα** *mother*.

Singular		
Nominative	**η νίκ-η**	**η μητέρ-α**
Genitive	**της νίκ-ης**	**της μητέρ-ας**
Accusative	**τη νίκ-η**	**τη μητέρ-α**
Vocative	**νίκ-η**	**μητέρ-α**
Plural		
Nominative	**οι νίκ-ες**	**οι μητέρ-ες**
Genitive	**των νικ-ών**	**των μητέρ-ων**
Accusative	**τις νίκ-ες**	**τις μητέρ-ες**
Vocative	**νίκ-ες**	**μητέρ-ες**

Note: The word **τη** sometimes appears as **την**. It is a similar situation to that pointed out in relation to **το, -τον**.

In the genitive plural the position of the stress-accent varies. There is no hard and fast rule; you will gradually learn to remember the particular instances. A number of nouns, indeed, do not have a genitive plural at all. This is again something you will learn as you go along.

In the last dialogue we made use of feminine nouns with a slightly different way of forming the genitive singular and plural.

We have come across **ημερομηνία γεννήσεως**, and in the narrative in Lesson 3 we encountered the phrase **ώρα αναχωρήσεως**.

Both these two feminine nouns, i.e. **η γέννηση** and **η αναχώρηση**, are words which can form their genitive differently, both in the singular and in the plural. The reasons are rather involved and would rather confuse if introduced at this stage. You may find them in a good modern Greek grammar.

Singular

η γέννηση	η αναχώρηση
της γέννησης	της αναχώρησης
(της γεννήσεως)	(της αναχωρήσεως)
τη γέννηση	την αναχώρηση
γέννηση	αναχώρηση

Plural

οι γεννήσεις	οι αναχωρήσεις
των γεννήσεων	των αναχωρήσεων
τις γεννήσεις	τις αναχωρήσεις
γεννήσεις	αναχωρήσεις

Note: There has been a shift of the position of the stress-accent. At this stage it will suffice to note this and to be aware that it occurs.

Exercise 12 (12η άσκηση)

The word for *day* **η μέρα** is feminine. Most but not all days of the week are also feminine. The days of the week are listed below. Put the correct definite article, i.e. **ο, η, το** in front of each of them like this: **η Κυριακή**. (**Hint** Note their endings.)

Κυριακή	Sunday
Δευτέρα	Monday
Τρίτη	Tuesday
Τετάρτη	Wednesday
Πέμπτη	Thursday
Παρασκευή	Friday
Σάββατο	Saturday

Exercise 13 (13η άσκηση)

The Greek word for *season* is **η εποχή**. Not all seasons are, however, feminine. They are listed below without the appropriate article. Look at the ending and let it guide you as to the gender of each.

Add the appropriate definite article as in the previous exercise and check your answers in the Key to Exercises.

χειμώνας	winter
άνοιξη	spring
καλοκαίρι	summer
φθινόπωρο	autumn

Exercise 14 *(14η άσκηση)*

Fill in the blanks in the sentences below, choosing from the possible answers which follow.

1 Η εποχή της άνοιξης έχει _____ μήνες.
2 Το τρένο θα φτάσει στις _____ πμ.
3 Θα θυμώσει ο πατέρας της _____;
4 Θα απαντήσω στην ερώτησή σου αύριο· τώρα _____ δουλειά.
5 – Τι ώρα θα _____ το λεωφορείο;
  – Νομίζω στις επτά.
6 Εγώ _____ τώρα. Εσύ θα φύγεις μαζί μου;

πηγαίνω	φεύγω
Ευθυμίας	φύγει
τρεις	πέντε και τέταρτο

Exercise 15 *(15η άσκηση)*

The following questions are typical of those included on cards often handed out to tourists in order to collect statistical data. Read the instructions in Greek and follow them. If you have difficulty in understanding them, look up the translation in the Key to Exercises. Write your answers in Greek.

ΣΤΑΤΙΣΤΙΚΟ ΔΕΛΤΙΟ ΑΦΙΞΕΩΣ

Παρακαλούμε να απαντήσετε τις παρακάτω ερωτήσεις:

Ημερομηνία _____

Υπηκοότητα _____

Ημερομηνία γεννήσεως _____

Φύλο: Άντρας ή γυναίκα; _____

Χώρα διαμονής _____

Πώς ταξιδεύετε στην Ελλάδα;   με λεωφορείο
    με τρένο
    με αεροπλάνο
    με πλοίο

Πόσες μέρες θα είστε στην Ελλάδα; _____

Ευχαριστούμε και καλό ταξίδι.

Narrative – Πάσχα στο χωριό 🔲

Easter is a very important religious festival and family occasion in Greece and Cyprus, with many local customs and traditions being preserved. It is a time when village life comes into its own, when family members normally resident in the towns return to celebrate Easter in the traditional way.

Essential vocabulary
(Απαραίτητο λεξιλόγιο)

η οικογένεια	family
κατοικώ	to live
δυόμιση	two and a half
η γιορτή	holiday (i.e. day off work), celebration
το χωριό	village
η πόλη	town
η εξοχή	countryside
ο παππούς	grandfather
η γιαγιά	grandmother

ο κόσμος	people
κόκκινος, κόκκινη, κόκκινο	red
μεγάλος, μεγάλη, μεγάλο	big, large
η αυλή	yard

Η οικογένεια Παπανικολάου κατοικεί στη Θεσσαλονίκη αλλά τις γιορτές πηγαίνει στο χωριό του κ. Παπανικολάου όπου γιορτάζουν όλοι μαζί με τον παππού και τη γιαγιά στο πατρικό του Κου Παπανικολάου.

Έτσι κι αυτό το Πάσχα, ο Κος και η Κα Παπανικολάου και τα δυο παιδιά τους, ο Φίλιππος και η Σοφία, θα ταξιδέψουν έως το χωριό με το αυτοκίνητό τους. Συνήθως πηγαίνουν τη Μεγάλη Παρασκευή.

Το χωριό είναι δυόμιση ώρες δρόμος αλλά ο κόσμος ταξιδεύει τη Μεγάλη Παρασκευή κι έτσι γίνεται της τρελής σε όλους τους δρόμους που οδηγούν από την πόλη προς την εξοχή.

Η κ. Παπανικολάου θα βοηθήσει τη γιαγιά να ετοιμάσει τη μαγειρίτσα και η Σοφία θα βοηθήσει να βάψουν τα κόκκινα αβγά.

Την Κυριακή του Πάσχα θα πάνε όλοι στην εκκλησία, θα πουν το «Χριστός ανέστη», θα τσουγκρίσουν τα κόκκινα αβγά, και θα φάνε τη μαγειρίτσα της γιαγιάς. Το κοκορέτσι θα το ψήσουν οι άντρες στα κάρβουνα που θα ανάψουν μετά την εκκλησία στη μεγάλη αυλή.

Additional vocabulary relating to the family you may wish to bear in mind or learn.

ο θείος	uncle
η θεία	aunt
ο ανιψιός	nephew
η ανιψιά	niece
ο εξάδελφος, η εξαδέλφη	cousin
ο αδελφός, αδερφός	brother
η αδελφή, αδερφή	sister
ο μπαμπάς	dad
η μαμά	mum
ο γαμπρός	son-in-law, brother-in-law (also bridegroom)
η νύφη	daughter-in-law, sister-in-law (also bride)

η αρραβωνιαστικιά	fiancée
ο αρραβωνιαστικός	fiancé
ο σύζυγος	husband
η σύζυγος	wife

Points of interest

The glossary below is given in order to help you understand the narrative. The terms included are of cultural interest and not intended to be learned.

το Πάσχα	Easter
η Μεγάλη Παρασκευή	Good Friday
το πατρικό	i.e. **το πατρικό σπίτι** the family home
η μαγειρίτσα	a special soup eaten on Easter Sunday; it contains giblets, rice and green vegetables
το κοκορέτσι	a special dish made from the meat and intestines of lamb cooked on charcoal
τα κάρβουνα	charcoal
τσουγκρίζω αβγά	on Easter Sunday, members of families and friends have a competition during which they strike Easter eggs, dyed red, until only one egg is left uncracked. Its owner then claims victory over the others.
γίνεται της τρελής	an idiomatic phrase meaning *there's Bedlam*
Χριστός ανέστη	Christ has risen. The reply to this is **Αληθώς ανέστη** *He has truly risen.*
ο Κος	Mr
η Κα	Mrs
κ.	Mr or Mrs

Comprehension

(a) Answer the questions below in English.

1 Where does the Papanikolaou family live?
2 What are the special preparations for Easter?
3 What is done to the eggs?
4 Who prepares the charcoal for the grill?
5 What is the traditional way of celebrating Easter in Greece?

(b)   Answer the following questions briefly in Greek.

1   What is the traditional greeting on Easter Sunday?
2   What is it customary to do with eggs just before Easter and on Easter Sunday?
3   Where do the grandparents of this family live?

Exercise 16 *(16η άσκηση)*

You are writing to a Greek friend just before Easter. You have told him or her that you have started to learn Greek and want to end your letter with an appropriate greeting in Greek. Why not wish him 'Happy Easter'?

In an earlier chapter we have already come across the phrase **Καλό ταξίδι** *Bon voyage*. You know the Greek word for 'Easter' so write down the Greek equivalent for 'Happy Easter'. Check your answer in the Key to Exercises.

5 Entertainment

«Καλή διασκέδαση»

In this lesson we will look at:

- the expression of purpose
- neuter nouns (singular and plural)
- directions
- numbers in hundreds and thousands
- the use of upper- and lower-case characters
- some irregular verbs
- and we will also revise what we have already learned

Dialogue – (Διάλογος) Το ταξίδι

Ο Γιάννης και η Αλίκη είναι φίλοι. Ο Γιάννης συναντά την Αλίκη στο δρόμο.

Vocabulary (Λεξιλόγιο)

το ταξίδι	journey, voyage
καλή σου μέρα	good morning to you
η φορά	occasion
είμαι βιαστικός, βιαστική, βιαστικό	to be in a hurry
τρέχω	to run
πρέπει	must
ο τρόπος	way, manner
το νησί	island
καλά	fine, well
γιατί	since, because, why

η παρέα	company of friends
το ψάρεμα	fishing
ψαρεύω	to fish
το κέφι	good mood
άντε	go on, oh yes?

– Καλή σου μέρα, Αλίκη.
– Γεια σου Γιάννη. Έλα να πιούμε ένα καφεδάκι.
– Ευχαριστώ Αλίκη, άλλη φορά. Τώρα είμαι βιαστικός· τρέχω να βρω τρόπο να φύγω το απόγευμα κιόλας για το νησί.
– Καλά, να πας με το αεροπλάνο· πρέπει <u>να υπάρχει</u> πτήση σήμερα.
– Πως, υπάρχει, αλλά πρέπει <u>να έχω</u> και το αυτοκίνητο γιατί είμαστε παρέα. Πάμε για ψάρεμα.
– Καλά, με το αυτοκίνητο θα ψαρεύετε;
– Με τα κέφια σου πρωί πρωί, Αλίκη! Άντε γεια.
– Καλό ταξίδι . . . και καλή διασκέδαση!

Good morning to you, Aliki.
Hello, Yannis. Come in, let's have a cup of coffee.
Thanks, Aliki, some other time. I am in a hurry now; I am running around trying to find a way to leave for the island this afternoon.
Well, go by air; there must be a flight today.
Sure there is, but I must have my car because I am with friends. We are going fishing.
Well, are you going to be fishing by car?
You are in a good mood first thing in the morning, Aliki! Bye.
Bon voyage . . . and have fun.

Language points

19 Purpose

In English, purpose is expressed with such phrases as *I want to go*, *he is going home to watch television*, etc.

In Greek, purpose is expressed by using the word **να** and the form of the verb we use to describe actions in the future. If our purpose is to do something once only, then we use the simple form of the verb. If our intention is to continue, then we use the continuous form of the verb, like this:

Future continuous	*Purpose (continuous)***
Singular	
θα δένω	**να δένω**
θα δένεις	**να δένεις**
θα δένει	**να δένει**

Plural

θα δένουμε	**να δένουμε**
θα δένετε	**να δένετε**
θα δένουν	**να δένουν**

Future continuous	*Purpose (continuous)*	*Future continuous*	*Purpose (continuous)*
Singular			
θα απαντώ	**να απαντώ**	**θα ωφελώ**	**να ωφελώ**
θα απαντάς	**να απαντάς**	**θα ωφελείς**	**να ωφελείς**
θα απαντά	**να απαντά**	**θα ωφελεί**	**να ωφελεί**

Plural

θα απαντούμε	**να απαντούμε**	**θα ωφελούμε**	**να ωφελούμε**
θα απαντάτε	**να απαντάτε**	**θα ωφελείτε**	**να ωφελείτε**
θα απαντούν	**να απαντούν**	**θα ωφελούν**	**να ωφελούν**

Future simple	*Purpose (simple)*
θα δέσω	**να δέσω**
θα δέσεις	**να δέσεις**
θα δέσει	**να δέσει**

θα δέσουμε	**να δέσουμε**
θα δέσετε	**να δέσετε**
θα δέσουν	**να δέσουν**

θα απαντήσω	**να απαντήσω**
θα απαντήσεις	**να απαντήσεις**
θα απαντήσει	**να απαντήσει**

θα απαντήσουμε	**να απαντήσουμε**
θα απαντήσετε	**να απαντήσετε**
θα απαντήσουν	**να απαντήσουν**

Note: Verbs like **ωφελώ** form their future simple and therefore the expression of purpose in the simple tense the same as verbs like **απαντώ**.

If you go back to the first dialogue in this lesson, you will see that some of the verbs have been underlined. They are examples of the use of verbs expressing purpose. Apart from those underlined, there are others also expressing purpose which have not been underlined because they form their tenses in a different way; these are known as 'irregular verbs'. Language point 20 below deals with some irregular verbs.

Exercise 1 *(1η άσκηση)*

Go back to the first dialogue and read it again. If possible listen to it again on the cassette and read it aloud. Now underline the verbs which you think express purpose. (**Hint:** they will normally be preceded by the word **να**.) Then make two lists of these verbs, one of those expressing continuity and the second of those in the simple tense, like this:

Continuous

Στο μέλλον πρέπει να ακούω τη μητέρα μου.
In future I must listen to my mother.

Simple

Αυτή τη φορά πρέπει να ακούσεις τι λέω.
This time you must listen to what I am saying.

Does this construction in Greek i.e. **να + verb** remind you of an equivalent construction in English and if so which one? Write down what you think before referring to the Key to Exercises.

20 Irregular verbs

βρίσκω *to find*, **φεύγω** *to leave*, **πίνω** *to drink*, **πηγαίνω** *to go*.

Future continuous	*Future simple*
θα βρίσκω	θα βρω
θα φεύγω	θα φύγω
θα πίνω	θα πιω
θα πηγαίνω	θα πάω

Future simple
Singular

θα βρ-ω	θα φύγ-ω	θα πι-ω	θα πά-ω
θα βρ-εις	θα φύγ-εις	θα πι-εις	θα πα-ς
θα βρ-ει	θα φύγ-ει	θα πι-ει	θα πά-ει

Plural

θα βρ-ούμε	θα φύγ-ουμε	θα πι-ούμε	θα πά-με
θα βρ-είτε	θα φύγ-ετε	θα πι-είτε	θα πά-τε
θα βρ-ουν	θα φύγ-ουν	θα πι-ουν	θα πά-νε

Exercise 2 *(2η άσκηση)*

The following are expressions usually followed by **να + verb** in either the continuous or simple form:

θέλω να	I want to
σκοπεύω να	I intend to
συνηθίζω να	I am in the habit of
μπορώ να	I can
επιμένω να	I insist on
είναι δύσκολο να	it is difficult to

Make use of the above phrases in translating the English sentences below into Greek.

1 I want to go fishing tomorrow.
2 Can you find Tina?
3 They insist on your leaving too.
4 Is it her intention to leave?
5 We are in the habit of going to the islands in the summer.
6 It's difficult for us to leave now.

Exercise 3 *(3η άσκηση)*

Can you explain why **θα πιω, θα πιεις, θα πιουν, θα βρω, θα βρεις, θα βρουν**, do not take a stress-accent while **θα πιούμε, θα πιείτε, θα βρούμε, θα βρείτε** do? Go back to Lesson 1 if you cannot answer this question.

Exercise 4 *(4η άσκηση)*

να + verb is also used in giving directions and instructions, as in this exercise.

You are at a village to see the village church, famous for its frescoes. You have stopped at the café to ask for instructions. Draw a plan of the route including the various landmarks mentioned in the instructions: **το καφενείο, η εκκλησία, το σχολείο**.

Να προχωρήσετε κατευθείαν, να στρίψετε αριστερά και

αμέσως δεξιά. Να προχωρήσετε για εκατό μέτρα, θα φτάσετε στο σχολείο. Στο σχολείο να στρίψετε αριστερά και να προχωρήσετε για λίγο· θα φτάσετε στο κρεοπωλείο, εκεί να στρίψετε δεξιά και η εκκλησία είναι πέντε λεπτά δρόμος.

Exercise 5 *(5η άσκηση)*

This horserider may or may not find his shorter instructions as to how find his way easier. Which way is he going to go and what is he looking for?

- Για την πόλη; Να ακολουθήσετε το βέλος! . . .

21 Upper- and lower-case letters

In other words, capital letters and small letters. In English there is a tendency to use upper-case letters rather liberally. In Greek upper-case letters are used as follows:

(a) At the beginning of names, e.g. **Νίκος, Αλίκη**.
(b) At the beginning of the names of countries and nationalities, e.g. **Ελλάδα, Αγγλία, Άγγλος, Ελληνίδα**.
(c) The first letter of the days, months and holidays, e.g. **τα Χριστούγεννα, το Πάσχα**.

Naturally, a new sentence begins with a capital letter.

Exercise 6 (6η άσκηση) 🔘🔘

The passage below is all in upper-case letters. Because of this the stress-accents are not included.

Copy it using upper- and lower-case letters as appropriate and, if you have the cassette, listen to one of the native speakers reading it. Put in the stress-accents where appropriate.

ΧΡΗΣΙΜΕΣ ΠΛΗΡΟΦΟΡΙΕΣ

ΣΥΓΚΟΙΝΩΝΙΕΣ ΓΙΑ ΤΗ ΛΕΥΚΑΔΑ:

ΜΕ ΑΕΡΟΠΛΑΝΟ: ΚΑΘΗΜΕΡΙΝΕΣ ΠΤΗΣΕΙΣ. ΔΙΑΡΚΕΙΑ ΤΑΞΙΔΙΟΥ 1.15΄ ΩΡΑ.

ΜΕ ΑΥΤΟΚΙΝΗΤΟ: ΚΑΘΗΜΕΡΙΝΑ ΜΕ ΛΕΩΦΟΡΕΙΟ. ΔΙΑΡΚΕΙΑ ΤΑΞΙΔΙΟΥ 6 ΩΡΕΣ.

ΜΕ ΠΛΟΙΟ: ΚΑΘΗΜΕΡΙΝΑ ΜΕ ΦΕΡΙΜΠΟΤ.

ΠΟΥ ΘΑ ΜΕΙΝΕΤΕ: ΕΧΕΙ ΠΟΛΛΑ ΞΕΝΟΔΟΧΕΙΑ ΚΑΙ ΔΩΜΑΤΙΑ ΣΕ ΟΛΟΚΛΗΡΟ ΤΟ ΝΗΣΙ. ΘΑ ΒΡΕΙΤΕ ΕΠΙΣΗΣ ΚΑΙ ΚΑΜΠΙΝΓΚ.

Exercise 7 (7η άσκηση)

In reply to the questions, complete the sentences below by choosing an appropriate phrase from the alternatives offered, e.g.:

Πώς πηγαίνεις στη δουλειά κάθε μέρα;
Πηγαίνω   με το τρένο
            το λεωφορείο
            το ταξίδι

Πηγαίνω με το τρένο   *or*
Πηγαίνω με το λεωφορείο

1   Πόσες φορές τη μέρα πηγαίνεις στη δουλειά;
Πηγαίνω στη δουλειά   μια φορά την ημέρα
                        το Μάρτιο
                        κάθε μέρα

2   Τι θέλεις να πιεις;
Θέλω να πιω   ένα ποτήρι κρασί
              γάλα
              ντομάτα

3   Πότε θα φύγεις για ταξίδι;
Θα φύγω για ταξίδι   αύριο

σήμερα
χτες

4 Πώς θα πάμε στο σπίτι μας;
Θα βρούμε ένα   ταξί
το αυτοκίνητο του κ. Κώστα.
με τα πόδια

5 Θα απαντήσεις στην ερώτησή μου;
Θα απαντήσω 8την ερώτησή σου   το βράδυ
προχθές
τώρα

Language activity

Application form for a subscription to a magazine

You wish to subscribe to a Greek magazine and you have received
a letter and an application form

Vocabulary (Λεξιλόγιο)

ο συνδρομητής	subscriber
η εγγραφή	registration
το έντυπο	form
γνωρίζω	to know
το περίοδικό	magazine
ο κατάλογος	list, catalogue
εκδίδω	to publish, issue
η προτίμηση	preference
το δελτίο	η κάρτα, card
η επιταγή	cheque
η αντικαταβολή	cash on collection

Έντυπο εγγραφής συνδρομητή

Ευχαριστούμε που θέλετε να γνωρίσετε ένα από τα
περιοδικά μας. Πιο κάτω θα βρείτε έναν κατάλογο των
περιοδικών που εκδίδει ο οργανισμός μας. Παρακαλούμε να

διαλέξετε <u>το περιοδικό</u> τής προτιμήσεώς σας και να συμπληρώσετε <u>το δελτίο</u>.

Προτιμούμε να πληρώσετε με ταχυδρομική ή τραπεζική επιταγή ή με αντικαταβολή.

Exercise 8 (8η άσκηση)

Now you have read the covering letter, fill in the registration card. Don't forget the all-important matter of money!

Ονοματεπώνυμο: Κος-Κα-Δις

Διεύθυνση : (οδός και αρ.)

        Πόλη:

        Ταχυδρομικός κώδικας:

Τηλέφωνο – οικίας:

       – εργασίας:

Επάγγελμα:

Περιοδικό της προτίμησής σας:

Αξία συνδρομής: Δρχ 4 500

Εσωκλείω Δρχ —— σε ταχυδρομική επιταγή-τραπεζική επιταγή
            θα πληρώσω με αντικαταβολή

Υπογραφή: Ημερομηνία:

Help (Βοήθεια) You may find the following notes helpful in filling in the card.

Addresses: In Greek the name of the street precedes the number and the post-code is given before the name of the town, e.g.:

     Ακαδημίας 24
     113 12 Αθήνα

The Greek equivalent of Street (**η οδός**) is often omitted. If included, then it takes the form **Οδός Ακαδημίας 24**, but more often it appears as **Ακαδημίας 24**.

However, if *Avenue* or *Square* is part of the address, this is usually included, like this:

     Λεωφόρος Βασιλίσσης Σοφίας 55   *55, Queen Sophia Avenue* or
     Λεωφ. Βασιλίσσης Σοφίας 55   *55, Queen Sophia Av.*

Πλατεία Ομονοίας 36   *36, Omonia Square* or
Πλ. Ομονοίας 36   *36, Omonia Sq.*

Αρ. = No. – an abbreviation of **αριθμός**

Δρχ is an abbreviation of **δραχμές** *drachmas*.

η οικία is a more formal word for house. In informal situations the word **σπίτι** is more customary.

Language points

22 Neuter nouns – singular and plural

In the Language Activity section above a few nouns have been underlined so as to draw your attention to them. In Lesson 3 we dealt with neuter nouns, i.e. those preceded by the article **το** and ending in **-ο** and **-ι**.

In this lesson we will look at all the cases of these nouns in the singular and plural. These are, in fact, the simplest of them all.

το νερό *water*	**το αυτοκίνητο** *car*
Singular	
το νερ-ό	**το αυτοκίνητ-ο**
του νερ-ού	**του αυτοκινήτ-ου**
το νερ-ό	**το αυτοκίνητ-ο**
νερ-ό	**αυτοκίνητ-ο**
Plural	
τα νερ-ά	**τα αυτοκίνητ-α**
των νερ-ών	**των αυτοκινήτ-ων**
τα νερ-ά	**τα αυτοκίνητ-α**
νερ-ά	**αυτοκίνητ-α**

Note: In the case of **το νερό** the stress-accent remains on the last syllable throughout. In the case, however, of **το αυτοκίνητο** the stress-accent moves one syllable in two cases.

το παιδί *child*	**το καλοκαίρι** *summer*
Singular	
το παιδ-ί	**το καλοκαίρ-ι**
του παιδι-ού	**του καλοκαιρι-ού**
το παιδ-ί	**το καλοκαίρ-ι**
παιδ-ί	**καλοκαίρ-ι**

Plural

τα παιδι-ά	τα καλοκαίρι-α
των παιδι-ών	των καλοκαιρι-ών
τα παιδι-ά	τα καλοκαίρι-α
παιδι-ά	καλοκαίρι-α

Note: As in the previous case, the sress-accent moves in certain cases on the basis of the same guidelines as above, i.e. if the last syllable has one of the following letters: -ω, -η, -ου.

Exercise 9 *(9η άσκηση)*

Fill in the blanks, selecting the correct form of the word from the list that follows, e.g. **Σπύρου** is appropriate for this example, which denotes possession, i.e. *his car*.

Το αυτοκίνητο του _____ **είναι** Ford Escort.
ο Σπύρος

1 Το πλοίο για την _____ φεύγει στις οκτώ.
2 Πού είναι το δελτίο _____;
3 Η ημερομηνία _____ της _____ Παπαδοπούλου είναι Ιανουάριος 1972.
4 Η μητέρα του _____ είναι στο σπίτι. Ο _____ του είναι στη δουλειά.
5 Είμαι συνδρομητής στο _____ «4 τροχοί».
6 Ο αριθμός _____ μου είναι 01 για την Αθήνα, 23 45 564.
7 Τα _____ πηγαίνουν κατευθείαν για την _____.
8 Ο Σταύρος και η Έρση είναι _____ του _____ της Αχαρνών 15.

η επιβίβαση, το παιδί, το περιοδικό, το παιδί, το τρένο, η γέννηση, ο πατέρας, η Αθήνα, η κυρία, το τηλέφωνο, η Ρόδος, κύριος.

Exercise 10 *(10η άσκηση)*

In the narrative at the end of the lesson a number of new words will be introduced. The following are some of them, but they are listed below in the form in which they occur in the text itself. In order to find their meaning you will need to decide first on the form in which they will be listed in the Glossary.

In the case of verbs it will be the first-person singular in the present tense, e.g., **βρίσκω, φεύγω, γιορτάζω**.

In the case of nouns it will be the nominative singular, i.e. **ο γιατρός, η γιαγιά, το περιοδικό**.

Decide in which form they will be appearing in the Glossary, write it down and then look up their meaning.

θα βρει	το καταφύγιο	(χρόνια) αναμονής
στο ρεπερτόριο	την εβδομάδα	βραδιές
την πρεμιέρα	θα ακολουθήσουν	παραστάσεις
οι πόλεις	του Αυγούστου	τα μοτίβα
του έρωτα	του θανάτου	η πάλη

Language points

23 Numbers – hundreds and thousands

In Lesson 3 we discussed numbers 1–100. In this lesson we will learn the terms for hundreds and thousands.

Hundreds

εκατό	100	επτακόσια	700
διακόσια	200	(εφτακόσια)	
τριακόσια	300	οκτακόσια	800
τετρακόσια	400	(οχτακόσια)	
πεντακόσια	500	εννιακόσια	900
εξακόσια	600	χίλια	1000

Thousands

χίλια	1000	ένα εκατομμύριο	1 000 000
δύο χιλιάδες	2000	ένα δισεκατομμύριο	1 000 000 000
τρεις χιλιάδες	3000		
τέσσερις χιλιάδες	4000		
κ.λπ.	etc		

As we saw in Lesson 3, some numbers have different forms when used to refer to men, women and children (i.e. masculine, feminine and neuter forms).

These forms for the numbers we are dealing with in this lesson are as follows:

Masculine	Feminine	Neuter	
εκατόν άντρες	εκατό γυναίκες	εκατόν παιδιά	100
διακόσιοι "	διακόσιες "	διακόσια "	200
τριακόσιοι "	τριακόσιες "	τριακόσια "	300
τετρακόσιοι "	τετρακόσιες "	τετρακόσια "	400
χίλιοι "	χίλιες "	χίλια "	1000

After 1000 the same form is used for men, women and children.

Exercise 11 (11η άσκηση)

Using the numbers given in Language point 23, write down, in words, the following numbers in the context given:

5000 newspapers	500 weeks/months/theatres
6000 magazines	600 towns/hotels/receptionists
7000 cars	700 arrivals/passports/cats
8000 houses	800 passengers/names/mothers
9000 drachmas	900 departures/buses/uncles

Exercise 12 (12η άσκηση)

Larger numbers are formed as we discussed in Lesson 3: *1250* becomes **χίλια διακόσια πενήντα**. If it is used to refer to an object or person, the form of the numbers will change according to whether the particular person or object is masculine, feminine or neuter, like this: *1325 women* becomes **χίλιες τριακόσιες και είκοσι πέντε γυναίκες**, but *1325 men* becomes **χίλιοι τριακόσιοι και είκοσι πέντε άντρες**.

The following sentences include numbers in figures. Please copy them replacing the numbers with words.

1 Ο ταχυδρομικός κώδικας είναι 155 33.
2 Μένουν στην οδό Μενελάου 456.
3 Θα γράψω την επιταγή για 13.575 δραχμές.
4 Το αεροπορικό εισιτήριο για το Παρίσι είναι 88.900 δραχμές.

Exercise 13 (13η άσκηση)

Join (**ενώνω**) the points with the following numbers in turn to see if a picture emerges.

Να ενώσετε τα σημεία με τους παρακάτω αριθμούς, με τη σειρά.

1 Έξι με το ένα εκατομμύριο είκοσι πέντε χιλιάδες κι εκατόν είκοσι έξι.
2 Τριακόσια τριάντα οκτώ με το χίλια εννιακόσια ενήντα τρία.
3 Δεκατρία με το τέσσερα.
4 Δεκατρία με το ένα εκατομμύριο είκοσι πέντε χιλιάδες εκατόν είκοσι έξι.
5 Τριακόσια τριάντα οκτώ με το έξι.
6 Το τέσσερα με το είκοσι επτά.

There are two sets of numbers which have not been joined up. Which are they?

13

4

27

6   1 025 126   1993

338

Βάρκα με πανί

Narrative – Στο θέατρο 🔲

A short article in a Greek daily about a Greek play has attracted your attention. Read on to see if it will be possible to see it being performed this summer.

Essential vocabulary (Απαραίτητο λεξιλόγιο)

επιτέλους	finally
μετά	later, after
Κρατικό Θέατρο	National Theatre

ερχόμενος, ερχόμενη, ερχόμενο	coming, next
αρκετός, αρκετή, αρκετό	enough, sufficient
άλλος, άλλη, άλλο	other, another
γραμμένος, γραμμένη, γραμμένο	written
γύρω	round, around
ο λόγος	speech, word
ζωντανός, ζωντανή, ζωντανό	alive
πλούσιος, πλούσια, πλούσιο	rich

Στη Θεσσαλονίκη θα βρει επιτέλους καταφύγιο η «Ερωφίλη» του Γεωργίου Χορτάτση μετά από πέντε περίπου χρόνια αναμονής στο ρεπερτόριο του Κρατικού Θεάτρου. Την ερχόμενη εβδομάδα και για πέντε βραδές (11–15 Ιουλίου) η τραγωδία κάνει την πρεμιέρα της στη Θεσσαλονίκη. Θα ακολουθήσουν αρκετές παραστάσεις σε άλλες πόλεις και στην Αθήνα, στο Ηρώδειο, στις 12 και 14 Αυγούστου.

Γραμμένη γύρω στα 1600 σε ένα λόγο ζωντανό, πλούσιο και μελωδικό, η «Ερωφίλη» έχει δύο μοτίβα: τον έρωτα και το θάνατο.

Points of interest

τα χρόνια

In the plural here it is neuter, but in the singular it is masculine i.e. **ο χρόνος**. The word **ο χρόνος** has two different meanings. It means *tense* (as in grammar) as well as *time* and *year*. Its plural forms have different meanings.

ο χρόνος, οι χρόνοι	tense, tenses (e.g. future tense)
ο χρόνος, τα χρόνια	year, years

Exercise 14 *(14η άσκηση)*

A few words in the passage above have similarities to words in
current use in English; they may also have similar if not identical
meanings. Which English words are you reminded of by the follow-
ing and what do you think are their meanings? Check your answers
in the Key to Exercises.

πρεμιέρα   μελωδικός
ρεπερτόριο   τραγωδία
μοτίβο

Comprehension

(a) Answer the questions below in English or, where necessary, in
Greek.

1 When will «Ερωφίλη» be performed?
2 Where will «Ερωφίλη» be performed for the first time?
3 From what you have read, do you think that «Ερωφίλη» is like-
ly to be a comedy or a tragedy?
4 The word 'comedy' also comes from Greek. Can you guess what
the Greek word is?
5 We came across the name **Γεώργιος** in an earlier lesson (Lesson 4)
but in a slightly different form. Can you remember what it was?

(b) Να απαντήσετε στα ελληνικά π.χ.
Ερώτηση: Πού είναι η Θεσσαλονίκη;
                          α) στην Αγγλία
                          β) στην Ελλάδα
Απάντηση: Η Θεσσαλονίκη είναι στην Ελλάδα

1 Τι είναι η «Ερωφίλη»;   α) όνομα γυναίκας
                                β) τράπεζα
                                γ) θεατρικό έργο
2 Τι νομίζετε είναι το Ηρώδειο;   α) θέατρο
                                β) αεροδρόμιο
                                γ) βιβλίο
3 Πότε θα γίνουν οι παραστάσεις;   α) τον Ιανουάριο
                                β) την Κυριακή
                                γ) την άνοιξη
                                δ) το καλοκαίρι

4   Τι ή ποιος είναι ο Γεώργιος Χορτάτσης;
α) ο αδελφός της Ερωφίλης
β) το θέατρο στη Θεσσαλονίκη
γ) ημέρα της εβδομάδας
δ) θεατρικός συγγραφέας

Exercise 15 (15η άσκηση)

The following is an extract from a leaflet giving information on an arts festival. Read it carefully and answer in English the questions below.

1   Which days and dates can you book for «Ερωφίλη»?
2   What time does the performance start?
3   How much are the tickets?
4   Where can you get tickets from?
5   EOT stands for Ελληνικός Οργανισμός Τουρισμού. What is it in English?

33ο ΦΕΣΤΙΒΑΛ ΦΙΛΙΠΠΩΝ – ΘΑΣΟΥ

ΠΡΟΓΡΑΜΜΑ

ΙΟΥΛΙΟΣ

Παρασκευή 13 Σάββατο 14 Κυριακή 15	ΘΕΑΤΡΟ ΛΑΜΠΕΤΗ «Αντιγόνη» Σοφοκλή
Παρασκευή 20 Σάββατο 21	ΚΡΑΤΙΚΟ ΘΕΑΤΡΟ ΒΟΡΕΙΑΣ ΕΛΛΑΔΑΣ «Ερωφίλη» Γεωργίου Χορτάτση
Τρίτη 24	ΣΥΝΑΥΛΙΑ ΔΙΟΝΥΣΗ ΣΑΒΒΟΠΟΥΛΟΥ
Παρασκευή 27 Κυριακή 29	ΡΕΣΙΤΑΛ ΠΙΑΝΟΥ ΔΗΜΗΤΡΗ ΣΓΟΥΡΟΥ ΦΟΛΚΛΟΡΙΚΟ ΣΥΓΚΡΟΤΗΜΑ ΚΙΕΒΟΥ- ΟΥΚΡΑΝΙΑΣ «ΠΟΛΙΟΤ»

ΑΥΓΟΥΣΤΟΣ

Παρασκευή 3	ΣΥΝΑΥΛΙΑ ΓΙΩΡΓΟΥ ΝΤΑΛΑΡΑ
Σάββατο 11 Κυριακή 12	ΑΝΟΙΚΤΟ ΘΕΑΤΡΟ ΓΙΩΡΓΟΥ ΜΙΧΑΗΛΙΔΗ «Βάτραχοι» Αριστοφάνη
Τρίτη 14 Τετάρτη 15	ΕΤΑΙΡΙΑ ΘΕΑΤΡΟΥ «ΑΤΤΙΣ» «Βάκχες» Ευριπίδη
Σάββατο 18 Κυριακή 19	ΕΘΝΙΚΟ ΘΕΑΤΡΟ «Θεσμοφοριάζουσες» Αριστοφάνη
Παρασκευή 24 Σάββατο 25	ΚΡΑΤΙΚΟ ΘΕΑΤΡΟ ΒΟΡΕΙΑΣ ΕΛΛΑΔΑΣ «Μήδεια» Ευριπίδη

ΣΕΠΤΕΜΒΡΙΟΣ

Σάββατο 1 Κυριακή 2	ΟΡΓΑΝΙΣΜΟΣ ΕΤΑΙΡΙΚΩΝ ΘΙΑΣΩΝ ΣΕΗ «Πλούτος» Αριστοφάνη

Πληροφορίες:
Οι παραστάσεις αρχίζουν στις 21.15΄
Τιμές εισιτηρίων 1.000 και 500 δραχμές.
Προπωλούνται στο Περίπτερο του Ε.Ο.Τ. καθημερινά από
10.00΄–13.00΄ και 17.00΄–19.00΄.
Περισσότερες πληροφορίες στο τηλέφωνο (051) 223504.

6 Μια φορά κι έναν καιρό . . .

Once upon a time . . .

Lesson 6 deals with:

- diminutives
- the past tenses
- saying no – denial and negation
- some common phrases

Dialogue (Διάλογος) – Τι έγινε; What happened?

Στο 5ο μάθημα, η Αλίκη <u>συνάντησε</u> το Γιάννη στο δρόμο. Ο Γιάννης πήγαινε να βρει τρόπο να φύγει για το νησί για ψάρεμα. Η Αλίκη <u>προσκάλεσε</u> το φίλο της για ένα καφεδάκι. Τώρα τον ξανασυναντά στο σπίτι της. Χτυπά το κουδούνι, η Αλίκη ανοίγει την πόρτα.

Vocabulary (Λεξιλόγιο)

ξανασυναντώ	to meet again
το κουδούνι	bell
προσκαλώ	to invite
βγαίνω	to go out
η φουρτούνα	rough sea
πολύς, πολλή, πολύ	a great deal, much
το Σαββατοκύριακο	weekend
η περασμένη (ε)βδομάδα	last week
το λιμανάκι	small harbour
ολόκληρος, ολόκληρη, ολόκληρο	entire, whole

– Καλησπέρα Αλίκη.
– Καλώς το Γιάννη. Πώς από δω;
– Την περασμένη βδομάδα με <u>προσκάλεσες</u> για ένα καφεδάκι.
– Ναι, βέβαια. Έλα μέσα. Μέτριο τον πίνεις;
– Όχι, σκέτο.
– Λοιπόν, πώς <u>πέρασες</u> στο ψάρεμα;
– Ποιο ψάρεμα; Ούτε που **βγήκαμε** από το λιμανάκι. Ούτε ψάρι ούτε ψαράκι δεν <u>είδαμε</u>.
– Γιατί, τι <u>έγινε</u>;
– Να, <u>είχε</u> φουρτούνα ολόκληρο το Σαββατοκύριακο. Ούτε **βγήκαμε** από την ταβέρνα του κυρ-Ηλία.
– Δηλαδή . . . <u>κοιτάξατε</u> και κατά τη θάλασσα ή μήπως η φουρτούνα **ήταν** . . . μόνο στην ταβέρνα του κυρ Ηλία;
– Τι θέλεις να πεις;
– Να, λέω μήπως και η . . . φουρτούνα που **βλέπατε ήταν** από το ουζάκι του κυρ Ηλία!
– Έλα, καημένη!

Good evening Aliki.
Hello, Yanni. How come you are here?
Last week you invited me for a coffee.
Oh yes, so I did. Come in. do you take your coffee medium sweet?
No, without sugar.
Well, how was your fishing?
What fishing? We didn't even go out of the small fishing harbour. We saw no fish at all.
Why, what happened?
Well, the sea was rough all weekend. We didn't even leave Master Ilias's tavern.
In other words, did you actually take a look in the direction of the sea or was the sea 'rough' just inside the tavern?
What do you mean?
I am just wondering whether the 'heavy sea' you saw was due to the ouzo Master Ilias serves.
Come off it.

Points of interest

καλώς τον, καλώς την

This is a friendly welcome extended to a friend one is pleased to see. The word **καλώς** is also used in combination to give us **καλωσόρισες, καλωσορίσατε** *welcome* which you will encounter often in Greek-speaking areas.

έλα come

Έλα μέσα means *come in.* Έλα καημένη! – here it is used as an affectionate mild scolding. In a similar situation in English one would say *Come on!* or *Come off it!* The word **ο καημένος, η καημένη, το καημένο** means *poor one.*

ο κυρ Ηλίας

The word **κυρ** is an abbreviated form of **κύριος**. It is used only in cases where **κύριος** may seem too formal. It is best to be aware of its meaning but to avoid using it.

μήπως by any chance

It is used when making an enquiry or for expressing puzzlement. It can also be used when making an enquiry for which it is necessary to be exceptionally polite. It is the equivalent of the English 'may I' or 'would you like me to', e.g.:

Μήπως μπορώ να σας βοηθήσω;	May I perhaps help you?
Μήπως θέλετε ακόμη μια πορτοκαλάδα;	Would you perhaps like another orangeade?

Language points

24 *Diminutives*

In the first dialogue in this lesson, you will have noticed that some words have been used in a slightly different form from that in which we encountered them before, e.g.:

ο καφές	coffee	το καφεδάκι	small coffee
το ψάρι	fish	το ψαράκι	small fish
το λιμάνι	harbour	το λιμανάκι	small harbour
το ούζο	ouzo	το ουζάκι	small ouzo

Greeks are very fond of using diminutives in everyday speech, and not all of them have this ending; but be prepared to encounter them, in particular in speech. Diminutives are used not only to denote smaller size, like **λιμανάκι**, **ψαράκι** in the dialogue, but also to show affection, e.g. **το αρνί** means *lamb,* but when wanting to emphasize the playfulness and innocence of it the speaker might prefer to use **το αρνάκι**.

All the examples we have come across here end in **-άκι**. This ending is more common when the original form of the noun is in the neuter. We will come across different forms of diminutives in later lessons.

25 Action taking place in the past

Some verbs used in the dialogue above have been underlined and some have been underlined and emboldened. All these are in the past tense, in other words they describe events which happened in the past.

Those simply underlined form their past tense in accordance with rules for regular verbs which we will discuss here. Those emboldened and underlined are the past tenses of irregular verbs which you will find discussed in Lessons 7 and 8.

In English the past tense can be used to describe an action which took place in the past once, e.g. *I took the bus earlier this evening,* or a continuing past action, e.g. *as I was walking along the road.* There is a similar distinction in Greek.

25a The past simple (an action taking place once in the past)

In the first dialogue of this lesson we came across these examples:

Η Αλίκη συνάντησε το Γιάννη.
Η Αλίκη προσκάλεσε το Γιάννη για έναν καφέ.
Ο Αλίκη άνοιξε την πόρτα.

They describe actions which took place once in the past.

Verbs ending in -ώ

The endings change and the stress-accent moves to the third syllable from the end.

Present	Past simple
απαντ-ώ	απάντ-ησα
απαντ-άς	απάντ-ησες
απαντ-ά	απάντ-ησε
απαντ-ούμε	απαντ-ήσαμε
απαντ-άτε	απαντ-ήσατε
απαντ-ούν	απάντ-ησαν

Note Verbs like **ωφελώ** form the past simple exactly like **απαντώ**.

The following are examples of verbs ending in **-ώ** in the present and past simple.

Present	Past simple
προσκαλώ	προσκάλεσα
προτιμώ	προτίμησα
ακολουθώ	ακολούθησα
οδηγώ	οδήγησα
γλεντώ	γλέντησα
βοηθώ	βοήθησα
ωφελώ	ωφέλησα
προχωρώ	προχώρησα
ρωτώ	ρώτησα
αργώ	άργησα
αγαπώ	αγάπησα
αναχωρώ	αναχώρησα
παρακαλώ	παρακάλεσα
συναντώ	συνάντησα
κολυμπώ	κολύμπησα

Verbs ending in -ω

At this point it will be useful to recall the changes that occur in verbs ending in **-ω** when they form the future simple tense. We dealt with these in Lesson 4.

Present	Future simple	Past simple
δέν-ω	θα δέσ-ω	έ-δεσ-α
δέν-εις	θα δέσ-εις	έ-δεσ-ες

δέν-ει	θα δέσ-ει	έ-δεσ-ε
δέν-ουμε	θα δέσ-ουμε	(ε)δέσ-αμε
δέν-ετε	θα δέσ-ετε	(ε)δέσ-ατε
δέν-ουν	θα δέσ-ουν	έ-δε-σαν

Note the changes when compared to the present and future simple tenses:

(a) different endings
(b) the **σ** of the future simple has been retained
(c) the stress falls on the third syllable from the end. If necessary an **ε** is added as a prefix to provide the third syllable.

The following are examples of verbs ending in -**ω** in the present and the past simple. Their common feature is that they have three syllables and therefore, unlike the example above, do not need to acquire a prefix in order to allow the migration of the stress-accent.

Present	Past simple	
ανοίγω	άνοιξα	open
διαλέγω	διάλεξα	choose
ανάβω	άναψα	light
γιορτάζω	γιόρτασα	celebrate
ταξιδεύω	ταξίδεψα	
ψαρεύω	ψάρεψα	
αγοράζω	αγόρασα	buy
πληρώνω	πλήρωσα	pay
συμπληρώνω	συμπλήρωσα	fill up, add

Exercise 1 (1η άσκηση)

Bearing in mind the rules governing the formation of the past tense for verbs ending in -**ω**, give the past simple tense of the following. You may need to refer to Language point 25a concerning the past tense, and to the formation of the future simple in Lesson 4.

Present	Past simple	Present	Past simple
στρίβω		χάνω	
ψήνω		κόβω	
βάφω		σπρώχνω	
κρύβω		φτάνω	
λείπω		τρέχω	
λήγω		ψαρεύω	

Exercise 2 (2η άσκηση)

Having checked your answers to the previous exercise in the Key to Exercises, see whether you can complete the list below of how the endings of verbs change in the past simple, e.g. verbs ending in -**νω** like **δένω** take the ending -**σα** in the past simple.

Verbs ending in the present form the past simple with the
tense in appropriate endings
-ω
-νω
-ζω

-πω
-βω
-φω
-εύω

-κω
-γω
-χω
-χνω

Exercise 3 (3η άσκηση)

A number of words and phrases are associated with the description of events which are recorded as simply having taken place in the past. Below you will find a list of some of these.

χτες (ή χθες)	yesterday
προχτές (ή προχθές)	the day before yesterday
τον περασμένο μήνα	last month
την περασμένη εβδομάδα	last week
πριν τέσσερα χρόνια	four years ago
πριν πέντε μήνες	five months ago
πέρσι (ή πέρυσι)	last year
το 1990	in 1990

Below there are a few incomplete sentences. Fill in the gaps with the correct phrase or word from the alternatives placed beside each sentence, e.g.:

(Χτες)
. . . **προτίμησα να φύγω.** **χτες, αύριο, κάθε μέρα**

1 ... άργησα να φτάσω στη δουλειά.	τον άλλο μήνα, προχτές
2 Ταξιδέψαμε στην Αγγλία ...	την ερχόμενη εβδομάδα, πριν 4 χρόνια
3 Γιορτάσαμε το Πάσχα ...	την περασμένη εβδομάδα, το 1990
4 Αγόρασα το αυτοκίνητό μου ...	τον άλλο μήνα, πέρυσι
5 Το διαβατήριό μου έληξε ...	κάθε Δευτέρα, πριν τέσσερις μέρες
6 Έφτασαν στο αεροδρόμιο πριν ...	προχτές, δυο ώρες
7 Δεν έχασα την τσάντα μου ...	πριν δέκα χρόνια, τώρα.
8 Έχασα την τσάντα μου πριν ...	συχνά, τρεις μέρες.

Exercise 4 (4η άσκηση)

Of the following pairs which is or are the odd pair(s) and why?

το φόρεμα	**το φορεματάκι**
η ταβέρνα	**το ταβερνάκι**
το παιδί	**το παιδάκι**
το αυτοκίνητο	**το αυτοκινητάκι**
το λιμάνι	**το λιμανάκι**
το κρασί	**το κρασάκι**
το νερό	**το νεράκι**
το σπίτι	**το σπιτάκι**

Dialogue (Διάλογος) – Το ατύχημα (The accident)

A passer-by gives a policeman an account of an accident she witnessed

Vocabulary (Λεξιλόγιο)

το ατύχημα	accident
ο αστυφύλακας	police constable
η βιτρίνα	shop window

το φορεμάτακι	dress
ο γάμος	wedding
λοιπόν	so
εκεί	there
η φωνή	voice
το στρίγκλισμα	screeching
το φρένο	brake
ο κόσμος	people
η γωνία	corner
περπατώ	to walk
ξέρω	to know
ακούω	to hear
μπαίνω	to enter
με συγχωρείτε	I beg your pardon
είδα	past tense of **βλέπω**

– Λοιπόν, τι έγινε;
– Να, έγινε ατύχημα, εδώ και λίγα λεπτά.
– Μάλιστα κυρία μου, αυτό το ξέρω, τι έγινε ρωτώ.
– Να, εγώ, κύριε αστυφύλακα, περπατούσα εδώ στο πεζοδρόμιο και κοίταζα τις βιτρίνες. Κοιτάζω, βλέπετε, να βρω ένα φορεματάκι για το γάμο της αδελφής μου της Έρσης· ο γάμος είναι την Κυριακή βλέπετε και . . .
– Να σας ζήσει κυρία μου η αδελφή σας, αλλά για το ατύχημα ρώτησα.
– Ναι, μάλιστα, με συγχωρείτε. Λοιπόν εκεί που περπατούσα και κοίταζα, άκουσα φωνές, το στρίγκλισμα φρένων κι άρχισε ο κόσμος να τρέχει. Κοίταξα κι εγώ και είδα να μπαίνει μέσα στο κατάστημα της γωνίας . . . μια BMW. <u>Δεν ξέρω τίποτα άλλο.</u>

Points of interest

μάλιστα

Like **ναι**, it means *yes*, but it is more emphatic. It is used more in situations in which the phrase *Yes, sir* or *Yes, madam* would be appropriate in English. A pupil replying to a question from a teacher, or a witness in a court of law, or a soldier speaking to a superior officer would use **μάλιστα** rather than **ναι**.

κύριε αστυφύλακα

The words **κύριος**, **κυρία** are also used with the job description in some circumstances in which in English one would use the words *sir* or *madam*. It is not uncommon to come across such uses as **ο κύριος Υπουργός, ο κύριος καθηγητής** (Minister, Professor). It is also used when the name of a person is not known and as a sign of respect.

να σας ζήσει

Translated word for word it means *may they live long for you*. In the context of the dialogue, in English one would say, congratulations. This phrase and variations of it are commonly used. The phrases **να ζήσετε, να ζήσεις** are used to congratulate the happy couple just married, or on somebody's birthday or nameday. To the parents of the newly married couple the phrase used is **να σας ζήσουν**.

κι

It is an abbreviated form of **και**. It can be used in some cases where the word following it begins with a vowel.

Language points

25b The imperfect (an action which either lasted a long time or was repeated in the past)

Earlier in this lesson we discussed the past tense in terms of actions which simply occurred in the past. The imperfect is used for continued or repeated action in the past.

Verbs ending in -ώ

Present	Imperfect
απαντ-ώ	απαντ-ούσα
απαντ-άς	απαντ-ούσες
απαντ-ά	απαντ-ούσε

απαντ-ούμε	απαντ-ούσαμε
απαντ-άτε	απαντ-ούσατε
απαντ-ούν	απαντ-ούσαν

Note: Verbs like **ωφελώ** form the imperfect like **απαντώ**.

The changes confine themselves to changes to the endings which must be learned. The following are some examples of verbs in the present and imperfect tenses.

Present	*Imperfect*
προσκαλώ	προσκαλούσα
προτιμώ	προτιμούσα
ακολουθώ	ακολουθούσα
οδηγώ	οδηγούσα
γλεντώ	γλεντούσα
βοηθώ	βοηθούσα
προχωρώ	προχωρούσα
ρωτώ	ρωτούσα
αργώ	αργούσα
αγαπώ	αγαπούσα
πετώ	πετούσα
αναχωρώ	αναχωρούσα
παρακαλώ	παρακαλούσα
περνώ	περνούσα
συναντώ	συναντούσα
κολυμπώ	κολυμπούσα

Verbs ending in -ω

Present	*Imperfect*
δέν-ω	έ-δεν-α
δέν-εις	έ-δεν-ες
δέν-ει	έ-δεν-ε
δέν-ουμε	(ε)δέν-αμε
δέν-ετε	(ε)δέν-ατε
δέν-ουν	έ-δεν-αν

Using as a reference point the present tense, which is the form usually given in dictionaries and in the Glossary at the end of this book, three changes occur in the imperfect tense:

(a) the endings are different
(b) the accent moves to the third syllable from the end

(c) a prefix (**ε**) is added if the verb has only two syllables and begins with a consonant.

If an extra syllable has been added to the ending and the verb now has three syllables (e.g. **δέναμε, δένατε**) the accent moves back a syllable. If, however, this is not possible, the prefix **ε** – is added (e.g. **έδενα**) so that the accent can move to the third syllable from the end.

Note: It is useful to recall the rule we mentioned in passing in an earlier lesson relating to the stress-accent, i.e. that in Greek the stress-accent always falls on the first, second or third syllable from the end. No Greek word has an accent on the fourth syllable from the end. Even when foreign words with the emphasis falling on an earlier syllable pass into Greek they obey this rule e.g. *supermarket* – in Greek it becomes **σουπερμάρκετ**, *federalism* **φεντεραλισμός**, and *franchise* **φραντσάιζ**.

The following are examples of the imperfect of some verbs.

Present	Imperfect	Present	Imperfect
βγαίνω	έβγαινα	χάνω	έχανα
φεύγω	έφευγα	κόβω	έκοβα
στρίβω	έστριβα	σπρώχνω	έσπρωχνα
ψήνω	έψηνα	φτάνω	έφτανα
βάφω	έβαφα	κάνω	έκανα
κρύβω	έκρυβα	πίνω	έπινα
στέλνω	έστελνα	παίρνω	έπαιρνα
λήγω	έληγα	τρέχω	έτρεχα

All the verbs above have added a prefix in order to acquire three syllables in the imperfect. They all have one thing in common – they have two syllables in their present tense.

Compare them with the following verbs which are three-syllable words. They have no prefix in the imperfect. The stress-accent can be moved back to the existing third syllable and therefore they do not need to acquire a prefix.

Present	Imperfect	Present	Imperfect
ανοίγω	άνοιγα	ψαρεύω	ψάρευα
διαλέγω	διάλεγα	πηγαίνω	πήγαινα
ανάβω	άναβα	αγοράζω	αγόραζα
γιορτάζω	γιόρταζα	πληρώνω	πλήρωνα
ταξιδεύω	ταξίδευα	συμπληρώνω	συμπλήρωνα

Exercise 5 (5η άσκηση)

The following words and phrases are associated with repeated actions in the past.

πάντα	always
συχνά	often
κάθε χρόνο, κάθε μέρα,	every year, every day, every
κάθε μήνα	month
τακτικά	regularly
κάθε φορά	each time

They can equally well be associated with repetitive action in the present or in the future. The form of the verb used gives an indication of whether the action is of the past, present or future.

The following words and phrases are associated with a continued action in the past.

ενώ	while
καθώς	as, while
όλη μέρα	all day
όλο το πρωί	all morning
την ώρα που	at the moment when

Να συμπληρώσετε τα κενά.

Fill in the gaps, choosing the correct verb from those listed below the exercise.

1 Εγώ _____ γράμματα στη μητέρα μου τακτικά.

2 Κάθε φορά, _____ τα λεφτά της.

3 _____ συχνά τα βιβλία μου.

4 Ο Πέτρος και η Τίνα _____ όλο το πρωί.

5 Πάντα _____ κρασί και όχι νερό.

6 _____ για τον πατέρα μου κάθε μέρα.

7 _____ πάντα να φτάσει στη δουλειά της.

8 _____ στην Κέρκυρα κάθε χρόνο.

ρωτούσαν, έχανα, έκρυβε, πίναμε, πήγαιναν, έστελνα, αργούσε, έτρεχαν

Exercise 6 (6η άσκηση)

Go back to the second dialogue (**Το ατύχημα**) and read it again carefully. First, underline all the verbs in the imperfect tense and then all the verbs which appear in the past simple. Check your list in the Key to Exercises.

Language points

26 Όχι – saying no (negation)

In Greek, the word **Όχι** does not just demonstrate a young child's form of rebellion; since the Second World War, it has come to reflect a nation's determination to maintain its independence. What has since become known as *Ochi day* in English and **το Όχι του Μεταξά** in Greek is celebrated on 28 October each year, a bank holiday commemorating the refusal of the Greeks under Metaxas to allow the Italians to occupy Greece in 1940.

Δεν ξέρω

There are two forms of negative sentences in Greek. The first simply gives a negative meaning to a sentence by using the word **δεν** or **δε**.

Examples:

Πηγαίνω στο σχολείο.	**Δεν πηγαίνω στο σχολείο.**
Οδήγησε το αυτοκίνητό της.	**Δεν οδήγησε το αυτοκίνητό της.**
Θα αγοράσουν εισιτήρια.	**Δε θα αγοράσουν εισιτήρια.**

It is as simple as it can possibly be – add **δε** or **δεν** in front of the verb in a sentence.

Δεν ξέρω τίποτα

However, unlike English, in Greek the double negative is used, e.g.:

In English we say:	In Greek we say:
I don't know anything.	**Δεν ξέρω τίποτα.** (**τίποτα** = nothing)
They are not going anywhere.	**Δε θα πάνε πουθενά.** (**πουθενά** = nowhere)
She doesn't want to see anyone.	**Δε θέλει να βλέπει κανέναν.** (**κανέναν** = nobody)
You will never buy a car.	**Δε θα αγοράσεις ποτέ αυτοκίνητο.** (**ποτέ** = never)

Μη *or* μην – *Do not*

The other negative form you will see on notices almost everywhere. It is formed with the addition of the word **μην** or **μη**. In English this is closer to *don't*.

Examples:

ΜΗΝ ΚΑΠΝΙΖΕΤΕ	NO SMOKING
ΜΗ ΣΤΑΘΜΕΥΕΤΕ	NO PARKING
ΜΗΝ ΠΑΤΑΤΕ ΤΟ ΓΡΑΣΙΔΙ	DON'T WALK ON THE GRASS

Note In previous lessons we came across **το(ν)**, **τη(ν)** and in this lesson we have used **δεν** or **δε**, **μην** or **μη**. The inclusion or otherwise of the final **ν** is determined by rather complicated rules which are beyond the scope of this book. The meaning remains the same in either case.

Exercise 7 *(7η άσκηση)*

Read carefully the following questions. Translate them into English and underline what you think is the meaning of the Greek words also underlined. Check your answers in the Key to Exercises.

1 Θέλεις <u>τίποτα</u>;
2 Θα κοιτάξεις <u>πουθενά</u>;
3 Βλέπεις <u>κανέναν</u>;
4 Θα φύγουν <u>ποτέ</u>;

(**Hint** We have encountered these words above (double negative) with a slightly different meaning, e.g. **τίποτα** can mean either *nothing* or *anything,* according to the context.)

Exercise 8 *(8η άσκηση)*

Below, you will find a number of sentences. Change them into (a) questions and (b) negative sentences. If you need to refresh your memory, go back to Lesson 2. The first is an example.

Η Αλίκη συνάντησε το Γιάννη στο δρόμο.
Η Αλίκη συνάντησε το Γιάννη στο δρόμο;
Η Αλίκη δε συνάντησε το Γιάννη στο δρόμο

1 Πίνεις τον καφέ σκέτο.
2 Έχει φουρτούνα.
3 Πηγαίνουμε ψάρεμα.

4 Το Σαββατοκύριακο θα πάμε στο νησί.
5 Το κατάστημα είναι στη γωνία.
6 Η κυρία κοίταξε να δει τι έγινε.
7 Ο αστυφύλακας ρώτησε την κυρία για το ατύχημα.
8 Ο γάμος θα είναι την Κυριακή.

Exercise 9 (9η άσκηση)

Να συμπληρώσετε τα κενά.
Fill in the gaps.

The following is a brief account of the incident following the accident in the dialogue above.

Ο αστυφύλακας _____ την κυρία για το ατύχημα. _____ κυρία _____ στο πεζοδρόμιο και _____ τις βιτρίνες των καταστημάτων. Κοίταζε για ένα φόρεμα για το γάμο της αδελφής _____. Άκουσε τις φωνές, _____ και είδε ένα _____ μέσα σε ένα . . . κατάστημα.

περπατούσε, της, ρώτησε, κοίταξε, η, αυτοκίνητο, κοίταζε

Exercise 10 (10η άσκηση)

We have already discussed some idiomatic phrases used on special occasions – how to congratulate the happy couple on their wedding, how to wish someone a safe journey.

The phrases in column 1 are used on other special occasions. In column 2 you will find the equivalent phrases in English, but they are not in the right order. Can you match them up? One is the odd one out because there is no equivalent phrase in English. Can you venture a guess as to the occasion on which it might be used?

Καλή χρονιά	Enjoy your meal
Χρόνια πολλά	Good luck
Καλή τύχη	Happy New Year
Εις υγείαν	Cheers (Your health)
Με γεια	Many happy returns
Καλή όρεξη	?

You can check your answers in the Key to Exercises.

Narrative – Ο Πενταδάκτυλος 📼

The mountain range of Πενταδάκτυλος in Cyprus, with its five distinct depressions, seen from a distance looks as if a giant hand has pressed on it.

Essential vocabulary (Απαραίτητο λεξιλόγιο)

πήρε	past tense of παίρνω
η λέξη	word
σύνθετος, σύνθετη, σύνθετο	composite
το άκρο	end
το δάχτυλο	finger
ήταν	was, past tense of είναι
γνωστός, γνωστή, γνωστό	known
πολύς, πολλή, πολύ	much, a lot
σύμφωνα με	in accordance with
η προσπάθεια	attempt
πέφτω	to fall
βάζω	to put
το χέρι	hand
αφήνω	to leave
δηλ.	i.e. an abbreviation of δηλαδή

Τα όρη εδιασκέλιζε, βουνού κορφές επήδα
Σπίτι δεν τον εσκέπαζε, σπήλιο δεν τον εχώρει
«Ο θάνατος του Διγενή», *Ακριτικά Τραγούδια*

He stepped over mountains, leapt over mountain tops
No house could contain him, no cave was big enough for him
'The death of Diyenis', *Akritic Folk Songs*

Η οροσειρά του Πενταδάκτυλου στην Κύπρο πήρε το όνομά της από το θρύλο για τους Ακρίτες και το Διγενή Ακρίτα. Η λέξη «Πενταδάκτυλος» είναι σύνθετη λέξη από τις λέξεις «πέντε» και «δάκτυλος».

Οι Ακρίτες ήταν στρατιώτες που υπερασπίζονταν τα σύνορα της βυζαντινής αυτοκρατορίας και πήραν το όνομά τους «ακρίτες» από τη λέξη «άκρα», δηλ. τα σύνορα του Βυζαντίου. Ο πιο γνωστός από τους Ακρίτες είναι ο Διγενής Ακρίτας και τα κατορθώματά του είναι το θέμα πολλών ελληνικών δημοτικών τραγουδιών.

Σύμφωνα με την παράδοση, ο Διγενής Ακρίτας, κυνηγημένος από τους εχθρούς του, έφτασε στην Κύπρο και στην προσπάθειά του να μην πέσει στη θάλασσα, έβαλε το χέρι του πάνω στο βουνό και άφησε το αποτύπωμα από τα δάχτυλά του.

Additional vocabulary

η οροσειρά	mountain range
η Κύπρος	Cyprus
ο θρύλος	legend
ο στρατιώτης	soldier
υπερασπίζομαι	to defend
το σύνορο	boundary
η βυζαντινή αυτοκρατορία	Byzantine Empire
το Βυζάντιο	Byzantium
το δημοτικό τραγούδι	folk song
η παράδοση	tradition
κυνηγημένος, κυνηγημένη, κυνηγημένο	chased
ο εχθρός	enemy
το αποτύπωμα	(finger) print

Points of interest

You will have noticed that two different forms of the word for *finger* are being used in the passage above – **ο δάκτυλος**, **το δάχτυλο**. Apart from gender, (one is masculine and the other neuter), there is also a difference in the letters **χ**, **κ**. Some words may still be encountered with both **χ** and **κ**, e.g. **νύχτα**, **νύκτα**, or **οκτώ**, **οχτώ**. These differences are due to changes in the language over the centuries and need not concern us here.

Comprehension

(α) Να απαντήσετε τις ερωτήσεις στα ελληνικά.

1 Πού είναι η οροσειρά του Πενταδάκτυλου;
2 Τι ήταν οι Ακρίτες;

3 Πότε έζησαν οι Ακρίτες;
4 Ποιος ήταν ο Διγενής Ακρίτας;
5 Πώς έφτασε στην Κύπρο ο Διγενής Ακρίτας;

(β) About whom do you think are the two verses quoted at the beginning of the comprehension passage?

Exercise 11 *(11η άσκηση)*

Interpret, in English, the name of the mountain range known in Greek as **ο Πενταδάκτυλος** and explain to an English friend how this name came about.

7 Καλές διακοπές

Have a good holiday

In this lesson we will be looking at:

- adjectives
- the tenses of some irregular verbs ending in **-ω**
- ordinal numbers
- dates
- colours
- neither . . . nor

Language activity – Η θάλασσα

In Greece you cannot avoid 'meeting' the sea. And if you happen to travel to the islands you will probably have occasion to appreciate its brilliant blue stillness and, perhaps, also its wrath, sentiments expressed most eloquently in the following extract from a Greek poem.

Μ' αρέσει η θάλασσα γιατί μου μοιάζει
μ' αρέσει, σ' άκουσα να λες κρυφά,
πότε αγριεύεται, βόγγει, στενάζει
και πότε ολόχαρη παίζει, γελά.
(Α. Βαλαωρίτης, «Η Ξανθούλα»)

I like the sea because it's like me
I like it, I heard you say quietly,
sometimes it turns rough, it groans and sighs
other times it plays joyfully and laughs.
        (A. Valaoritis, 'The blonde girl')

Language points (Γλωσσικές παρατηρήσεις)

27 Adjectives

Adjectives are words which describe nouns: blue, calm, rough, beautiful, good, bad are adjectives.

We have already encountered a number of adjectives in Greek in previous lessons. In word lists given in previous lessons adjectives were listed like this:

γνωστός, γνωστή, γνωστό	(6ο μάθημα)
βιαστικός, βιαστική, βιαστικό	(5ο μάθημα)
αρκετός, αρκετή, αρκετό	(5ο μάθημα)
ζωντανός, ζωντανή, ζωντανό	(5ο μάθημα)
πλούσιος, πλούσια, πλούσιο	(5ο μάθημα)

The reason they were given in their masculine, feminine and neuter forms is because their endings change according to whether they are used to describe a man, a woman or a thing or, in other words, a masculine, feminine or neuter noun. So, in Greek, we say:

ο πλούσιος άντρας	η πλούσια γυναίκα	το πλούσιο σπίτι
ο ωραίος άντρας	η ωραία γυναίκα	το ωραίο αυτοκίνητο
ο καλός άντρας	η καλή γυναίκα	το καλό παιδί

For a man we say **είναι βιαστικός**, for a woman we say **είναι βιαστική** and for a child we say **είναι βιαστικό**.

Not all adjectives have these endings, but regular adjectives do and these are the ones we will be dealing with in this lesson.

Like nouns, adjectives also have cases, and agree with the nouns they describe. A good example of this is the use of **καλός** as demonstrated by some of the phrases we have already encountered.

καλό ταξίδι	(**το ταξίδι** – neuter noun; **καλός** has the neuter ending **-ό**)
καλή όρεξη	(**η όρεξη** – feminine noun; the adjective has a feminine ending **-ή**)
καλές διακοπές	(**οι διακοπές** – feminine noun in the plural; the adjective is in the plural with the ending matching that of the noun it describes)

| **καλή χρονιά** | (**η χρονιά** – feminine noun; the adjective has a feminine ending) |
| **καλή διασκέδαση** | (**η διασκέδαση** is feminine and **καλή** has a feminine ending) |

καλός, καλή, καλό

Singular

ο καλός	η καλή	το καλό
του καλού	της καλής	του καλού
τον καλό	την καλή	το καλό
καλέ	καλή	καλό

Plural

οι καλοί	οι καλές	τα καλά
των καλών	των καλών	των καλών
τους καλούς	τις καλές	τα καλά
καλοί	καλές	καλά

ωραίος, ωραία, ωραίο

Singular

ο ωραίος	η ωραία	το ωραίο
του ωραίου	της ωραίας	του ωραίου
τον ωραίο	την ωραία	το ωραίο
ωραίε	ωραία	ωραίο

Plural

οι ωραίοι	οι ωραίες	τα ωραία
των ωραίων	των ωραίων	των ωραίων
τους ωραίους	τις ωραίες	τα ωραία
ωραίοι	ωραίες	ωραία

One thing is worth remembering with adjectives: through all cases, they keep the stress-accent on the same syllable as in the nominative. In other words **καλός** has the stress-accent on -**ός**, therefore it will keep it on that syllable throughout.

1η άσκηση (Exercise 1)

Having read the notes about adjectives, decline **ο όμορφος άντρας**, **η όμορφη γυναίκα**, **το όμορφο παιδί** in full (i.e. give their forms in all cases, singular and plural). Bear in mind what we said about the position of the stress-accent in the case of adjectives. You will find the answers in the Key to Exercises.

2η άσκηση (Exercise 2)

In the short verse quoted above, the sea is described as **ολόχαρη**. The word is formed by joining two other words together, **όλος** – meaning *all, whole* and **η χαρά** – meaning *joy*. Below you will find some other adjectives which are formed in a similar way.

The words from which each compound word is formed and their separate meanings are given below. Can you guess the meaning of the compound words? Below each word you will see a phrase which will help you with the meaning. The first is an example.

ολόχαρος, -η, -ο   **όλος + χαρά** (all + joy)   full of joy, joyful

καταγάλανος   **κατα + γαλανός** (as a prefix it means full-ness + blue)
ο καταγάλανος ουρανός της Ελλάδας

καταπράσινος   **κατα + πράσινος** (as a prefix it means full-ness + green)
τα καταπράσινα λειβάδια

πολυτάραχος   **πολύ + ταραχή** (much, multi + tumult, com-motion)
η πολυτάραχη ζωή

πολυσύχναστος   **πολύ + συχνάζω** (much + frequent)
το πολυσύχναστο καφενεδάκι

πολύτεκνος   **πολύ + τέκνο** (much + child)
ο πολύτεκνος πατέρας

αξιοσημείωτος   **άξιος + σημειωτός** (worthy + noted)
αξιοσημείωτος άνθρωπος

αξιολύπητος   **άξιος + λύπη** (worthy + sorrow)
αξιολύπητη γυναίκα

Language points (Γλωσσικές παρατηρήσεις)

28 *Colours* (τα χρώματα)

Colours are used as adjectives and as such have three forms, which are used according to whether the word (noun) they describe is masculine, feminine or neuter. The most commonly encountered colours are:

κόκκινος, κόκκινη, κόκκινο, or in more compact form
κόκκινος, -η, -ο   red
άσπρος, άσπρη, άσπρο, or in more compact form
άσπρος, -η, -ο   white
μαύρος, μαύρη, μαύρο, or   **μαύρος, -η, -ο**   black
πράσινος, πράσινη, πράσινο, or   **πράσινος, -η, -ο**   green
γαλανός, γαλανή, γαλανό, or   **γαλανός, -ή, -ό**   blue
κίτρινος, κίτρινη, κίτρινο, or   **κίτρινος, -η, -ο**   yellow
γκρίζος, γκρίζα, γκρίζο, or   **γκρίζος, -α, -ο**   grey

When the colours are not used in order to describe another word, the neuter form is used, e.g. in the context of *the colour yellow* **το κίτρινο**.

Note: From now on adjectives will be listed in the abbreviated form, e.g. **άσπρος, -η, -ο**.

29 *Ordinal numbers, e.g. first, second, twenty-third, etc.*

Although this term is only just introduced, you may have noticed that this form has already been introduced to you in the last few chapters. It first appeared in relation to the phrase *Exercise 1*. In some lessons this was followed by a short phrase in brackets in Greek (**1η άσκηση**), i.e. **πρώτη άσκηση**. Later we came across:

2η άσκηση   2nd exercise
3η άσκηση   3rd exercise
4η άσκηση   4th exercise
κ.λπ.   etc.

Note: (**κ.λπ.** is another abbreviation for **και τα λοιπά** = etc. We have already come across **κτλ**.)

In full they are as follows:

πρώτος, -η, -ο	first
δεύτερος, -η, -ο	second
τρίτος, -η, -ο	third
τέταρτος, -η, -ο	fourth
πέμπτος, -η, -ο	fifth
έκτος, -η, -ο	sixth
έβδομος, -η, -ο	seventh
όγδοος, -η, -ο	eighth
ένατος, -η, -ο	ninth
δέκατος, -η, -ο	tenth
ενδέκατος, -η, -ο	eleventh
δωδέκατος, -η, -ο	twelfth
κτλ.	etc.

30 Dates (οι ημερομηνίες)

Dates can be written in Greek in numbers in exactly the same way as in English, e.g. 22.6.1992 or 30/4/1967.

They may also be written more fully, as in a letter, as follows:

4η Ιανουαρίου 1994   (τετάρτη Ιανουαρίου χίλια εννιακόσια ενενήντα τέσσερα)

The following are some commonly encountered phrases relating to dates:

Ημερομηνία λήξεως: 22α* Ιουλίου 1994   Expiry date:
Ημερομηνία γεννήσεως: 14η Μαΐου 1956   Date of birth:
Ημερομηνία γάμου: 1η Δεκεμβρίου 1978   Date of marriage:

Note: Although we say **δεύτερος, δεύτερη, δεύτερο,** the date is **2α Ιουνίου, 22α Απριλίου.** In full, they are written as **δευτέρα Ιουνίου, εικοστή δευτέρα Απριλίου** – note that not only has the ending changed but the stress-accent has also moved. This is so for historic reasons, some of which will be discussed in Lesson 18 on the development of the Greek language.

Examples of phrases using dates

Various types of questions are associated with dates. Although the information asked for and given is basically the same, contentwise, the phrasing of the questions and the answers may vary.

Question (ερώτηση)	*Answer* (απάντηση)
Ημερομηνία γεννήσεως;	24η (εικοστή τετάρτη) Φεβρουαρίου 1959
Ημερομηνία αφίξεως;	13η (δεκάτη τρίτη) Ιουλίου
Πότε είναι τα γενέθλιά σου;	Στις 5 (πέντε) Μαρτίου
Πότε έφτασες στην Ελλάδα;	Στις 16 (δεκαέξι) Οκτωβρίου
Πόσες του μηνός έχουμε σήμερα;	Έχουμε 5 (πέντε) Νοεμβρίου
Πόσες του μηνός θα είναι η ερχόμενη Δευτέρα;	Θα είναι 10 (δέκα) Νοεμβρίου
Τι ημερομηνία είναι αύριο;	Αύριο είναι 6 (έξι) Νοεμβρίου
Τι ημερομηνία ήταν χτες;	Χτες ήταν 4 (τέσσερις) Νοεμβρίου

3η άσκηση *(Exercise 3)*

Να συμπληρώσετε τα κενά.
(Fill in the gaps)

Under Language point 28 we discussed colours as adjectives and as nouns. Fill in the gaps in the following sentences with the correct form of the colour which appears in brackets at the end of each sentence, e.g.:

Αγόρασα ένα ＿＿ φόρεμα. (κίτρινο) Answer: **κίτρινο**

1 Ο ουρανός είναι ＿＿. (γαλανό)
2 Από όλα τα χρώματα εγώ προτιμώ το ＿＿. (κόκκινο)
3 Αγαπά τα ＿＿. (κίτρινο)
4 Η νύφη θα φορέσει ＿＿ και ο γαμπρός ＿＿. (άσπρο, γκρίζο)
5 Μην πατάτε το ＿＿. (πράσινο)
6 Τα ＿＿ πορτοκάλια δεν είναι γλυκά. (πράσινο)
7 Τα ώριμα καρπούζια είναι ＿＿. (κόκκινο)
8 Είναι για ＿＿ κλάματα. (μαύρο)

Note (Σημείωση) The phrase in no. 8 above is an idiomatic expression used as one would use the phrase *It makes one want to cry* in English.

4η άσκηση *(Exercise 4)*

Earlier in this lesson we looked at some ways in which adjectives are formed by combining other words. This is not confined to adjectives by any means. The words listed below have been formed by

combining words we have already encountered in previous lessons.
Can you decide which two words have been combined to form each
of them and what the meaning of the new word is?
The first has been done for you.

πεντάχρονος, -η, -ο   **πέντε + χρόνος**   five-year-old

1 το δεκάλεπτο
2 η πρωτομαγιά
3 ο δεκαπενταύγουστος
4 το ημερονύχτιο
5 η πρωταπριλιά
6 το δεκαπενθήμερο
7 η πρωτοχρονιά
8 το δευτερόλεπτο
9 επτάχρονος
10 διήμερος
11 η εξαετία

5η άσκηση (Exercise 5)

Earlier we discussed ordinal numbers, i.e. **πρώτος,-η,-ο**, etc. up to
twelfth. Can you give the ordinal numbers (adjectival form) for the
following numbers? The first one is an example.

Number	*Numerical adjective*	
δεκατρία (13)	**δέκατος τρίτος μισθός**	(13th salary = Christmas bonus)
δεκατέσσερα	μέρα του Μαΐου	
δεκαπέντε	σειρά	
δεκαέξη	όροφος	
δεκαεπτά	άτομο	
(20th = **εικοστός, -ή, -ό**)		
είκοσι ένα	βιβλίο	
είκοσι πέντε	Μαρτίου 1821	
είκοσι οκτώ	Οκτωβρίου 1940	
(30th = **τριακοστός, -ή, -ό**)		
τριάντα τρία	έτος	
τριάντα επτά	επέτειος (**η επέτειος*** = anniversary)	

* Note the gender despite the **-ος** ending which we have learned as a masculine
ending. You can find more about this in Lesson 8.

6η άσκηση (Exercise 6)

First learn the following ordinal numbers.

40th = **τεσσαροκοστός, -ή, -ό**
50th = **πεντηκοστός, -ή, -ό**
60th = **εξηκοστός, -ή, -ό**

Give the appropriate form, the abbreviated form as well as the full one, i.e. **60ος – εξηκοστός**, of the numbers below. Compare your answers with the answers in the Key to Exercises.

70th year	90th car
75th anniversary	91st day
80th floor	100th book
89th woman	110th page (**η σελίδα**)

Language activity – Η Λευκάδα

The following three passages are captions to pictures taken on the Greek island of Lefkas

Essential vocabulary (Απαραίτητο λεξιλόγιο)

το νησί	island
ο αιώνας	century
η παραλία	beach
η άμμος	sand
π.Χ. (προ Χριστού)	BC
χλμ. (χιλιόμετρα)	km (kilometres)

ΕΠΑΝΩ
Το σπίτι του ποιητή Αριστοτέλη Βαλαωρίτη.

ΔΕΞΙΑ
Η όμορφη παραλία 3 χλμ. από τον Άγιο Νικήτα. Μια τεράστια έκταση με άμμο και βαθυγάλαζα, πεντακάθαρα νερά.

ΑΡΙΣΤΕΡΑ
Στα γραφικά, παραλιακά ταβερνάκια θα βρείτε καλό και φτηνό φαγητό.

Additional vocabulary to help you with the captions:

γραφικός, -ή, -ό	picturesque
σύμφωνα με	according to
προσχωρώ	accede
η ανασκαφή	excavation
η έκταση	expanse

7η άσκηση (Exercise 7)

The words **βαθυγάλαζος**, **πεντακάθαρος** are each formed through the combination of two other words. What is their meaning, and which two words are joined together in each case? Write down your answers before you look them up in the Key to Exercises.

8η άσκηση (Exercise 8)

Write down the words **ΕΠΑΝΩ**, **ΑΡΙΣΤΕΡΑ**, **ΔΕΞΙΑ** in lower-case letters and put in the stress-accents.

Look in the Glossary and find the meaning of the words. On a page, arrange the illustrations to the three captions as you think they appear and indicate what you think each picture showed.

Language points (Γλωσσικές παρατηρήσεις)

31 The past and future tenses of some irregular verbs

είμαι

This verb has only one past tense, which is used both as an imperfect (i.e. for continuous or repeated action in the past) and as past simple (i.e. an action which took place once in the past).

Present	Past
είμαι	ήμουν
είσαι	ήσουν
είναι	ήταν

είμαστε	ήμαστε
είσαστε, είστε	ήσαστε
είναι	ήταν

Note how the initial **εί-** in the present tense changes to **ή-** in the past tense.

It only has one form of future tense, based on the present tense i.e. **θα είμαι, θα είσαι**, etc.

έχω

Similarly, **έχω** has only one past tense.

Present	*Past*
έχω	είχα
έχεις	είχες
έχει	είχε
έχουμε	είχαμε
έχετε	είχατε
έχουν	είχαν

As in the case of **είμαι, έχω** has only one form of future tense, i.e. **θα έχω, θα έχεις**, etc.

βλέπω

Unlike **είμαι** and **έχω**, this verb does not compensate us for the difficulty of having to learn an irrregular form by having only one past tense. However, its imperfect at least follows the usual rules – it takes a prefix, the stress-accent moves to the third syllable from the end, and it has the usual endings.

Present	*Imperfect*	*Past simple*
βλέπω	έβλεπα	είδα
βλέπεις	έβλεπες	είδες
βλέπει	έβλεπε	είδε
βλέπουμε	βλέπαμε	είδαμε
βλέπετε	βλέπατε	είδατε
βλέπουν	έβλεπαν	είδαν

Its future simple is unusual too:

Future continuous	*Future simple*
θα βλέπω	**θα δω**

θα βλέπεις	θα δεις
θα βλέπει	θα δει
θα βλέπουμε	θα δούμε
θα βλέπετε	θα δείτε
θα βλέπουν	θα δουν

The future continuous is based on the present tense, while the future simple is based on the form of the verb used for the past simple.

It is necessary to learn the tenses of the following verbs since they are not formed in accordance with the rules we discussed in Lesson 6. Below you will find the first person only, since the endings are otherwise the same as those above.

Present	Imperfect	Past simple	Future continuous	Future simple
πηγαίνω	πήγαινα	πήγα	θα πηγαίνω	θα πάω
λέω (λέγω)	έλεγα	είπα	θα λέω	θα πω
φεύγω	έφευγα	έφυγα	θα φεύγω	θα φύγω
μένω	έμενα	έμεινα	θα μένω	θα μείνω
δίνω (give)	έδινα	έδωσα	θα δίνω	θα δώσω
μπαίνω	έμπαινα	μπήκα	θα μπαίνω	θα μπω
κλαίω (cry)	έκλαιγα	έκλαψα	θα κλαίω	θα κλάψω
ανεβαίνω (climb)	ανέβαινα	ανέβηκα	θα ανεβαίνω	θα ανεβώ
πίνω	έπινα	ήπια	θα πίνω	θα πιω
τρώω (τρώγω)	έτρωγα	έφαγα	θα τρώω	θα φάω
στέλνω	έστελνα	έστειλα	θα στέλνω	θα στείλω

32 ούτε . . . ούτε *neither . . . nor*

Examples of its use:

Ούτε εγώ ούτε αυτή πήγαμε.	Neither of us went.
Ούτε τον είδα ούτε τον άκουσα.	I neither saw nor heard him.
Δε με άφηνε ήσυχη ούτε μέρα ούτε νύχτα.	He didn't leave me alone day or night.

ούτε *not even*

ούτε is also used as follows:

Ούτε που τον άκουσα.	I didn't even hear him.
Ούτε θέλω να πάω.	I don't even want to go.
Ούτε ο Αντώνης δεν ήλθε.	Even Antonis didn't come.

9η άσκηση (Exercise 9)

Give the following tenses of the verbs **κατεβαίνω** *descend*, **βγαίνω** *come out*, **παίρνω** *take*. Look at Language point 31 for examples.

Present tense
Future continuous
Future simple
Imperfect
Past simple

10η άσκηση (Exercise 10)

Which of the following words do you associate with (a) the past tense (b) the future tense, (c) the present? Arrange the words into three groups under the headings (a) past, (b) future, (c) present.

σήμερα, αύριο, χτες, την περασμένη Δευτέρα, την ερχόμενη άνοιξη, τον περασμένο Δεκέμβριο, το 2010, το 1821, προχτές, μεθαύριο, την εβδομάδα που πέρασε, το καλοκαίρι του 1999.

11η άσκηση (Exercise 11)

In the short passage below, the verbs are given in the present tense. Put them in the correct tense as the context in which they are used demands, e.g.:

Θα (πηγαίνω) στο χωριό την Κυριακή. Θα πάω στο χωριό την Κυριακή.

1 Κοίταξε το ρολόι του και (φεύγω) αμέσως.
2 Εκεί που (πηγαίνω) είδαμε ένα αυτοκίνητο να φεύγει.
3 Έλεγα στο Γιάννη αυτά που (λέω) εσύ.
4 Το περασμένο καλοκαίρι (πηγαίνω) στην Κρήτη. (μένω) στο ίδιο ξενοδοχείο.

5 Θα είμαι στην Αθήνα σε δύο εβδομάδες. Να (τηλεφωνώ);
6 Το ερχόμενο καλοκαίρι (δίνω) μαθήματα αγγλικής σε μικρά παιδιά.

12η άσκηση (Exercise 12)

Below you will find some idiomatic phrases using *neither . . . nor*. Each of them is used within a sentence to help you arrive at its meaning. Can you think of an appropriate equivalent idiomatic expression in English? Write it down before you refer to the Key to Exercises.

Η συμπεριφορά του ήταν πολύ άσχημη. Ούτε θέλω να τον ξαναδώ στα μάτια μου.
Εγώ φώναζα αλλά αυτός ούτε φωνή ούτε ακρόαση.
Είχαμε έναν καβγά με το Νίκο την Κυριακή. Τη Δευτέρα πέρασε να με δει· ούτε γάτα ούτε ζημιά.

Narrative – Λευκάδα: το νησί των αντιθέσεων [CO]

Earlier we looked at three captions to pictures about the island of Lefkas. In the following passage we find out a little more about the island

Essential vocabulary (Απαραίτητο λεξιλόγιο)

μικρός, -ή, -ό	small
η ακτή	shore
αλλά	but
η άμμος	sand
η αμμουδιά	sandy shore
το χωριό	village
η ακρογιαλιά	seashore
ο κάτοικος	inhabitant
ζεστός, -ή, -ό	warm
φιλόξενος, -η, -ο	hospitable
προσπαθώ	try
τουριστικός, -ή, -ό	tourist

η επιχείρηση	business
το κέφι	high spirits, joviality
το αμπέλι	vine
η ελιά	olive, olive tree
η αλιεία	fishing
το πανηγύρι	fare (village fare)
η πατρίδα	motherland
εθνικός, -ή, -ό	national
ο ποιητής	poet

Λευκάδα! Μια μικρή καταπράσινη γωνιά με απόκρημνες ακτές αλλά και αμμουδιές μοναδικές, ορεινά χωριά με πλατάνια και τρεχούμενα νερά, κατάφυτες ακρογιαλιές που συνθέτουν μια επιβλητική παρουσία ανάμεσα στα νησιά του Ιονίου. Οι κάτοικοι ζεστοί, φιλόξενοι, γεμάτοι ζωντάνια προσπαθούν να κρατήσουν ζωντανή την παράδοση του νησιού και να συνδυάσουν τις απρόσωπες τουριστικές επιχειρήσεις με την απλότητα και το κέφι του λευκαδίτικου τρόπου ζωής.

Με έκταση 303 τ.χλμ. είναι το τέταρτο σε μέγεθος νησί των Επτανήσων. Οι Λευκαδίτες καλλιέργησαν με υπομονή και επιμονή και το τελευταίο κομμάτι γης· φύτεψαν αμπέλια, ελιές και ασχολούνται με την αλιεία. Οι Λευκαδίτισσες διατηρούν αναλλοίωτα τα ήθη και έθιμα και οι γιορτές και τα πανηγύρια συνεχίζονται από γενιά σε γενιά. Το νησί είναι η ιδιαίτερη πατρίδα των εθνικών ποιητών της Ελλάδας, του Αριστοτέλη Βαλαωρίτη και του Άγγελου Σικελιανού.

Further vocabulary you may find useful in relation to this passage:

η παράδοση	tradition
τα ήθη και έθιμα	customs and traditions
απόκρυμνος, -η, -ο	precipitous
κατάφυτος, -η, -ο	wooded and green
επιβλητικός, -ή, -ό	imposing
η αντίθεση	contrast
γενιά, -η	generation
απρόσωπος, -η, -ο	faceless
φυτεύω	to plant
καλλιεργώ	to cultivate
η γη	earth, soil
μοναδικός, -ή, -ό	unique
ορεινός, -ή, -ό	mountainous
το πλατάνι	plane tree

συνδυάζω	to combine
ο τρόπος ζωής	way of life
τ.χλμ.	(τετραγωνικά χιλιόμετρα) square km

Points of interest

Note how words are derived from other words in the passage:

τρεχούμενα νερά	brooks – from the verb **τρέχω** *to run*
ο λευκαδίτικος τρόπος ζωής	an adjective from the name of the island **Λευκάδα**
ορεινός	mountainous – from the word **όρος** *mountain*
εθνικός	national – from the word **έθνος** *nation*

Comprehension

(α) Να απαντήσετε στις ερωτήσεις στα ελληνικά.

1 Ποιο είναι το όνομα των κατοίκων της Λευκάδας;
2 Τι καλλιεργούν στη Λευκάδα;
3 Πόσο μεγάλο είναι το νησί;

(β) Να απαντήσετε στις ερωτήσεις στα αγλλικά.

1 Τι είναι τα Επτάνησα;
2 Τι είναι «οι Λευκαδίτισσες»;
3 Πού νομίζετε είναι τα «ορεινά χωριά»;
4 Σε ποια θάλασσα είναι το νησί Λευκάδα;

13η άσκηση (Exercise 13)

Which two words are the following compound words made up from, and what is their meaning?

e.g. **απόκρημνος** =   **από** + **κρημνός** from +
  precipitous   precipice

φιλόξενος,   κατάφυτος,   απρόσωπος,   τα   Επτάνησα, αντίθεση

14η άσκηση (Exercise 14)

How do you think the people of Lefkatha manage to combine «**τις απρόσωπες τουριστικές επιχειρήσεις με την απλότητα και το κέφι του λευκαδίτικου τρόπου ζωής**»?

8 Επαγγελματικός κόσμος

The world of business

This lesson will deal with:

- the tenses of some irregular verbs ending in -**ώ**
- some irregular adjectives
- more colours
- adverbs
- words used in place of nouns – pronouns
    - εγώ, εσύ, αυτός
    - ο ίδιος.

Διάλογος – Υπεραστική κλήση
Long-distance telephone call 📼

A businessman with a smattering of Greek is trying to speak to a business associate in Greece. He dials the number. The telephone is answered by the switchboard of the Greek company

Λεξιλόγιο *(Vocabulary)*

το γραφείο	office (also desk)
το μήνυμα	message
εκτός γραφείου	out of the office
τηλεφωνώ	to telephone
ο ίδιος	the same
εγώ ο ίδιος	myself

– Λέγετε.
– Τον κύριο Φιλιππάκη, παρακαλώ.
– Ποιος τον ζητά;
– Phil Anderson από την BCD.
– Ένα λεπτό παρακαλώ. . . .. Κύριε Anderson, ο κ. Φιλιππάκης είναι εκτός γραφείου σήμερα, θέλετε να αφήσετε ένα μήνυμα; Να σας τηλεφωνήσει ο ίδιος αύριο;
– Ευχαριστώ, θα στείλω ένα φαξ και θα ξαναπάρω εγώ αύριο. Να μου δώσετε τον αριθμό για το φαξ;
– Ναι, πως· να το στείλετε στο 43 65 777. Κύριε Anderson, αύριο να πάρετε τον ίδιο στο τηλέφωνο 43 65 786.
– Ευχαριστώ. Καλή σας μέρα.
– Γεια σας.

Points of interest

Answering the telephone

The telephone can be answered in a variety of ways. Private individuals are more likely to answer the telephone with a **ναι** or **εμπρός**. In the case of a business it may be either **λέγετε** or **μάλιστα**, and at times even with the name of the company concerned.

καλή σας μέρα have a good day, **καλό απόγευμα** *have a good afternoon*, **καλό βράδυ** *have a good evening* are greetings often used and worth bearing in mind.

Reading telephone numbers

Telephone numbers in Greek are usually read in pairs; if there are three numbers left last, as in the telephone conversation above, then all three are read together like this: **σαράντα τρία, εξήντα πέντε, επτακόσια εβδομήντα επτά**. Alternatively, for the sake of brevity, the same telephone number may be read like this: **σαράντα τρία, εξήντα πέντε, επτά, εβδομήντα επτά**.

Language points (Γλωσσικές παρατηρήσεις)

33 The past and future tenses of some irregular verbs ending in -ώ:

Present	Imperfect	Past	Future continuous	Future simple
περνώ	περνούσα	πέρασα	θα περνώ	θα περάσω
διψώ	διψούσα	δίψασα	θα διψώ	θα διψάσω
γελώ	γελούσα	γέλασα	θα γελώ	θα γελάσω
καλώ	καλούσα	κάλεσα	θα καλώ	θα καλέσω
μεθώ	μεθούσα	μέθυσα	θα μεθώ	θα μεθύσω
μπορώ	μπορούσα	μπόρεσα	θα μπορώ	θα μπορέσω
ξεχνώ	ξεχνούσα	ξέχασα	θα ξεχνώ	θα ξεχάσω
πεινώ	πεινούσα	πείνασα	θα πεινώ	θα πεινάσω
σιωπώ (be silent)	σιωπούσα	σιώπησα	θα σιωπώ	θα σιωπήσω
τραβώ (pull)	τραβούσα	τράβηξα	θα τραβώ	θα τραβήξω

34 Some pronouns – ο ίδιος, η ίδια, το ίδιο

Pronouns are words which can be used in place of a noun or an adjective. In the dialogue above, the telephonist told the caller «**να πάρετε <u>τον ίδιο</u> στο τηλέφωνο . . .**»; in other words Mr. Philippakis himself.

ο ίδιος, η ίδια, το ίδιο decline in the same way as the nouns with the same endings. They can be roughly translated as *myself, yourself, himself,* etc., and each of the three forms is used according to whether the person is a man, a woman or a child or thing, e.g.:

Θέλω να δω τον ίδιο	implies that the person I want to see is a man
Θέλω να μιλήσω με την ίδια	the person I wish to speak to is a woman
Το είπε το ίδιο	a child (**το παιδί**) said it

εγώ ο ίδιος, -α, -ο	I myself
εσύ ο ίδιος, -α, -ο	you yourself
αυτός ο ίδιος, αυτή η ίδια, αυτό το ίδιο	he/she/it himself, herself, itself
εμείς οι ίδιοι	we ourselves
εσείς οι ίδιοι	you yourselves
αυτοί οι ίδιοι, αυτές οι ίδιες, αυτά τα ίδια	they themselves

35 More pronouns – the personal pronouns εγώ, εσύ, αυτός-αυτή-αυτό

We have already discussed the personal pronoun **εγώ** in Lesson 2. However, we only looked at its use as the subject of a noun, in other words only in the nominative, as in the following examples:

Εγώ είμαι στην Αγγλία
Εσύ είσαι Έλληνας, Ελληνίδα
Αυτός, αυτή, αυτό είναι κόκκινος, κόκκινη, κόκκινο

Εμείς θα πάμε στην Αθήνα
Εσείς θα μείνετε στην Κρήτη
Αυτοί, αυτές, αυτά θα ταξιδέψουν με αεροπλάνο

Like nouns, personal pronouns also have other cases, and they are as follows.

Emphatic forms

Case	First person	Second person	Third person
Singular			
Nominative	εγώ	εσύ	αυτός, αυτή, αυτό
Genitive	εμένα	εσένα	αυτού, αυτής, αυτού
Accusative	εμένα	εσένα	αυτόν, αυτή(ν), αυτό
Plural			
Nominative	εμείς	εσείς	αυτοί, αυτές, αυτά
Genitive	εμάς	εσάς	αυτών, αυτών, αυτών
Accusative	εμάς	εσάς	αυτούς, αυτές, αυτά

These forms are used when the person in question is to be given special emphasis.

Examples of usage:

Εμένα είδε στο θέατρο   It's *me* he/she saw at the theatre
Εσένα τι σου είπε;   What did he say to *you*?
Αυτήν την αγόρασα χτες   I bought *this one* from the shop in
από το κατάστημα της   Achilleos Street
οδού Αχιλλέως
Αυτές τι τις νοιάζει;   Why is it any of *their* business?

This same set of pronouns also have another form, a non-emphatic form, which is used when it is not necessary to place emphasis. This form is used as an object of the verb in the sentence. The accusative case is used for a direct object (i.e. the person or thing which receives the direct action of the verb) and the genitive for an indirect object (i.e. the person or thing receiving the action or benefiting from it).

Non-emphatic forms

Case	First person	Second person	Third person
Singular			
Nominative	–	–	–
Genitive	**μου**	**σου**	**του, της, του**
Accusative	**με**	**σε**	**τον, τη(ν), το**
Plural			
Nominative	–	–	–
Genitive	**μας**	**σας**	**τους, τους, τους**
Accusative	**μας**	**σας**	**τους, τις, τα**

Examples of use:

Μου πήρε ένα πακέτο   He bought *me* a packet of cigar-
τσιγάρα   ettes
Σου έδωσα τα βιβλία σου   I gave *you* your books
Της είπα να μείνει στο   I told *her* to stay at home
σπίτι

Μας μίλησαν για τον   They spoke to *us* about the poet
ποιητή
Δε σας συνάντησα στο   I didn't meet *you* in the street
δρόμο
Να βρεις τα παιδιά και να   Find the children and bring *them*
τα φέρεις μαζί σου   with you

Points of interest

Look again at the second example when the word **σου** occurs twice, once as personal pronoun (first time) and once as a possessive pronoun (second time).

There are times when there may be confusion between the two, e.g.:

ο πατέρας μου έδωσε το βιβλίο.

Does it mean *My father gave the book* or *Father gave me the book*?

In order to make the meaning clear on such occasions, when there may be a possible confusion, the stress-accent comes to the rescue.

If the sentence above means *My father gave the book*, this will be written as:

Ο πατέρας *μου* έδωσε το βιβλίο

If it means *Father gave me the book*, it will be written as:

Ο πατέρας *μού* έδωσε το βιβλίο

Certain verbs appear with the non-emphatic forms.

μου αρέσει	I like
σου αρέσει	you like
του/της/του αρέσει	he/she/it likes
μας αρέσει	we like
σας αρέσει	you like
τους αρέσει	they like

Similarly we have:

<u>**Μου πάει**</u> **αυτό το φόρεμα.**	This dress suits me.
Αυτό το βιβλίο <u>**με**</u> <u>**ενδιαφέρει**</u> **πολύ.**	I am interested in this book very much.
Πώς <u>**σε λένε**</u>**;** <u>**Με λένε**</u> **Ναταλία.**	What is your name? My name is Natalia. (Literally: What do they call you? They call me Natalia.)
Με έπιασε πονοκέφαλος.	I've got a headache.
Σας κάνει αυτό;	Does this one suit you?
Με πονεί το δόντι μου.	My tooth hurts.

After the words

από	from
για	for
με	with
προς	to (direction)
σε	to (as in *to me*)

we use the emphatic forms: **εμένα, εσένα, αυτόν, αυτήν, αυτό, εμάς, εσάς, αυτούς, αυτές, αυτά.**

Examples:

Τι θέλεις <u>από εμάς</u>;	What do you want *from us*?
Μένει <u>με αυτούς</u> ο Δημήτρης;	Does Dimitris live *with them*?
Να του πεις να δώσει το βιβλίο <u>σε εσένα</u>.	Tell him to give the book *to you*.
<u>Για αυτές</u> μιλούμε.	We are talking *about them*.

1η άσκηση

In the sentences below there are two objects – one direct and one indirect. Remembering what we said earlier on about the form of the pronoun to be used, change the sentences substituting the pronouns as appropriate. To help you the words to be substituted are underlined and we have done the first example for you.

Example

Αγόρασα **σοκολάτες** για **τη Μαρία**. **Της τις** αγόρασα

1 Ο Δημήτρης ζήτησε από <u>τον Πέτρο δυο πεντακοσάρικα</u>.
2 Έβαλαν επιτέλους <u>το τηλέφωνο στην εταιρία</u>.
3 Πλήρωσε <u>το λογαριασμό</u> με επιταγή.
4 Δε διαβάζουν <u>την εφημερίδα</u> κάθε μέρα.
5 Θα μας δώσετε <u>την διεύθυνσή σας</u>;
6 Ο πατέρας της <u>τής</u> αγόρασε <u>το αυτοκίνητο</u>.
7 Δεν απάντησα εγώ <u>το τηλέφωνο</u>.
8 Εμένα μου είπε όλα <u>τα νέα</u>.

2η άσκηση

Να συμπληρώσετε τα κενά. (Fill in the gaps.) Use the correct form of one of the pronouns above or a possessive pronoun as appropriate.

Ο κ. Anderson πήρε τον κ. Φιλιππάκη τηλέφωνο να . . ..
ζητήσει να συναντηθούν στην Αθήνα. Ο κ. Φιλιππάκης δεν
ήταν στο γραφείο και απάντησε στο τηλέφωνο η
γραμματέας . . . Ο κ. Anderson μίλησε στη γραμματέα και . . .
ζήτησε τον αριθμό του τέλεφαξ για να στείλει ένα φαξ.
Είπε πως θα τηλεφωνούσε την επομένη.

3η άσκηση

You have just bought a rather nice backgammon set (**τάβλι**) to take
home with you. You are presented with the slip below. Before
signing it you should read it and answer the questions below to
make sure you understand exactly what you are signing.

				ΑΝΤΙΓΡΑΦΟ ΚΑΤΟΧΟΥ ΚΑΡΤΑΣ
0000 00 00 0000				
ΜΕΡΑ	ΜΗΝΑΣ ΕΤΟΣ	ΤΜΗΜΑ	ΑΡ. ΥΠΑΛΛΗΛΟΥ	ΜΟΝΟΓΡΑΦΗ
22	5 94	—	363	**ΚΒ**

K ANDERSON

ΠΕΡΙΓΡΑΦΗ	ΠΟΣΟ
ΤΑΒΛΙ	**12.000, 00**

ΕΤΑΙΡΙΑ ΕΠΕ

ΒΕΒΑΙΩ ΤΗΝ ΠΩΛΗΣΗ ΚΑΙ ΑΠΟΔΕΧΟΜΑΙ ΤΟ ΔΕΛΤΙΟ

ΚΩΔ. ΕΞΟΥΣΙΟΔΟΤΗΣΗΣ	ΣΥΝΟΛΟ
001100	**12.000,00**

X
ΥΠΟΓΡΑΦΗ ΚΑΤΟΧΟΥ

Ο αγοραστής – αποδέκτης (ο οποίος στο δελτίο ονομάζεται Κάτοχος Κάρτας)
θα πληρώσει στον εκδότη της Τραπεζικής Κάρτας ή στη διαταγή του, το ποσό που
παρουσιάζεται* στο δελτίο σαν ΟΛΙΚΟ, σύμφωνα με τους Όρους Κατοχής
Κάρτας οι οποίοι διέπουν τη χρήση της Τραπεζικής Κάρτας. ΔΕΛΤΙΟ ΠΩΛΗΣΗΣ

Note: (**Σημείωση**) **ΕΠΕ** is the equivalent of *Ltd* after a company name. In Greece
there are many more types of companies that can be formed, but the two main ones
are **Εταιρία Περιορισμένης Ευθύνης,** roughly equivalent to *Limited Liability
Company,* and **ΑΕ – Ανώνυμη Εταιρία** *S.A. (Société Anonyme).*

* New form of verb to be discussed in later lessons (Lesson 12).

1 How are you paying?
2 How much are you paying?
3 What are you paying for?
4 Do you need to sign it, and if so where?
5 What currency are you paying in?

Language activity – Ένα φαξ 🔘

After his phone call to his business associate in Greece, Mr Anderson sent a fax and has just received the reply

Λεξιλόγιο (Vocabulary)

ιδιαίτερα	specially
αν και	although
κεντρικός, -ή, -ό	central
η εταιρία	company (business)
η οδός	road (address)
ο, η υπάλληλος	employee
μπορώ	I can
συζητώ	discuss
ο δικός μου	my, mine
η ελευθερία	liberty, freedom
ο όροφος	floor (storey)
το προϊόν	product
ο τιμοκατάλογος	price list
ενδιαφέρω	to interest

K.Φ. ΕΠΕ

ΤΕΛΕΦΑΞ

ΠΡΟΣ την εταιρία BCD
ΥΠΟΨΗ κ. Anderson
ΑΠΟ Κ. Φιλιππάκη
Το μήνυμα έχει 1 σελίδα(ες)

Αθήνα, 23η Απριλίου 1994

Αγαπητέ κύριε Anderson

ΘΕΜΑ: Η επίσκεψή σας στην Αθήνα 3-6 Μαΐου

Ευχαριστώ για το τηλεφώνημά σας και το φαξ που στείλατε χτες. Θα χαρώ ιδιαίτερα να σας δω στην Αθήνα το Μάιο.

Αν και τα κεντρικά γραφεία της εταιρίας μας είναι στην οδό Αιόλου, το δικό μου γραφείο είναι στον 4ο όροφο του Μεγάρου Τσιμισκή στη Λεωφόρο Ελευθερίας 16. Παρακαλώ να μου κάνετε ένα τηλεφώνημα και θα στείλω έναν υπάλληλό μας να σας πάρει από το ξενοδοχείο σας.

Θα μπορέσουμε να συζητήσουμε τα προϊόντα που σας ενδιαφέρουν και θα σας ετοιμάσω και έναν τιμοκατάλογο με τιμές εξαγωγής .

Καλό σας ταξίδι

Φιλικά
Κώστας Φιλιππάκης

Points of interest

η οδός

Although the ending is a typical ending for a masculine noun (e.g. **o άνθρωπος**), this is a feminine noun since it is preceded by the feminine article **η**. Its cases follow the rules for masculine nouns ending in -**ος**, e.g. we say **η οδός**, **της οδού**, **την οδό**, etc.

There are nouns which have the same ending for men and for women; only the article changes. One example of this is **o**

υπάλληλος, η υπάλληλος. There are others:

 ο, η γιατρός
 ο, η δικηγόρος
 ο, η υπουργός
 ο, η δικαστής
 ο, η σύζυγος

This tends to be the case mainly with nouns referring to things that originally were the domain of men. Although feminine forms have gradually come into use in the above examples (**η δικαστίνα, η υπουργίνα**), they tend to be avoided in more educated circles.

However, in areas where women have been involved over a longer period of time, the feminine forms have become quite established, e.g. **ο δάσκαλος, η δασκάλα** *teacher*, **ο νοσοκόμος, η νοσοκόμα** *nurse*.

4η άσκηση

Mr Philippakis began his fax to his English associate with **Αγαπητέ κ. Anderson** and ended **Φιλικά**. The word **αγαπητός** comes from **αγαπώ** *to love* and **φιλικά** from **φιλικός** *friendly*. Can you give the equivalent ways of beginning and ending a letter in English?

The following are some more beginnings and endings of letters written in Greek and in English. Look up any words you don't know and try to arrange them in roughly equivalent pairs. The first one has been done for you.

Αγαπητή Τίνα	Dear Tina
Με αγάπη	Love
Ναταλία	Natalia

1 **Κύριοι**
 Με τιμή
 Κ. Μενελάου

2 **Αγαπητή κ. Φιλίππου**
 Με εκτίμηση
 Κ. Μενελάου

3 **Αγαπητέ κ. Μιχάλη**
 Χαιρετισμούς
 Πέτρος Δημητρίου

Αγγλικά

a Dear Peter

Best regards
George

b Sirs

Yours faithfully
M. Jones

c Dear Mrs Adams

Yours sincerely
Michael Jennings

Language points (Γλωσσικές παρατηρήσεις)

36 Adverbs – e.g. beautifully, slowly, briefly

In this lesson, we shall discuss those adverbs which derive from adjectives, some of which we discussed in Lesson 7. In Greek, adverbs more often have the ending **-α** and sometimes the ending **-ως**. Below you will find some examples of how adverbs are formed from nouns. In the fax message above, two adverbs were used – **ιδιαίτερα, φιλικά**.

Adjective	Adverb
φιλικός	**φιλικά**
ιδιαίτερος	**ιδιαίτερα**
όμορφος	**όμορφα**
γραφικός	**γραφικά**
βιαστικός	**βιαστικά**
αρκετός	**αρκετά**
καλός	**καλά, καλώς**
πλούσιος	**πλούσια**
ωραίος	**ωραία**
κύριος	**κυρίως** (*main, mainly*)

The endings in **-α** must not be confused with the similar ending of the neuter form of the adjective, e.g. **τα καλά παιδιά**; the two are used quite differently.

Here are some examples of the use of Greek adverbs:

Περάσαμε όμορφα το Πάσχα.	We had a nice time at Easter.
Περπατούσε βιαστικά.	He was walking quickly.
Μου μίλησε πολύ φιλικά.	He spoke to me in a friendly manner.
Του είπα «Αρκετά, φτάνει».	I told him, 'Enough, stop.'
Τι κάνετε; Καλά, ευχαριστώ.	How are you? Well, thank you.

But remember the use of **καλώς** in **καλώς ήρθατε**, and **καλώς όρισες**. The second of these is increasingly written as one compound word – **καλωσόρισες**.

37 Some adjectives with irregular endings

The following are representative examples of different endings of adjectives. You can refer to them when you encounter other adjectives with similar endings.

γλυκός, γλυκιά, γλυκό (sweet)

Singular

ο γλυκός	η γλυκιά	το γλυκό
του γλυκού	της γλυκιάς	του γλυκού
το γλυκό	τη γλυκιά	το γλυκό
γλυκέ	γλυκιά	γλυκό

Plural

οι γλυκοί	οι γλυκές	τα γλυκά
των γλυκών	των γλυκών	των γλυκών
τους γλυκούς	τις γλυκές	τα γλυκά
γλυκοί	γλυκές	γλυκά

βαρύς, βαριά, βαρύ (heavy)

Singular

ο βαρύς	η βαριά	το βαρύ
–	της βαριάς	-
το βαρύ	τη βαριά	το βαρύ
βαρύ	βαριά	βαρύ

Plural

οι βαριοί	οι βαριές	τα βαριά
των βαριών	των βαριών	των βαριών
τους βαριούς	τις βαριές	τα βαριά
βαριοί	βαριές	βαριά

θαλασσής, θαλασσιά, θαλασσί (*blue like the sea*)

Singular

ο θαλασσής	η θαλασσιά	το θαλασσί
του θαλασσιού	της θαλασσιάς	του θαλασσιού
το θαλασσή	τη θαλασσιά	το θαλασσί
θαλασσή	θαλασσιά	θαλασσί

Plural

οι θαλασσιοί	οι θαλασσιές	τα θαλασσιά
των θαλασσιών	των θαλασσιών	των θαλασσιών
τους θαλασσιούς	τις θαλασσιές	τα θαλασσιά
θαλασσιοί	θαλασσιές	θαλασσιά

As we saw in an earlier lesson, colours can be used as adjectives and have a different ending according to whether they describe a masculine, a feminine or a neuter noun. Below you will find some more colours in addition to those we discussed in Lesson 7.

πορτοκαλής	orange
ουρανής	sky-blue
καφετής	brown
βυσσινής	purple
σταχτής	grey

Some colours retain the same form irrespective of the gender of the noun. Note their endings. By contrast to colours with different masculine, feminine and neuter forms, the colours listed below have unusual endings; in most cases they are derived from foreign words.

ροζ	pink
γκρι	grey
καφέ	brown
μπεζ	beige
μπλε	dark blue

5η άσκηση

The words below refer to items used in business. Can you fill in the article **ο, η, το** for each of them. The endings should help you decide the gender of the nouns.

γραφείο	desk, office
ηλεκτρονικός υπολογιστής	computer
κομπιούτερ	computer
υπολογιστής	calculator
τέλεξ	telex
εκτυπωτής	printer
γραφομηχανή	typewriter
δακτυλογράφος (clue – **υπάλληλος, γιατρός**)	typist
γραμματέας	secretary
αλληλογραφία	correspondence
κώδικας κλήσεως	area code (telephones)
ταχυδρομικός κώδικας	post code
ταχυδρομική θυρίδα – ΤΘ (Greece)	PO Box
ταχυδρομικό κιβώτιο – ΤΚ (Cyprus)	PO Box
χαρτοφύλακας	briefcase
Φόρος Προστιθέμενης Αξίας – ΦΠΑ	VAT
τιμολόγιο πώλησης	sales invoice
απόδειξη	receipt
λιανική πώληση	retail sale
χονδρική πώληση	wholesale sale
δελτίο αποστολής	despatch note
αριθμός φορολογικού μητρώου – ΑΦΜ	Tax Registration Number (this is the equivalent of a VAT Registration Number in the UK but also serves for other taxation matters)

6η άσκηση

Give the correct form of each colour, e.g. **το ροζ βιβλίο**.

1 Είχε έναν ___ (καφέ) χαρτοφύλακα.
2 Το ___ (μπλε) είναι χρώμα.
3 Το χειμώνα ο ουρανός έχει χρώμα ___ (γκρι).
4 Οι πόρτες του ___ (μπεζ) αυτοκινήτου ήταν ανοιχτές.
5 Το γραφείο της ήταν ___ (βυσσινής).
6 Γράφει πάντα με ___ (θαλασσής) μελάνι.

7η άσκηση

There are a number of errors in the short passage that follows. Find and correct them. A shopkeeper is indulging in trade gossip.

Αυτός ο κύριος είναι καλά πελάτης μου. Έρχεται τακτική, σχεδόν κάθε πρωί, για να αγοράσουν την εφημερίδα του. Συνήθως, παίρνει κι ένα πακέτα τσιγάρο. Εμένα με πληρώνει κάθε Παρασκευή πρωί. Παίρνει τα λεωφορείο από τη στάση στη γωνία. Καθώς περιμένει διαβάζουν και την εφημερίδα του.

8η άσκηση

Να συμπληρώσετε τα κενά. Fill in the gaps with one of the words listed below. The translation of each sentence in English is included in order to help you choose the correct word.

1 **Θα ___ πάρεις με το αυτοκίνητο;**	Will you give me a lift?
2 **Θα ___ δω αύριο το βράδυ.**	I will see you tomorrow.
3 **___ αρέσουν πολύ τα γλυκά.**	I like sweets very much.
4 **Δε ___ ενδιαφέρει πού θα πας.**	I don't care where you are going.
5 **Περιμένει να ___ καλέσουν για συνέντευξη.**	She is waiting to be called for an interiew.
6 **Περιμένετέ με και ___**	Wait for me too.
7 **___ κάλεσαν για μια συνάντηση.**	They invited him to a meeting.
8 **___ είπαν να περάσουμε στις 4 το απόγευμα.**	They told us to call by at 4 pm.

Choose from: **μας, σε, με, εμένα, την, με, μου, τον**.

9η άσκηση

You have had problems with your car while in Greece and had to use the services of a Greek garage. Upon completion of the work you were presented with the invoice below. Your company's accounting department needs a translation of it for their records. Translate it for them.

FAX: 5232.580   Α.Φ.Μ. 324 5678 ΓΙΑ ΤΟΝ ΠΕΛΑΤΗ

ΤΙΜΟΛΟΓΙΟ ΠΩΛΗΣΗΣ – ΔΕΛΤΙΟ ΑΠΟΣΤΟΛΗΣ

Ο Κ. *Anderson*
ΕΠΑΓΓΕΛΜΑ *Διευθυντής Πωλήσεων*   Α.Φ.Μ.
ΔΙΕΥΘΥΝΣΗ *26, Burleigh Corner*   ΠΟΛΗ *Λονδίνο*

ΠΟΣΟΤΗΤΑ	ΠΕΡΙΓΡΑΦΗ ΕΜΠΟΡΕΥΜΑΤΟΣ	ΤΙΜΗ ΜΟΝΑΔΑΣ	ΔΡΑΧΜΕΣ
3	*ΕΛΑΣΤΙΚΑ*	10.169	30.507
	ΠΟΣΟΤΗΤΑ ΟΛΟΓΡΑΦΩΣ *ΤΡΙΑ*		

ΔΡΑΧΜΕΣ : *ΤΡΙΑΝΤΑ ΕΞΗ*
ΧΙΛΙΑΔΕΣ ΟΚΤΩ Α.Ρ.Χ.
Ο ΠΑΡΑΔΟΥΣ   Ο ΠΑΡΑΛΑΒΩΝ

ΣΥΝΟΛΟ	30.507
Φ.Π.Α. 16 ο/ο	5491
ΓΕΝΙΚΟ ΣΥΝΟΛΟ	36.008

Narrative – Επαγγελματικός κόσμος
The world of business

You have received the following in the post, in relation to your subscription to a business magazine.

Απαραίτητο λεξιλόγιο (Essential vocabulary)

αν	if
το περιοδικό	magazine, periodical
λήγω	to expire
το τεύχος	issue
επίσης	also, too
ικανοποιημένος, -η, -ο	satisfied
η συντροφιά	company (keep you company)
μαθαίνω	learn
παρακάτω	following (note that, although an adverb, it is often used as an adjective as in this passage)

ΕΠΑΓΓΕΛΜΑΤΙΚΕΣ ΕΚΔΟΣΕΙΣ Α.Ε.

Υπενθύμιση για ανανέωση συνδρομής

Η συνδρομή σας στο περιοδικό «ΕΠΑΓΓΕΛΜΑΤΙΚΟΣ ΚΟΣΜΟΣ» λήγει με το τεύχος Δεκεμβρίου.

Δε γνωρίζουμε αν είστε ικανοποιημένος από τη συντροφιά που σας κράτησε το περιοδικό μας. Μπορούμε να το μάθουμε αν ανανεώσετε τη συνδρομή σας!

Παρακαλούμε να στείλετε το παρακάτω απόκομμα μαζί με τα χρήματα με ταχυδρομική επιταγή ή επιταγή τραπέζης εσώκλειστη σε γράμμα.

Εσωκλείουμε επίσης και ένα ερωτηματολόγιο και παρακαλούμε να μας δώσετε πέντε λεπτά για να το συμπληρώσετε. Έτσι θα μας βοηθήσετε να προετοιμάσουμε το δεύτερο χρόνο ζωής του περιοδικού μας.

Vocabulary to help you with the above narrative:

εσώκλειστος, -η, -ο	enclosed
η συνδρομή	subscription
ανανεώνω	to renew
η ανανέωση	renewal
η υπενθύμιση	reminder
το απόκομμα	cutting (newspaper etc.)
η ταχυδρομική επιταγή	postal order
η τραπεζική επιταγή	banker's cheque
προετοιμάζω	prepare
το ερωτηματολόγιο	questionnaire

Comprehension

(α) Να απαντήσετε στις ερωτήσεις στα ελληνικά.

1 Σε ποιο περιοδικό είστε συνδρομητής-συνδρομήτρια;
2 Πότε λήγει η συνδρομή σας;
3 Τι σας έστειλαν μαζί με την υπενθύμιση;

(β) Να απαντήσετε στα αγγλικά

1 What do you have to do in order to renew your subscription?
2 Why are you being asked to fill in the questionnaire?
3 What name will you have the cheque made out to?

10η άσκηση 🔲🔲

Παρακαλούμε να συμπληρώσετε το ερωτηματολόγιο.

ΟΔΗΓΙΕΣ ΣΥΜΠΛΗΡΩΣΕΩΣ ΤΟΥ ΕΡΩΤΗΜΑΤΟΛΟΓΙΟΥ

Παρακαλούμε να σημειώσετε ένα Χ στο τετραγωνάκι που αντιστοιχεί στην απάντησή σας. Στη συνέχεια να το ταχυδρομήσετε ΣΗΜΕΡΑ (χωρίς να επικολλήσετε γραμματόσημο· το ταχυδρομικό τέλος θα καταβληθεί από τον παραλήπτη).
Ευχαριστούμε θερμά για τη συνεργασία σας.

1 Πώς προμηθεύεστε το περιοδικό «ΕΠΑΓΓΕΛΜΑΤΙΚΟΣ ΚΟΣΜΟΣ» γενικά;
   ❏ Είστε συνδρομητής;
   ❏ Το αγοράζετε από το περίπτερο;
   ❏ Το βρίσκετε στην εταιρία σας;

2 Πού διαβάζετε συνήθως το περιοδικό «ΕΠΑΓΓΕΛΜΑΤΙΚΟΣ ΚΟΣΜΟΣ»;
   ❏ Στο σπίτι
   ❏ Στο γραφείο
   ❏ Αλλού

3 Προτιμάτε να κυκλοφορεί το περιοδικό «ΕΠΑΓΓΕΛΜΑΤΙΚΟΣ ΚΟΣΜΟΣ»
   ❏ Κάθε μήνα
   ❏ Κάθε 15 μέρες
   ❏ Κάθε εβδομάδα

4 Φύλο
- ❏ Γυναίκα
- ❏ Άντρας

5 Ηλικία
- ❏ έως και 25
- ❏ 25–45
- ❏ 45 και άνω

11η άσκηση

What is the Greek equivalent term for 'FREEPOST'? (**Hint:** Look for it in the first paragaph of the narrative.)

9 Επιμένετε ελληνικά

Buy Greek

In this lesson we will look at:

- food and drink
- giving orders using the imperative
- adverbs ending in -ώς and -ως
- adverbs of place
- the comparison of adjectives

Language activity 🔊

Have you ever been tempted to buy globe artichokes sold at supermarkets and then changed your mind, unsure of what to do with them once you have brought them into your kitchen? Well, here is a tempting recipe.

Λεξιλόγιο *(Vocabulary)*

καθαρίζω	to clean
το φύλλο	leaf
βράζω	to boil
σερβίρω	to serve
προσθέτω	to add
το γάλα	milk
συνεχίζω	to continue
η φωτιά	fire

Αγκινάρες γεμιστές	*Stuffed artichokes*
Χρόνος παρασκευής: 1 ώρα	Preparation time: 1 hour
Υλικά για 2 άτομα	*Ingredients for 2 persons*
4 αγκινάρες	4 artichokes
75 γραμμάρια τριμμένο τυρί	75 grams of grated cheese
1½ κουταλιά της σούπας ρυζάλευρο	1½ dessertspoons rice flour
12,5 εκ. γάλα	125 ml milk
½ αβγό	½ egg
½ κουταλάκι του γλυκού μαγιά σε σκόνη	½ teaspoon of powdered yeast
λίγο τριμμένο θυμάρι	a little crushed thyme
λίγο βούτυρο	a little butter
το χυμό από μισό λεμόνι	juice of half a lemon
αλάτι	salt

Καθαρίζετε τις αγκινάρες. Βγάζετε τα σκληρά φύλλα, κόβετε τις σκληρές άκρες και το χνούδι στο εσωτερικό τους. Βάζετε το χυμό του λεμονιού και τις αγκινάρες σε νερό και τις βράζετε για 10 λεπτά.
Γέμιση:
Αφήνετε το ρυζάλευρο να καβουρδιστεί λίγο σε μικρή κατσαρόλα. Προσθέτετε το χλιαρό γάλα και λίγο αλάτι· ανακατεύετε συνεχώς. Προσθέτετε το τριμμένο τυρί, το τριμμένο θυμάρι και τον κρόκο του αβγού. Συνεχίζετε το ανακάτεμα. Κατεβάζετε την κατσαρόλα από τη φωτιά και προσθέτετε τη σκόνη μαγιάς και το χτυπημένο ασπράδι αβγού. Βάζετε τις αγκινάρες σε βουτυρωμένο ταψί, ανακατεύετε πολύ καλά και βάζετε τη γέμιση στις αγκινάρες.
Βάζετε το ταψί σε προζεσταμένο φούρνο στους 180° Κελσίου και ψήνετε για 20 λεπτά. Τις σερβίρετε αμέσως και . . . καλή όρεξη!

Επιπρόσθετο λεξιλόγιο (Additional vocabulary)

η κατσαρόλα	saucepan
το χνούδι	down (of fruit)
το χλιαρό γάλα	warm milk
η γέμιση	stuffing
καβουρδίζω	to brown
ανακατεύω	to stir
συνεχώς	continuously
ο κρόκος αβγού	egg yolk
το ασπράδι	egg white (remember **άσπρος** white)
το ταψί	roasting tin
ο φούρνος	oven
αμέσως	at once

Point of interest

εκ.

An abbreviation of **εκατοστά** = centilitre. In Greek, ingredients are usually given in **εκ.** while in English *ml* is preferred.

Language points (Γλωσσικές παρατηρήσεις)

38 Giving instructions or orders – the imperative

In earlier chapters, we used the construction expressing purpose in order to give instructions, e.g. **Να συμπληρώσετε τα κενά. Να απαντήσετε τις ερωτήσεις**.

In the recipe above, the instructions are given in a different form. All the verbs underlined express an instruction. Since instructions are usually given to another person or persons, we can address either one person, whom we will address in the familiar second-person singular if he or she is a friend, or in the second-person plural if we need to use the polite plural. On the other hand we may need to give instructions to a number of people, in which case the second-person plural will be appropriate.

The division between a simple tense and a continuous one also applies to giving instructions. Where the instructions have a meaning of continuity or repetition, the imperative has similarities with the present tense. When the instruction refers to simply one occurrence, the form of the imperative used has similarities with the future tense. Let us look at the following examples.

Continuous

Ελένη, πρόσεχε όταν περνάς το δρόμο.
Helen, *be careful* when crossing the road.

Δημήτρη, άναβε το φως όταν διαβάζεις.
Put on the light when reading, Dimitris.

Μην καπνίζετε.
Do not smoke.

Simple

Ελένη, πρόσεξε, έρχεται αυτοκίνητο.
Watch out, Helen, a car is coming.

Δημήτρη, άναψε το φως.
Dimitris, *put on* the light.

Σβήστε το άγχος.
Eliminate stress.

Let us look at how the imperative is formed in practice.

Verbs ending in -ώ

Present	*Imperative continuous*	*Future simple*	*Imperative simple*
απαντάς	απάντα	θα απαντήσεις	απάντησε
απαντάτε	απαντάτε	θα απαντήσετε	απαντήστε
προτιμάς	προτίμα	θα προτιμήσεις	προτίμησε
προτιμάτε	προτιμάτε	θα προτιμήσετε	προτιμήστε
ρωτάς	ρώτα	θα ρωτήσεις	ρώτησε
ρωτάτε	ρωτάτε	θα ρωτήσετε	ρωτήστε
ακολουθείς	ακολούθα	θα ακολουθήσεις	ακολούθησε
ακολουθείτε	ακολουθείτε	θα ακολουθήσετε	ακολουθήστε
οδηγείς	οδήγα	θα οδηγήσεις	οδήγησε
οδηγείτε	οδηγείτε	θα οδηγήσετε	οδηγήστε

Note: (Σημείωση) We should remind ourselves here that since the imperative continuous is based on the present tense, there are differences which stem from the way in which verbs like **απαντώ** and **ωφελώ** are conjugated in the present tense.

Compare the imperative continuous of the first three verbs with that of the last two.

Verbs ending in -ω

Present	Imperative continuous	Future simple	Imperative simple
δένεις	δένε	θα δέσω	δέσε
δένετε	δένετε	θα δέσετε	δέστε
ανοίγεις	άνοιγε	θα ανοίξεις	άνοιξε
ανοίγετε	ανοίγετε	θα ανοίξετε	ανοίξτε
διαλέγεις	διάλεγε	θα διαλέξεις	διάλεξε
διαλέγετε	διαλέγετε	θα διαλέξετε	διαλέξτε
κρύβεις	κρύβε	θα κρύψεις	κρύψε
κρύβετε	κρύβετε	θα κρύψετε	κρύψτε
σπρώχνεις	σπρώχνε	θα σπρώξεις	σπρώξε
σπρώχνετε	σπρώχνετε	θα σπρώξετε	σπρώξτε

The imperative, both continuous and simple, is often used in advertising and on notices to the public.

Continuous

A notice at a bank asks customers to count the cash they withdraw before leaving the cashier's desk: **Μετράτε** τα χρήματα που παίρνετε πριν φύγετε.

An advertisement from a charity appeals to sentiment, exhorting those who read it not to let hope fade away but to give and save: **Μην αφήνετε** την ελπίδα να σβήσει. Δώστε και σώστε.

A more general message is given by a succinct phrase used in the Greek equivalent of the 'Buy British' campaign: **Επιμένετε** ελληνικά.

Simple

On motorways the sign to reduce speed reads: **Ελαττώστε** ταχύτητα.

Drivers are warned against drinking and driving with **Πρόσεξε**, αν θα οδηγήσεις, μην πιεις.

Note the greater immediacy of the appeal in the use of the second-person singular, giving the impression that each and every driver is addressed personally, as opposed to the more polite and therefore remote second-person plural used elsewhere.

Advertising makes wide use of the imperative to tempt customers. The wine industry urges people: **Ανοίξτε και απολαύστε το κρασί**.

And shops invite customers to visit them or ask their established customers about them: **Επισκεφθείτε μας ή ρωτήστε την πελατεία μας**.

A bank advertises its credit card with the slogan: **Βγείτε μαζί της . . . στα ψώνια** *Go shopping with 'her'*.

A cosmetics company promises women a soft skin: **Διατηρήστε το δέρμα σας απαλό**.

Next to the health warning **ΤΟ ΚΑΠΝΙΣΜΑ ΒΛΑΠΤΕΙ ΣΟΒΑΡΑ ΤΗΝ ΥΓΕΙΑ** *Smoking [seriously] damages your health*, the tobacco industry exhorts smokers: **Απολαύστε γεύση**.

1η άσκηση

Irregular verbs form their imperatives on the basis of the same principles as those we have already discussed, e.g. a cigarette advert declares: **Δείτε τι σημαίνει κάπνισμα** *See what smoking means*.

Below, you will find the relevant forms of the present tense and future simple of the irregular verbs we have discussed in Lessons 7 and 8. Give the imperatives – continuous and simple – in the spaces provided.

Present	Imperative continuous	Future simple	Imperative simple
βλέπεις		**θα δεις**	
βλέπετε		**θα δείτε**	
λέγεις		**θα πεις**	
λέγετε		**θα πείτε**	
φεύγεις		**θα φύγεις**	
φεύγετε		**θα φύγετε**	
μένεις		**θα μείνεις**	
μένετε		**θα μείνετε**	
δίνεις		**θα δώσεις**	
δίνετε		**θα δώσετε**	
μπαίνεις		**θα μπεις**	
μπαίνετε		**θα μπείτε**	
στέλνεις		**θα στείλεις**	
στέλνετε		**θα στείλετε**	

πίνεις	θα πιεις
πίνετε	θα πιείτε
περνάς	θα περάσεις
περνάτε	θα περάσετε
διψάς	θα διψάσεις
διψάτε	θα διψάσετε
ξεχνάς	θα ξεχάσεις
ξεχνάτε	θα ξεχάσετε
πεινάς	θα πεινάσεις
πεινάτε	θα πεινάσετε

Check your answers with the Key to Exercises.

2η άσκηση

Go back to the recipe at the beginning of this lesson and look at the verbs underlined. All imperatives are given in the imperative continuous form. Recipes are equally often given in the simple imperative form too.

Copy the method of preparation of the filling, putting all the underlined verbs in the imperative simple form. We will do the first sentence for you as an example.

Γέμιση

Αφήστε το ρυζάλευρο να καβουρδιστεί λίγο σε μικρή κατσαρόλα. <u>Προσθέτετε</u> το χλιαρό γάλα και λίγο αλάτι· συνεχίστε να ανακατεύετε. <u>Προσθέτετε</u> το τριμμένο τυρί, το τριμμένο θυμάρι και τον κρόκο του αβγού. <u>Συνεχίζετε</u> το ανακάτεμα. <u>Κατεβάζετε</u> την κατσαρόλα από τη φωτιά και <u>προσθέτετε</u> τη σκόνη μαγιάς και το χτυπημένο ασπράδι αβγού. <u>Βάζετε</u> τις αγκινάρες σε βουτυρωμένο ταψί, <u>ανακατεύετε</u> πολύ καλά και <u>βάζετε</u> τη γέμιση στις αγκινάρες.

<u>Βάζετε</u> το ταψί σε προζεσταμένο φούρνο στους 180° Κελσίου και <u>ψήνετε</u> για 20 λεπτά. Τις σερβίρετε αμέσως.

Hints

Verb	*Future simple*
βάζω	θα βάλεις
	θα βάλετε
ανακατεύω	θα ανακατέψεις
	θα ανακατέψετε

3η άσκηση

In earlier lessons, we used **να + verb** in order to give instructions. Often this is a more acceptable way of giving instructions than the imperative, which is harsher. **Να + verb** is used more frequently in the following situations:

1 To give instructions, e.g. **Να συμπληρώσετε τα κενά** instead of **Συμπληρώστε τα κενά**.
2 Where the imperative is used to form a negative sentence, e.g. **Να μην καπνίζετε** instead of **Μην καπνίζετε**.
3 Where the verb in Greek has no imperative, e.g. **Να έχεις το νου σου στο παιδί** *keep an eye on the child* or **Να είσαι εδώ στις 6** *Be here at 6.*

Fill in the gaps with the correct form of the verb in brackets.

1 Να μην (σερβίρω) πολύ φαγητό.
2 Σήμερα να (τρώω) σαλάτα.
3 (προσκαλώ) τη Μαρία να φάμε μαζί.
4 Μην (πίνω) όταν οδηγείτε.
5 Η συνταγή έγραφε «(προσθέτω) λίγο γάλα στην κατσαρόλα».
6 Αφού το ανακατέψετε το (αφήνω) στη φωτιά για 20 λεπτά.
7 Να μη (συνεχίζω) να ανακατεύεις το τυρί.
8 Πάντα πρέπει να (σερβίρω) το φαΐ ζεστό.
9 (τρώω) όταν πεινάς, (πίνω) όταν διψάς.
10 Μην (ξεχνώ) να συμπληρώσετε το όνομά σας.

4η άσκηση

In the recipe for the artichoke dish, a number of adjectives were used in conjunction with nouns. Some of these are listed below with the nouns with which they appeared in the recipe. Bearing in mind that the adjective agrees with the noun it describes, list the adjectives and nouns in a glossary in two separate columns, e.g.

	Adjectives	Nouns
λίγο γάλα	**λίγος, -η, -ο**	**το γάλα**

μικρή κατσαρόλα, χτυπημένο ασπράδι, σκληρές άκρες, βουτυρωμένο ταψί, χλιαρό γάλα, προζεσταμένος φούρνος, αγκινάρες γεμιστές, λίγο αλάτι, τριμμένο τυρί.

Language activity – Συνταγή *Recipe* 📼

There are two types of soft and hard biscuits with a very distinctive name in Greek and which are always very difficult to translate precisely into English – **κουλουράκια και παξιμαδάκια**. They can only be described as 'soft' and 'hard' biscuit-type pastries.

Λεξιλόγιο *(Vocabulary)*

φτιάχνω	to make
η ζύμη	dough
το γλυκάνισο	aniseed
η ζάχαρη	sugar
το βούτυρο	butter
νόστιμος, -η, -ο	tasty
στρογγυλός, -ή, -ό	round
μαλακός, -ή, -ό	soft
μεγάλος, -η, -ο	large, big
τραγανιστός, -η, -ο	crunchy
γλυκός, -ιά -,ό	sweet

Κουλουράκια και παξιμαδάκια

   Τα κουλουράκια και τα παξιμαδάκια τα φτιάχνουμε με ζύμη, λίγο γλυκιά, και είναι συχνά, αλλά όχι πάντα, στρογγυλά. Τα κουλουράκια είναι _μαλακότερα από τα παξιμαδάκια._ Τα παξιμαδάκια είναι _πιο τραγανιστά._ Συνήθως τα υλικά είναι: αλεύρι, ζάχαρη, βούτυρο και αβγό. Για τ_α νοστιμότερα_ κουλουράκια, προσθέτουμε αμύγδαλα και γλυκάνισο. Τα παξιμαδάκια τα αφήνουμε στο φούρνο για _μεγαλύτερο_ χρονικό διάστημα μέχρι να στεγνώσουν και να γίνουν τραγανιστά.

Language points (Γλωσσικές παρατηρήσεις)

39 Comparison of adjectives

νόστιμος, -η, -ο
στρογγυλός, -ή, -ό
μαλακός, -ή, -ό

μεγάλος, -η, -ο
τραγανιστός, -ή, -ό

Comparison between two things

All these are adjectives describing various types of food in the previous passage. Adjectives are also used to compare two things with each other, e.g. *one table is bigger than another, one man is richer that his neighbour.*
We have similar comparisons in Greek. These are underlined in the short passage above and again below, where a comparison is made between two things – **κουλουράκια και παξιμαδάκια**:

Τα κουλουράκια είναι <u>μαλακότερα από</u> τα παξιμαδάκια.
Τα παξιμαδάκια είναι <u>πιο τραγανιστά από</u> τα κουλουράκια.

In Greek comparison of adjectives is expressed in one of two ways:

(a) adjectives ending in **-ος** take the endings **-ότερος, -ότερη, -ότερο**
adjectives ending in **-ύς** take the endings **-ύτερος, -ύτερη, -ύτερο**
adjectives ending in **-ής** take the endings **-έστερος, -έστερη, -έστερο**

Examples:
γνωστός, -ή, -ό	γνωστότερος, γνωστότερη, γνωστότερο – γνωστότερος, -η, -ο
βιαστικός, -ή, -ό	βιαστικότερος, -η, -ο
πλούσιος, -α, -ο	πλουσιότερος, -η, -ο
βαρύς, -ιά, -ύ	βαρύτερος, -η, -ο
γλυκός, -ιά, -ό	γλυκότερος, -η, -ο ή γλυκύτερος, -η, -ο

Exceptions:
μεγάλος, -η, -ο	μεγαλύτερος, -η, -ο
καλός, -ή, -ό	καλύτερος, -η, -ο
πολύς, πολλή, πολύ	περισσότερος, -η, -ο

Examples:
Ο Γιώργος είναι <u>γνωστότερος από</u> τον Παύλο.
Τα κουλουράκια είναι <u>νοστιμότερα από</u> το ψωμί.
Το βούτυρο είναι <u>καλύτερο από</u> τη μαργαρίνη για τα κουλουράκια

(b) This is by far the simplest way – simply add the word **πιο** in front of the adjective.

Examples:

Η Γιώργος είναι <u>πιο γνωστός από</u> τον Παύλο.
Τα κουλουράκια είναι <u>πιο νόστιμα από</u> το ψωμί.
Το βούτυρο είναι <u>πιο καλό από</u> τη μαργαρίνη για τα κουλουράκια

Comparison of one thing with many

We also compare one thing with many others, in which case we will say that *the brown table is the biggest of all of them* or that *Peter is the richest of all his friends.* In the examples below, we are comparing one thing with many others:

Ο Πέτρος είναι <u>ο γνωστότερος από</u> όλους τους φίλους του.
Αυτά είναι <u>τα νοστιμότερα από</u> όλα τα κουλουράκια.

or

Ο Πέτρος είναι <u>ο πιο γνωστός</u> από τους φίλους του.
Αυτά είναι <u>τα πιο νόστιμα</u> κουλουράκια.

Note that the indefinite article (**ο, η, το**) is retained before the adjective very much in the same way as in English we use *the,* as in *the best among us* or *the most tasty bread.*

40 *Adverbs ending in* -ώς, -ως

In Lesson 8 we discussed adverbs ending in –**α** derived from adjectives. We hinted then that not all such adverbs have this ending. Indeed, some have the ending -**ως** or -**ώς**.

Examples:

αμέσως	immediately
συνήθως	usually
συνεχώς	continuously
ευτυχώς	fortunately
δυστυχώς	unfortunately
ακριβώς	precisely

Note: (**Σημείωση**) The reasons behind the endings are beyond the scope of this book. Gradually you will get to remember them. It is sufficient to point out that more such adverbs are likely to end in **-α** than in **-ώς** or **-ως**.

41 Adverbs of place

Apart from adverbs derived from adjectives, there are other adverbs such as those relating to place. These are usually used in reply to the question word **Πού;** The following are some examples:

εδώ	here
εκεί	there
μπροστά	in front of
πίσω	behind
κοντά	near
μακριά	far (from)
πάνω	up
κάτω	down
γύρω	round
δίπλα	next to
απέναντι	opposite
κάπου αλλού	somewhere else
παντού	everywhere
πουθενά	nowhere

5η άσκηση

Match the words in column 1 with the appropriate words in column 2. They must match in terms of meaning as well as form. What is their relationship?

Example:

πίσω	**μπροστά**
πλουσιότερος	**πρώτος**
το πιο μεγάλο	**άσχημη**
κοντά	**άσπρος**
περισσότερα	**παντού**
λίγος	**μπροστά**
καλός	**φτωχότερος**
πιο νόστιμη	**πιο άνοστη**
τελευταίος	**το πιο μικρό**
πουθενά	**μακριά**

πίσω	λιγότερα
μαύρος	πολύς
ωραία	κακός

6η άσκηση

The adjectives in the following few sentences are written in the form **πιο + adjective,** whether the comparison is between two things (the comparative) or between one thing and many others (the superlative), i.e. *better than* or *the best* respectively. Put the adjectives in the alternative form as appropriate, e.g.:

Αυτό το κοριτσάκι είναι πιο όμορφο από το άλλο.
Αυτό το κοριτσάκι είναι ομορφότερο από το άλλο.

Αυτό το κοριτσάκι είναι το πιο όμορφο.
Αυτό το κοριτσάκι είναι το ομορφότερο απ' όλα.

1 Πάντα έχει τα πιο ακριβά ρούχα.
2 Τα πιο φτηνά πράγματα είναι, καμιά φορά, και τα πιο ακριβά.
3 Τι είναι το πιο πολύτιμο πράγμα στον κόσμο;
4 Προτιμώ το ψάρι από τα αβγά. Είναι πιο νόστιμο.
5 Τον καφέ σας τον πίνετε πιο γλυκό;
6 Βάζετε τα πιο πολλά υλικά μαζί μέσα στην κατσαρόλα.
7 Τα φρούτα είναι πιο φτηνά το καλοκαίρι.

7η άσκηση

Να γράψετε σύντομες ερωτήσεις στα ελληνικά για τις παρακάτω απαντήσεις.
(Write short, possible questions in Greek to these answers.)

1 Όχι, δεν είναι μακριά.
2 Δε μου αρέσει το τυρί.
3 Το σπίτι μας είναι εδώ κοντά.
4 Ο πιο ζεστός μήνας του χρόνου είναι ο Αύγουστος.
5 Το καλοκαίρι θα πάμε στη Σύρο.
6 Το ελαιόλαδο είναι το λάδι από τις ελιές.
7 Συνήθως τα ελληνικά κρασιά είναι φτηνότερα από τα κρασιά του εξωτερικού.
8 Θα φύγουν αύριο.
9 Το νοστιμότερο φαΐ είναι τα αβγά.
10 Στη σαλάτα βάζω πάντα αλάτι, λάδι και λεμόνι

8η άσκηση 🔳

Ouzo is a strong, colourless spirit with a strong aroma of aniseed. Greeks rarely drink it neat. If served ice-cold, diluted with well-chilled water, it can be very refreshing but rather 'lethal' in terms of a hangover if drunk in large quantities. Read the instructions below on how to serve ouzo and then write them down in English in your own words:

Σε ένα ψηλό ποτήρι, βάλτε δυο τρία παγάκια. Προσθέστε αρκετό ούζο έως το ένα τρίτο του ποτηριού. Προσθέστε και νερό μέχρι να γεμίσει το ποτήρι· το ούζο θα πάρει χρώμα άσπρο, σαν το γάλα. Να το πιείτε αργά.

9η άσκηση

Explain, in English, how you would prepare the salad described below.

Υλικά

Μαρούλι ψιλοκομμένο
Αγκινάρα κομμένη σε κύβους
Πατάτα βραστή κομμένη σε κύβους
αλάτι, λάδι, πιπέρι

Σε ένα μπολ στρώστε το μαρούλι και από πάνω στολίστε όμορφα τα άλλα υλικά. Αλατίστε, και βάλτε λάδι και λεμόνι.
Σημειώσεις:
Μην ξεχνάτε ότι το λάδι είναι συνήθως ελαιόλαδο.

ο κύβος	cube
κομμένος, -η, -ο	cut
η πατάτα	potato
το λάδι	oil
το λεμόνι	lemon

Narrative – Στην υγειά σας 🔳

On the next page you will find a short description of a small number of Greek wines which attracted the attention of a well-known wine club. You may wish to try some of these wines when you are next in Greece.

Απαραίτητο λεξιλόγιο (Essential vocabulary)

το προϊόν	product
το κρασί	wine
γνωστός	known
πιστεύω	to believe
το σώμα	body
το κρέας	meat
το δαμάσκηνο	plum
η θερμοκρασία	temperature
το δωμάτιο	room
ξανθός	blonde
το μήλο	apple
το αχλάδι	pear

ΚΑΜΠΕΡΝΕ – ΝΕΑ ΔΡΥΣ

1989
Ελληνικό προϊόν
    Ένα κρασί πολύ γνωστό και πιστεύουμε ότι είναι ένας από τους καλύτερους «πρεσβευτές» του ελληνικού αμπελώνα.
    Αυτό το πλούσιο σε σώμα και αρμονικό σε σύνθεση κρασί, έμεινε για οκτώ μήνες σε δρύινα βαρέλια. Μπορείτε να το πιείτε σε θερμοκρασία δωματίου (18–20˚ Κελσίου), κυρίως με κρέατα και τυριά. Δρχ 1.300

ΠΗΓΑΣΟΣ από τη Νάουσα

Μια έκπληξη από τη Μακεδονία! Ζωηρό κόκκινο ρουμπινί χρώμα, πλούσια αρώματα φρούτων – κυρίως δαμάσκηνα της Νάουσας. Είναι καλύτερο όταν το πιείτε σε θερμοκρασία δωματίου (18–20˚ Κελσίου) και συνοδεύει πολύ όμορφα όλα τα πιάτα με κρέας. Δρχ. 1.000.

ΜΥΡΤΙΛΟΣ από την Εύβοια (οίνος λευκός ξηρός)

Η πιο πρόσφατη ανακάλυψή μας! Χρώμα ξανθό με ζωηρές πράσινες πινελιές και αρώματα φρούτων, κυρίως το μήλο και το αχλάδι. Το πιο ελκυστικό, όμως, αυτού του κρασιού είναι η γεύση του. Να το πίνετε κρύο (8–10° Κελσίου), συνοδεύει τέλεια τα ψάρια, τα πουλερικά και τα άσπρα κρέατα. Δρχ. 1230.

Further vocabulary to help you understand more of the narrative.

ο πρεσβευτής	ambassador
ο αμπελώνας	vineyard
το δρύινο βαρέλι	oak barrel
η έκπληξη	surprise
συνοδεύω	to accompany
το πιάτο	dish
ζωηρός, -ή, -ό	lively, strong (for colour)
το ρουμπίνι	ruby
πρόσφατος, -η, -ο	recent
η ανακάλυψη	invention
ελκυστικός, -ή, -ό	attractive
η γεύση	taste
τα πουλερικά	poultry
η πινελιά	brush-stroke

Points of interest

στην υγειά σας *your health*

We have already used another similar phrase in an earlier lesson – **εις υγείαν**, the equivalent of the English *cheers*. In Greek, the two phrases are used more or less interchangeably, although **στην υγειά σας** or **στην υγειά σου** seems to be more commonly used.

οίνος λευκός ξηρός *dry white wine*

This whole phrase is often used on bottles, but it is rather old-fashioned, and if you are asking for white wine in a restaurant ask for **κρασί άσπρο ξηρό**.

Comprehension

(α) Απαντήστε στις ερωτήσεις στα ελληνικά

1 Ποιο κρασί θα αγοράσετε για να πιείτε με πουλερικά;
2 Από τα τρία κρασιά, πιο είναι το ακριβότερο;
3 Θα σερβίρετε ψάρι και σαλάτα. Ποιο κρασί θα πιείτε;

(β) Απαντήστε στις ερωτήσεις στα αγγλικά

1 Ποιο κρασί είναι καλύτερο να το πιείτε σε θερμοκρασία δωματίου, το κόκκινο ή το άσπρο;
2 Ένα από τα κρασιά έχει άρωμα δαμάσκηνων. Από πού είναι αυτό το κρασί;
3 Πόσα κόκκινα και πόσα άσπρα κρασιά περιγράψαμε;

10η άσκηση

What will you be looking for on the packaging of goods to tell you if they are made in Greece or not? You will find the standard phrase in the comprehension passage.

11η άσκηση

For this exercise you will need to take to your kitchen and, rather than the more customary pen and paper used in your work so far, you will need to don an apron, assemble a mixing bowl, a wooden spoon, a sharp knife and a chopping-board.

The essential ingredient is a jar of *tahini,* sold in most delicatessens. On the face of it, this is simple, but it requires a fair amount of good judgement.

Ταχίνι

Υλικά

μισό βαζάκι ταχίνι
νερό
1 λεμόνι
λίγο μαϊντανό ψιλοκομμένο   (ο μαϊντανός = parsley)
1 σκελίδα σκόρδο ψιλοκομμένη   (το σκόρδο = garlic)
λίγο αλάτι

Βάλτε το ταχίνι σε ένα μπολ. Αρχίστε να προσθέτετε το νερό λίγο λίγο και ανακατεύετε συνεχώς. Όταν η ταχίνη πάρει χρώμα άσπρο, προσθέστε λίγο αλάτι και το χυμό του λεμονιού λίγο λίγο. Συνεχίστε να ανακατεύετε. Προσθέστε το ψιλοκομμένο σκόρδο, βάλτε σε ένα πιάτο, προσθέστε τον ψιλοκομμένο μαϊντανό από πάνω και σερβίρετε με ψωμί.

10 Φίλος και ξένος

A friend and a stranger

In the next few pages we will look at:

- irregular masculine nouns
- the recent and more distant past
- present perfect and past perfect tenses
- some prepositions
- expressions of time – adverbs of time
- the use of the apostrophe (')

and we will discuss some interesting Greek concepts about foreigners, visitors and guests

Διάλογος – Ενοικιάσεις αυτοκινήτων 🔲

When hiring a car in Greece and Cyprus, it is worth remembering a few basic facts of a driver's life. In Cyprus driving is on the left, as in the UK, while in Greece they drive on the right, as is the case for the rest of the Continent. In both countries, distances are measured in kilometres, not miles, and petrol is sold by the litre not the gallon. Safety belts are to be worn and the breathalyser, known as **αλκοτέστ,** is in force.

Απαραίτητο λεξιλόγιο *(Essential vocabulary)*

νοικιάζω	to hire
η ενοικίαση	hiring, renting

κοστίζω	to cost
η ασφάλεια	insurance (also security and safety)
η πιστωτική κάρτα	credit card
τα μετρητά	cash
η άδεια οδηγήσεως (ή οδήγησης)	driving licence
η ταυτότητα	identity card
ο ξένος, η ξένη	foreigner (also stranger)
οι διακοπές	holidays
το αναψυκτικό	soft drink

– Καλή σας μέρα.
– Καλημέρα. Θέλω να νοικιάσω ένα αυτοκίνητο.
– Μάλιστα, δεσποινίς. Για πόσες μέρες το θέλετε;
– Το θέλω για δέκα μέρες. Θα προτιμούσα ένα μικρό, τετράπορτο αυτοκίνητο.
– Να πάρετε ένα 4πορτο της 1ης κατηγορίας. Θα σας κοστίσει 3.580 δρχ την ημέρα, μαζί με την ασφάλεια έναντι πυρκαγιάς, κλοπής και τρίτων.
– Μπορώ να πληρώσω με πιστωτική κάρτα ή προτιμάτε μετρητά;
– Αν έχετε Visa ή Access. Δεν παίρνουμε άλλες, δυστυχώς.
– Έχω Visa. Θέλετε την άδεια οδηγήσεως;
– Ναι, παρακαλώ, και την ταυτότητα ή το διαβατήριό σας.
– Ταυτότητα δεν έχω αλλά έχω το διαβατήριό μου.
– Είστε ξένη; Από πού είστε;
– Είμαι από την Αγγλία. Είμαι εδώ για διακοπές και θέλω να βγω έξω από τις πόλεις στην εξοχή.
– Πολύ ωραία. Μια υπογραφή, παρακαλώ, εδώ. Να σας προσφέρουμε ένα καφεδάκι ή ένα αναψυκτικό;
– Ευχαριστώ, αλλά έχω πιει δυο καφέδες κιόλας σήμερα. Θα σας ξαναδώ σε ένα δεκαήμερο. Γεια σας.

Points of interest

θα προτιμούσα I would prefer

This form is used when one wishes to be very polite. It is formed with **θα + imperfect tense**. In practice, it is not encountered often.

(ε)νοικιάζω

The noun is **η ενοικίαση**, but the most common form of the verb used is **νοικιάζω** rather than **ενοικιάζω**.

Επιπρόσθετο λεξιλόγιο (Additional vocabulary)

η κατηγορία	class, category (also accusation)
έναντι	against
η πυρκαγιά	fire (as in a building burning)
η κλοπή	theft
ο τρίτος	third party
η εξοχή	countryside
κιόλας	already

1η άσκηση

Να απαντήσετε στις ερωτήσεις στα αγγλικά.

1 Is the driver a man or a woman? How do you know?
2 How is the driver going to pay for the car to be hired?
3 How much is the car rental for the period for which the car is hired?
4 How much will the insurance cost?
5 What will the insurance cover?
6 How many days are there in **ένα δεκαήμερο**?

Language points (Γλωσσικές παρατηρήσεις)

42 Masculine nouns with different endings from those we have looked at so far

The ones we will be discussing take an additional syllable in the plural.

Ending in -ές

In the dialogue above, the young lady hiring a car is offered a coffee but declines because she says she's already had two that morning:

έχω πιει δυο καφέδες κιόλας.

Singular	Plural
ο καφές	οι καφέδες
του καφέ	των καφέδων
τον καφέ	τους καφέδες
καφέ	καφέδες

ο κεφτές (meatball) is a rather spicy Greek delicacy made with minced meat, potatoes, breadcrumbs, herbs and pepper, and deep fried. It is delicious with a green salad and fresh bread. When ordering them, ask for **κεφτέδες**. The noun declines just like **ο καφές**.

Ending in -ούς, e.g. ο παππούς

Singular	Plural
ο παππούς	οι παππούδες
του παππού	των παππούδων
τον παππού	τους παππούδες
παππού	παππούδες

Ending in -ης, e.g. ο μανάβης greengrocer, and in -άς, e.g. ο ψαράς

Singular

ο μανάβης	ο ψαράς
του μανάβη	του ψαρά
το μανάβη	τον ψαρά
μανάβη	ψαρά

Plural

οι μανάβηδες	οι ψαράδες
των μανάβηδων	των ψαράδων
τους μανάβηδες	τους ψαράδες
μανάβηδες	ψαράδες

Another noun like **ο μανάβης** is: **ο βαρκάρης** boatman.
Another noun like **ο ψαράς** is: **ο βοριάς** the north wind.

43 Some prepositions

Words like *to, from, with, without* are prepositions. We need them to help us express time, place, cause, etc.

We will deal with just a few such words in this lesson and a few more in the next lesson. We have already used some of them in previous lessons. Below you will find a few examples from the dialogue at the beginning of this lesson:

Πηγαίνω <u>για</u> διακοπές.
<u>Για</u> πόσες μέρες θέλετε το αυτοκίνητο;
<u>Μαζί με</u> την ασφάλεια θα κοστίσει . . .
Μπορώ να πληρώσω <u>με</u> πιστωτική κάρτα;
Θέλω να βγω <u>από</u> τις πόλεις, θέλω να πάω <u>στην</u> εξοχή
<u>Σε</u> ένα δεκαήμερο.

Such words are indispensable in helping us make sentences.

σε	to
με	with
μαζί με	together with
χωρίς	without
δίχως	without
για	for
ως, έως	up to

Look at the examples again. You will see that the noun following them is always in the accusative, i.e. **για διακοπές**, **με την ασφάλεια**, **με κάρτα**.

The words **στον**, **στην**, **στο** are formed by combining **σε** with **τον**, **την**, **το**. We have come across this before, in particular where movement is expressed.

Example:

Πήγαν στο θέατρο.
Ταξίδεψαν στο Λονδίνο.

2η άσκηση

The sentences below refer to a single thing or person. Change them so that they will be relating to many things or many people.

Example:

Έφαγα έναν κεφτέ.　　　**Φάγαμε πολλούς κεφτέδες.**

1 Έχασα το διαβατήριό μου.
2 Με έσπρωξε και έφυγε.

3 Δεν ξέρω τίποτα.
4 Πού θέλεις να κατέβεις;
5 Μια ερώτηση έκανα.
6 Και εγώ μια απάντηση έδωσα.
7 Μου πρόσφερε ένα αναψυκτικό.
8 Τι λες, να νοικιάσω αυτοκίνητο;
9 Πόσο κοστίζει;
10 Προσκάλεσα το φίλο μου.
11 Συνέχισε, παρακαλώ.

3η άσκηση

Να συμπληρώσετε τα κενά με μια από τις παρακάτω λέξεις:

σε, ως, χωρίς, για, μαζί με, με, στην, για

πχ

Θα έρθει <u>δίχως</u> άλλο.   He will come without fail.

1 Συνήθως ταξιδεύω ___ αεροπλάνο αλλά σήμερα προτίμησα το τρένο.
2 Θα είμαστε ___ τους φίλους μας.
3 ___ λεφτά τι μπορείς να αγοράσεις;
4 ___ τη Μαρία μιλάτε;
5 ___ ποια στάση θα κατεβείς;
6 ___ Κρήτη να πάτε με το πλοίο.
7 Φεύγουμε αύριο ___ τη Σύρο.
8 Πόσο κοστίζει το εισιτήριο ___ την πλατεία;

If you have had difficulty understanding the instructions in Greek, check your answers in the Key to Exercises.

4η άσκηση

Put the verbs in brackets in the correct tense.
Πληροφορίες για ενοικιάσεις αυτοκινήτων.

1 Ηλικία οδηγού: Ο οδηγός πρέπει να (είμαι) 21 χρονών για αυτοκίνητα των κατηγοριών Α, Β και Γ και 25 χρονών για τις άλλες κατηγορίες.
2 Άδεια οδηγήσεως: Ο οδηγός πρέπει να (έχω) άδεια για ένα χρόνο.

3 Βενζίνη: Ο ενοικιαστής (πληρώνω) τη βενζίνη. Μπορεί να (χρησιμοποιώ) μόνο βενζίνη σούπερ.
4 Ενοικιάστε εδώ – (αφήνω) εκεί: Μπορείτε να αρχίσετε το ταξίδι σας σε μια πόλη και να μας (ζητώ) να πάρουμε το αυτοκίνητο από μια άλλη. Θα (πληρώνω) ανάλογα με τα χιλιόμετρα μεταξύ των δύο πόλεων.
5 Πρόστιμα: Θα τα (πληρώνω) ο ενοικιαστής.

Λεξιλόγιο

η ηλικία	age
ο οδηγός	driver
ο ενοικιαστής	hirer
το πρόστιμο	fine

5η άσκηση

You have been given the following information about car rental. You wish to hire a middle-of-the-range car (category A) for five days. Answer the questions below in English.

1 How much will it cost you?
2 What makes of car can you choose from?
3 What is the daily cost of an automatic car?

GREECE MAINLAND Rent-a-Car Service Rates

| | | | | | ΗΜΕΡΗΣΙΑ ΧΡΕΩΣΗ ΚΑΙ ΧΙΛΙΟΜΕΤΡΑ | | | | ΕΒΔΟΜΑΔΙΑΙΕΣ ΤΙΜΕΣ ΜΕ ΑΠΕΡΙΟΡΙΣΤΑ ΧΛΜ. | | | |
| | | | | | Period A | | Period B | | Period A | | Period B | |
Κατηγορίες	Group	Τύπος Αυτοκινήτου	Πόρτες	Θέσεις	Ημερ	ανά Χλμ	Ημερ	ανά Χλμ	Εβδομ	πλέον Ημερ	Εβδομ	πλέον Ημερ
Οικονομικό	A	Seat Fura	3	4								
		Suzuki ss40f	4	4	1.580	19,80	1.970	25,00	27.720	3.960	34.650	4.950
		Subaru	4	4								
		Opel Corsa	3	5								
		Seat Ibiza	3	5								
	B	Nissan Cherry	5	5	1.820	22,00	2.270	27,50	31.220	4.460	38.990	5.570
		Opel Kadett 1.0S	4	5								
Μεσαίο		Opel Kadett 1.2S	5	5								
	C	Seat Gredos	4	5	2.340	25,00	2.950	31,20	37.380	5.340	46.900	6.700
		Nissan Sunny	4	5								
Πολυτελείας	H	Opel Rekord Air/Cond.	4	5	5.500	49,00	6.870	61,00	79.660	11.380	99.330	14.190
	I	BMW 518 Air/Cond.	4	5								
		Mercedes 190E, Air/Cond.	4	5	9.480	94,00	11.850	115,00	145.320	20.760	179.550	25.650
Αυτόματα	L	Opel Kadett 1.3	4/5	5	3.580	27,60	4.470	36,00	48.300	6.900	60.410	8.630
	M	Opel Ascona	4	5	3.980	36,30	4.970	45,00	58.380	8.340	72.590	10.370
	N	Opel Rekord Air/Cond.	4	5	6.050	53,60	7.500	67,00	87.360	12.480	108.780	15.540

100 χλμ. ημερησίως Υποχρεωτικά

Note: Decimals in Greek are expressed using a comma, while in English the full stop is used.
Thousands are expressed using a full stop, while in English the comma is used.

Διάλογος – Η σύγκρουση 📼

While travelling on a winding country road a tourist has been involved in a collision with another car travelling in the opposite direction. The traffic police have arrived to investigate

Λεξιλόγιο

η σύγκρουση	collision
η αρχή	beginning
φυσικά	naturally
νωρίς	early
ξεκινώ	to begin, to start
σταματώ	to stop
κουράζω	to tire
καταπάνω	at, on
η ταχύτητα	speed (*also* gear *in car*)

– Ποια από σας οδηγούσε το αυτοκίνητο όταν έγινε η σύγκρουση;
– Εγώ οδηγούσα.
– Τ' όνομά σας;
– Lynda Thompson.
– Λοιπόν, να μου πείτε τι έγινε.
– Από πού ν' αρχίσω;
– Μα, απ' την αρχή, φυσικά.
– Ξεκινήσαμε νωρίς το πρωί από το ξενοδοχείο μας για να πάμε μια εκδρομούλα στα βουνά. Έχουμε νοικιάσει ένα μικρό αυτοκίνητο για μια βδομάδα. Κατά τις δέκα το πρωί, καταλάβαμε ότι μας είχε κουράσει το ταξίδι και σταματήσαμε σ' ένα χωριό. Είχαμε ήδη βάλει βενζίνη σ' ένα βενζινάδικο. Κατά τις δέκα και μισή ξεκινήσαμε και καθώς βγαίναμε απ' το χωριό, εγώ είδα το άλλο αυτοκίνητο να προχωρεί καταπάνω μας με μεγάλη ταχύτητα. Εγώ τα είχα χάσει, και προσπάθησα να σταματήσω το αυτοκίνητό μου αλλά το άλλο έπεσε πάνω μας.

Points of interest

τα είχα χάσει *I was confused.*
τα χάνω is an idiomatic phrase from the verb **χάνω** *to lose.*

η εκδρομούλα *short excursion.*
η εκδρομή *excursion.* We have already dealt with diminutives in an earlier chapter. Just as the ending **-άκι** was a neuter ending, **-ούλα** is a predominantly feminine ending.

6η άσκηση

Να απαντήσετε στις παρακάτω ερωτήσεις στα αγγλικά.

1 Was the driver of the car a man or a woman?
2 How do you know?
3 Where did the accident take place?

Language points (Γλωσσικές παρατηρήσεις)

44 The recent and distant past

Both these tenses are easy to form and to use, with close similarities to their counterparts in English.

The present perfect

It describes an action which may have been completed in the past but still affects the present.

In the previous dialogue, the driver of the car told the policeman:

Έχουμε νοικιάσει ένα μικρό αυτοκίνητο.   We have hired a small car.

Further examples of this tense:

Δεν έχω τελειώσει το βιβλίο. I haven't read the book

Έχουν ποτέ τους ταξιδέψει με αεροπλάνο; Have they ever travelled by air?

Να σου δώσω τη διεύθυνσή μας. Έχουμε αλλάξει σπίτι. I'll give you our address. We have moved house.

Δεν είναι εδώ. Έχει φύγει κιόλας. She/he is not here. She/he has already left.

Look at these:

έχω τελειώσει	έχουμε αλλάξει
έχουν ταξιδέψει	έχει φύγει

έχω is used to form the present perfect; **έχω** changes to indicate first, second, third person, singular or plural; the main verb, which describes the action, remains always unchanged. Irrespective of the person or number, the main verb is used in the third-person singular of the form of the verb we also use for the future simple tense.

So, for the present perfect tense we use:

έχω + third-person singular of the form of the verb used in the future simple.

απαντώ	δένω
Singular	
έχω απαντήσει	έχω δέσει
έχεις απαντήσει	έχεις δέσει
έχει απαντήσει	έχει δέσει
Plural	
έχουμε απαντήσει	έχουμε δέσει
έχετε απαντήσει	έχετε δέσει
έχουν απαντήσει	έχουν δέσει

Compare the sentences below.

In the past tense:	In the present perfect tense:
Θα πάω με το αυτοκίνητό μου.	Έχω πάει με το αυτοκίνητό μου.
Έβαλα βενζίνη χτες.	Έχω βάλει βενζίνη.
Διάβασα την εφημερίδα το πρωί.	Δεν έχω διαβάσει την εφημερίδα ακόμη.
Πήγε στο θέατρο χτες το βράδυ;	Όχι, δεν έχει πάει ακόμη.

The past perfect

This is used in much the same way as its counterpart in English, i.e. to describe an action in the past which preceded another. There are a few examples of its use in the second dialogue:

<u>Μας είχε κουράσει</u> το ταξίδι και σταματήσαμε σ' ένα χωριό.	We had become tired because of the journey and stopped at a village.

Εγώ <u>τα είχα χάσει</u>, και προσπάθησα να σταματήσω το αυτοκίνητό μου.	I had lost my cool and tried to stop my car.

The past perfect is formed by **είχα**, which changes to indicate first, second, third person, singular or plural; the main verb, which describes the action, remains always unchanged. Irrespective of the person or number, the main verb is used in the third person singular of the form of the verb we also use for the future simple tense.

απαντώ   **δένω**

Singular

είχα απαντήσει   **είχα δέσει**
είχες απαντήσει   **είχες δέσει**
είχε απαντήσει   **είχε δέσει**

Plural

είχαμε απαντήσει   **είχαμε δέσει**
είχατε απαντήσει   **είχατε δέσει**
είχαν απαντήσει   **είχαν δέσει**

Compare the actions in the sentences below.

Όταν τον συνάντησα στο δρόμο, είχε ήδη ακούσει τα νέα.	When I met him in the street he had already heard the news.
Πήγα στην τράπεζα πρωί πρωί αλλά δεν είχε ανοίξει.	I went to the bank first thing in the morning but it had not opened.
Έφτασα όσο πιο γρήγορα μπορούσα αλλά είχαν ήδη φύγει.	I arrived as quickly as I could but they had already left.

45 The use of the apostrophe (')

In the second dialogue in this lesson the apostrophe is used in a number of places, as in the following examples:

ν' αρχίσω
σ' ένα χωριό

In full these should be written as:

να αρχίσω
σε ένα χωριό

When a word ends in a vowel and the following word begins with a vowel (often, but not always, the same vowel), the apostrophe is used in place of the last vowel in the first word. So, we can have

σε εσένα μιλώ	**σ' εσένα μιλώ**
με άφησε και έφυγε	**μ' άφησε κι έφυγε**

Sometimes a vowel at the end of a word is replaced by an apostrophe even when the following word begins with a consonant, e.g.

από το σπίτι	**απ' το σπίτι**
από το χωριό	**απ' το χωριό**

You will soon get used to such examples and learn to remember them.

46 Expressions of time – adverbs

In reply to questions beginning with **Πότε;** *When?* you may find the following expressions useful:

ποτέ	never
τότε	then
πότε πότε	at times
κάπου κάπου	occasionally
κάποτε	some time
πάντα ή πάντοτε	always

7η άσκηση

Below there are two sets of sentences comprising sentences on the same subject in each set. Match them up correctly.

Example:

Μόλις έφτασε	**πήγε στο ξενοδοχείο.**
1 Δεν έχεις σβήσει το φως.	(a) Ευτυχώς δεν το είχα πληρώσει.
2 Είχαν πάει στην εξοχή για λίγες μέρες.	(b) του είχε ζητήσει συγνώμη.

3 Περίμενέ τους κι έρχονται. (c) και μετά άρχισε η βροχή.
4 Είχαν φύγει από το   (d) Έχουν κιόλας ξεκινήσει.
  ξενοδοχείο
5 Μόλις άρχισα να οδηγώ   (e) Είναι αναμμένο ακόμη.
  το αυτοκίνητο κατάλαβα
  ότι κάτι δεν πήγαινε καλά.
6 Δεν ήθελε να τη δει αν και (f) Γύρισαν χτες.

8η άσκηση

Make the following sentences into (a) questions and (b) negative sentences. In doing so you may have to omit or change certain words, e.g.:

Εδώ είμαι.   Εδώ είμαι;   Δεν είμαι εδώ.

1 Έχω πάει στην Αθήνα.
2 Έχουν διαβάσει την εφημερίδα.
3 Έχει νοικιάσει αυτοκίνητο για μια βδομάδα.
4 Ευτυχώς είχε πληρώσει την ασφάλεια πριν το ατύχημα.
5 Έχει τελειώσει τις δουλειές της και θα φύγει.
6 Θα περιμένω για λίγα λεπτά αλλά έχουν αργήσει πολύ.

9η άσκηση

Put the apostrophe (') where appropriate in the following short exchange between a young cyclist who was hit by a motorist on a quiet residential road.

– Σε εμένα μιλάς μικρέ;
– Ναι σε εσάς μιλώ κύριε. Δε βλέπετε που πάτε;
– Θράσος να σου πετύχει! Έτσι βγαίνουν από το πεζοδρόμιο στο δρόμο χωρίς καν να κοιτάξουν ούτε δεξιά ούτε αριστερά;
– Και εσείς κύριε, με πόσα χιλιόμετρα την ώρα οδηγούσατε σε κύριο δρόμο μέσα στην πόλη; Κοίταξα πριν κατέβω από το πεζοδρόμιο και το αυτοκίνητό σας μόλις είχε μπει στο δρόμο. Μέσα σε ένα λεπτό με είχε χτυπήσει.

Point of interest

Θράσος να σου πετύχει! *What a cheek!*

10η άσκηση

Give the opposites of the words below.

κάτω	ξεκινώ
πάντα	το τέλος
μικρή	η πόλη
το βουνό	χωρίς
νωρίς	φτωχός

11η άσκηση

In the second dialogue we commented on the word **εκδρομούλα** and the fact that it has an ending for feminine diminutives, i.e. **η εκδρομή – η εκδρομούλα**.

Can you give the diminutives of the words below, together with their possible meaning? Check your answers in the Key to Exercises:

η γυναίκα, η βάρκα, η μητέρα, η μάνα (also meaning *mother*), **η αδελφή, η Νίκη, η νύφη, η γάτα, η κόρη, η κότα**

Narrative – Φίλος και ξένος   ■■

The word **ξένος** has a number of interesting meanings in Greek and has been widely used to form compound words of cultural interest in Greek as well as in English, e.g. *xenophobia*.

Some of the Greek words for which an interpretation is attempted in the following Greek passage cannot really be translated into English. It is hoped that some of the nuances of meaning can be conveyed in Greek.

Απαραίτητο λεξιλόγιο *(Essential vocabulary)*

ξένος, -η, -ο	foreign, strange
ο ξένος	foreigner, stranger, guest
ο φίλος	friend

αρχαίος, -α, -ο	ancient
ο επισκέπτης,	visitor
η επισκέπτρια	
η σημασία	meaning
ο φιλοξενούμενος	guest, visitor
δικός, -ή, -ό (μου, σου, κλπ)	my (your etc.)
ο συγγενής	relative

Η λέξη *ξένος* έχει μπει στην ελληνική γλώσσα από τους αρχαίους χρόνους. Στην αρχή *ξένος* ήταν και ο επισκέπτης και ο οικοδεσπότης. Ο Όμηρος χρησιμοποιούσε τη λέξη κυρίως με τη σημασία του *επισκέπτη*.

Σήμερα, η λέξη έχει διάφορες σημασίες. Τη χρησιμοποιούμε για τους φιλοξενούμενούς μας· για όσους δεν είναι δικοί μας, δηλ. συγγενείς μας· γι' ανθρώπους που είναι από άλλη χώρα, μ' άλλα λόγια γι' αλλοδαπούς.

Με την έννοια του *επισκέπτη*, <u>έχει ενωθεί</u> με τη λέξη *φίλος* για να μας δώσει τη λέξη *φιλοξενία* που περιγράφει την υποδοχή και περιποίηση ξένων στο σπίτι ή <u>στον τόπο μας</u>.

Από τη λέξη αυτή παίρνουμε επίσης και τις λέξεις *τα ξένα* καθώς και *η ξενιτιά*, λέξεις που χρησιμοποιούμε για τη διαμονή σε άλλη χώρα μακριά από τον τόπο μας. *Ο ξενιτεμένος* είναι κάποιος που έχει αφήσει <u>την πατρίδα</u> του και ζει στα ξένα ή στην ξενιτιά. Κατά τα δύσκολα χρόνια που πέρασε η Ελλάδα μετά την απελευθέρωσή της από την Τουρκία στα τέλη του 19ου αιώνα, πολλοί, κυρίως άντρες, έφυγαν για τα ξένα. Στην ελληνική λαογραφία οι λέξεις *τα ξένα* και *η ξενιτιά* είναι συνώνυμες με την πίκρα και το χωρισμό. Όπως λέει και το δημοτικό τραγούδι

> Την ξενιτιά, την ορφανιά, την πίκρα, την αγάπη,
> τα τέσσερα τα ζύγιασαν, βαρύτερα είν' τα ξένα.

Points of interest

ο τόπος μας

This phrase means *our country, our place,* and comes from the word **ο τόπος** meaning *place.*

έχουν ενωθεί have been joined together

This form of the verb (passive voice) will be discussed in later lessons.

η πατρίδα

It is a close equivalent to what other nations refer to as *fatherland*.
Note that it is feminine, and certainly Greeks refer to Greece as
η μητέρα Ελλάδα, which is pictured in art and poetry as a woman.

Επιπρόσθετο λεξιλόγιο *(Additional vocabulary)*

η λαογραφία	folklore
η πατρίδα	fatherland
ο οικοδεσπότης,	host, hostess
η οικοδέσποινα	
ο Όμηρος	Homer
αλλοδαπός, -ή	alien
περιγράφω	to describe
η περιποίηση	looking after
η απελευθέρωση	liberation
ζυγίζω (ζυγιάζω)	to weigh
η ορφάνια	the state of being an orphan
η πίκρα	bitterness
το δημοτικό τραγούδι	folk song

Comprehension

(α) Να απαντήσετε στις ερωτήσεις στα ελληνικά.

1 Ποιες λέξεις σχηματίζουν τη λέξη *φιλοξενούμενος*;
2 Ποιες ελληνικές λέξεις σχηματίζουν την αγγλική λέξη *xenophile*;
3 Με ποια σημασία χρησιμοποιούσε τη λέξη *ξένος* ο 'Ομηρος;

(β) Να απαντήσετε στις ερωτήσεις στα αγγλικά.

1 How is the word **ξένος** used in Greek?
2 Attempt a free translation of the last two verses quoted at the end of the passage.
3 Give a short description of the meaning of the phrase **η φιλοξενία των Ελλήνων**.

12η άσκηση 🔲

You have been involved in a situation which requires you to be interviewed by officials who do not speak English. Tell them that you are a foreigner, that you do not speak good Greek and ask for an interpreter who speaks English.

interpreter **ο, η διερμηνέας**

13η άσκηση

The English word *apostrophe* is derived from the Greek word **η απόστροφος**. Which two Greek words do you think it comes from?

11 Περαστικά . . .

Get better soon

Here we will look at:

- health when abroad
- unusual endings of neuter nouns
- conditions -αν . . .
- verbs ending in -ίζω
- some prepositions

– Μη Γιώργο! Θα χειροτερέψει το κρυολόγημά μου! . . .

Διάλογος – Γιατρέ, γιατρέ . . .

Although one hopes never to have to visit a doctor when on holiday, or indeed as rarely as possible at any other time, it is a fact of life that this possibility must be faced. If one is suffering from a minor ailment for which a GP would be normally visited in the UK, the sign outside a surgery to look for is **ΓΙΑΤΡΟΣ ΠΑΘΟΛΟΓΟΣ**.

This patient is visiting the doctor suffering from the common cold

Λεξιλόγιο

άρρωστος, -η, -ο	ill, sick (also ancountered as a noun)
ο πονοκέφαλος	headache
ο πυρετός	fever
ο βήχας	cough
καθόλου	at all
το φάρμακο	medicine
το φαρμακείο	chemist's, pharmacy
η ασπιρίνη	aspirin
ελπίζω	to hope
γίνομαι καλά	to get well
το κρυολόγημα	cold (illness)
το σιρόπι	syrup
χρωστώ	to owe
η κοπέλα	young woman

– Καλησπέρα σας, γιατρέ.
– Καλησπέρα σας. Λοιπόν, σε τι μπορώ να βοηθήσω;
– Εδώ και τρεις μέρες, είμαι άρρωστη.
– Δηλαδή, τι ακριβώς έχετε;
– Να, έχω συνεχώς πονοκέφαλο, λίγο πυρετό <u>νομίζω</u> και πολύ βήχα.
– Έχετε πάρει καθόλου φάρμακα;
– Όχι, <u>έλπιζα</u> ότι θα γινόμουν καλά χωρίς φάρμακα.
– <u>Κρυολόγημα</u> είναι. Αν έχετε πολύ πυρετό, να πάρετε δυο ασπιρίνες, θα σας δώσω και μια <u>συνταγή</u> για ένα σιρόπι για το βήχα. Μπορείτε να την πάτε στο φαρμακείο εδώ κοντά και θα σας την ετοιμάσουν αρκετά γρήγορα.
– Πόσα σας χρωστώ;
– Να πληρώσετε την κοπέλα.
– Ευχαριστώ πολύ, γιατρέ μου.
– Παρακαλώ και περαστικά. Αν δε σας περάσει σε λίγες μέρες ξαναπεράστε να σας δω.

1η άσκηση

(α) Να απαντήσετε στις παρακάτω ερωτήσεις στα αγγλικά.

1 Πότε πήγε η άρρωστη στο γιατρό – το πρωί, νωρίς το
απόγευμα ή αργά το απόγευμα;
2 Ο γιατρός είπε στην άρρωστη «περαστικά». Η λέξη
«περαστικά» είναι από τη λέξη **περνώ** = *to pass*. Στα αγγλικά
τι λέμε σ' έναν άρρωστο;

(β) What do you think the doctor means when he says «Να
πληρώσετε την κοπέλα»?

2η άσκηση

Ο γιατρός είπε «θα σας δώσω μια συνταγή». Στο 9ο μάθημα
είδαμε ότι η λέξη **συνταγή** = recipe. Τι νομίζετε ότι θα δώσει ο
γιατρός;

Language points (Γλωσσικές παρατηρήσεις)

47 Neuter nouns with different endings

We will now look at some neuter nouns with endings different from
those we discussed in earlier lessons. Some of them take an addi-
tional syllable in some of their cases.

το κρυολόγημα	το κύμα *wave*	το ύψος *height*
	Singular	
το κρυολόγημα	το κύμα	το ύψος
του κρυολογήματος	του κύματος	του ύψους
το κρυολόγημα	το κύμα	το ύψος
κρυολόγημα	κύμα	ύψος
	Plural	
τα κρυολογήματα	τα κύματα	τα ύψη
των κρυολογημάτων	των κυμάτων	των υψών
τα κρυολογήματα	τα κύματα	τα ύψη
κρυολογήματα	κύματα	ύψη

Here are some more neuter nouns like these:

το όνομα	**το βήμα** *(step)*	**το μέρος** *(place)*
το μάθημα *(lesson)*	**το γράμμα** *(letter)*	**το κέρδος** *(profit)*
το πρόβλημα *(problem)*	**το σώμα** *(body)*	**το θάρρος** *(courage)*
το ζήτημα *(matter)*	**το χρήμα** *(money)*	**το πλήθος** *(crowd)*

48 Conditions using αν, if

Broadly speaking, and at the risk of some oversimplification, we can express condition *(if)* in Greek with three different constructions. In Greek, there is a far greater freedom to combine tenses in expressing condition than there is in English.

(a)

If part of the sentence	Other part of the sentence
αν + past perfect tense	**θα + past perfect tense**

This refers to the past and describes something which was not realized.

Examples:

Αν είχα φτάσει νωρίτερα θα τον είχα βρει στο σπίτι.	If I had I arrived earlier, I would have found him at home.
Αν είχε θυμώσει θα το είχα καταλάβει.	Had he got angry, I would have realized it.
Αν ο γιατρός μου είχε δώσει φάρμακο θα το είχα πάρει.	If the doctor had prescribed a medicine for me, I would have taken it.

(b)

αν + imperfect tense	**θα + imperfect tense**

It is used to express something not realized or simply a thought relating to past, present or future.

Examples:

Αν την αγαπούσε δε θα έφευγε.	If he loved her he wouldn't have left.
Αν πήγαινες στο γιατρό θα ήσουν καλά τώρα.	If you had gone to the doctor, you would have been alright now.
Νομίζω ότι αν πρόσεχε το φαγητό του δε θα ήταν τόσο χοντρός.	I think that if he were more careful with what he eats he wouldn't be so fat.

(c)

| αν + any tense except imperfect or past perfect | any tense apart from imperfect or past perfect |

It is used to express a condition in the present or future.

Examples:

Αν δεις τη Σοφία, πες της να μου τηλεφωνήσει.	If you see Sophia, tell her to call me.
Αν πλήρωσες το εισιτήριο, θα σου το στείλουμε.	If you paid for the ticket, we will send it to you.
Αν είδες τι έγινε, πρέπει να μας πεις κι εμάς.	If you saw what happened, you must tell us too.

3η άσκηση

The following words are declined like **το κρυολόγημα**. Add their definite article in front of them (**ο, η, το**) and decline any two of them. Before you begin it may be worth going back to Language Point 47 and revising the relevant part. Check your answers in the Key to Exercises.

έγκαυμα	burn (**ηλιακό έγκαυμα** = sun burn)
σφράγισμα	filling (tooth filling)
διάλυμα	solution (**καθαριστικό διάλυμα** = cleaning solution for contact lenses)
τσίμπημα	bite (bite from a mosquito)
κέντρισμα	sting (from a bee)

180

4η άσκηση

Find and match the two halves of sentences below.

1 Αν δεν είχες διαβάσει για το
   ατύχημα στην εφημερίδα   θα σου το έλεγα.
2 Αν δε σου αρέσει   αν έρθεις νωρίς.
3 Αν το ήξερα   μην το πιεις.
4 Αν φύγουν αργά το βράδυ   αν μείνεις στον ήλιο πολλή
                              ώρα.
5 Θα είμαι ακόμη στο σπίτι   αν ξεκινούσαμε την ώρα
                              που έπρεπε.
6 Θα σε πιάσει πονοκέφαλος   θα πρέπει να πάρουν ταξί.
7 Δε θα αργούσαμε   τώρα δε θα ανησυχούσες.

με πιάνει πονοκέφαλος, πονόδοντος κλπ = I get a headache, toothache, etc.

5η άσκηση

Να συμπληρώσετε την παρακάτω πρόταση.

Αν ήμουν πλούσιος–πλούσια . . .

6η άσκηση

The following advertisement is part of a campaign to attract donations for a cancer research fund. All verbs appear in the present tense in brackets. Read the text and put the verbs in the correct tense and person, e.g.:

Με τα χρήματά σας (σώζω) . . . σώστε . . . την ανθρώπινη ζωή.

Μην (αφήνω) . . . την ελπίδα
να (σβήνω) . . .

Όλο και περισσότερο πλησιάζουμε στην ολοκληρωτική νίκη εναντίον του καρκίνου. Κι αυτό το (οφείλω) . . . και σε σας. Με τα χρήματά σας αγοράζουμε μηχανήματα, (κάνω) . . . έρευνες, (εφαρμόζω) . . . νέες επιστημονικές μεθόδους, (σώζω) . . . όλο και περισσότερους ανθρώπους. (Βοηθώ) . . . και φέτος το ανθρώπινο έργο του Πανελλήνιου Αντικαρκινικού Έρανου. Βοηθήστε την επιστήμη, τους συνανθρώπους σας. Μέρα με τη μέρα πλησιάζουμε όλο και περισσότερο.
Μην αφήνετε αυτή την ελπίδα να (σβήνω) . . .

Δώστε
&
(σώζω) . . .

Λεξιλόγιο

πλησιάζω	to approach
η νίκη	victory (we have met this as a name **Νίκη** = Nicky)
ο καρκίνος	cancer
αντικαρκινικός, -ή, -ό	anti-cancer
οφείλω	to owe
η έρευνα	research
εφαρμόζω	to apply
η επιστήμη	science
επιστημονικός, -ή, -ό	scientific
ανθρώπινος, -η, -ο	human
πανελλήνιος, -α, -ο	panhellenic
ο έρανος	collection of money
σβήνω	to die out, to extinguish

Διάλογος– Διανυκτερεύον φαρμακείο 🔘

Chemists' shops in Greece and Cyprus display the word **ΦΑΡΜΑΚΕΙΟ**. In addition, pharmacies in Cyprus display the sign of a green cross with a snake entwined around it. In Greece the sign is sometimes the same as that on surgeries – a red cross. Pharmacies in Greece and Cyprus tend to be smaller than in the UK and concentrate more on health goods.

The woman involved in the following short dialogues is looking for a pharmacy open after closing time and first asks a passerby to direct her to one that is open late

Απαραίτητο λεξιλόγιο *(Essential vocabulary)*

ανοιχτός, -ή, -ό	open
τυχερός, -ή, -ό	lucky
ο ήλιος	sun
το λάδι	oil
ο βαθμός	degree, mark
η προστασία	protection
μαυρίζω	to tan (literally: go black)
μερικοί, -ές, -ά	some
κολυμπώ	to swim

– Με συγχωρείτε, μήπως ξέρετε πού μπορώ να βρω ένα φαρμακείο ανοιχτό;
– Είστε τυχερή, το φαρμακείο στη γωνία διανυκτερεύει απόψε. Περάστε απέναντι και είναι στα δεξιά σας.
– Ευχαριστώ πολύ.
Λίγα λεπτά αργότερα. . .

Στο φαρμακείο

– Καλησπέρα σας.
– Καλησπέρα. Μπορώ να σας βοηθήσω;
– Ελπίζω να μπορείτε. Ο άντρας μου έμεινε στον ήλιο πολλή ώρα σήμερα το πρωί και κάηκε. Μήπως έχετε τίποτα για τα εγκαύματα και για τον πονοκέφαλο;
– Ναι, θα σας δώσω μια αλοιφή για τα εγκαύματα και νομίζω ότι οι ασπιρίνες θα βοηθήσουν για τον πονοκέφαλο.
– Έχετε τίποτα και για τον ήλιο;
– Βεβαίως· να πάρετε και ένα αντιηλιακό. Έχουμε και λάδια και γαλακτώματα με βαθμούς προστασίας από 2 έως 20. Βοηθούν να μαυρίσετε και σας προστατεύουν από τον ήλιο. Μερικά είναι επίσης και αδιάβροχα και μπορείτε να τα χρησιμοποιείτε ακόμη και όταν κολυμπάτε. Κοιτάξτε και διαλέξτε αυτό που σας κάνει.

Επιπρόσθετο λεξιλόγιο (Additional vocabulary)

διανυκτερεύω	to stay open all night
καίομαι	to burn (this is the passive form of verbs to be discussed later)
το αντιηλιακό	sunscreen
η αλοιφή	ointment
το γαλάκτωμα	emulsion
αδιάβροχος	waterproof

7η άσκηση

Να απαντήσετε στην παρακάτω ερώτηση στα αγγλικά.

1   Why does the woman in the pharmacy want to buy a sunscreen?

Language points   (Γλωσσικές παρατηρήσεις)

49   Verbs ending in -ίζω

In the course of the dialogues in this lesson we have used a few verbs ending in **-ίζω**, e.g. **νομίζω, ελπίζω, μαυρίζω**. These form their tenses slightly differently from other verbs we have encountered so far.

Present	*Imperfect*	*Past simple*	*Present perfect*
νομίζω	**νόμιζα**	**νόμισα**	**έχω νομίσει**
νομίζεις	**νόμιζες**	**νόμισες**	**έχεις νομίσει**
νομίζει	**νόμιζε**	**νόμισε**	**έχει νομίσει**
νομίζουμε	**νομίζαμε**	**νομίσαμε**	**έχουμε νομίσει**
νομίζετε	**νομίζατε**	**νομίσατε**	**έχετε νομίσει**
νομίζουν	**νόμιζαν**	**νόμισαν**	**έχουν νομίσει**

Other verbs like **νομίζω** are:

γνωρίζω	to know
κερδίζω	to win, (**κερδίζω λεφτά** = earn money)
κεντρίζω	to sting

δροσίζω	to cool, to refresh
ζαλίζω	to make dizzy
αντιμετωπίζω	to confront

50 Some prepositions

We will look at some of these words as used on their own, and in combination with other words, and how they change the meaning of the words they combine with.

από	from
προς	towards
κατά	against, towards
μετά	after
αντί	instead of, against
παρά	in spite of, rather than (time: to)
διά	by (now used mainly in combination with other words) (in maths: divided by)

Examples of their use:

Φεύγω <u>από</u> το σπίτι.	I am going away <u>from</u> the house.
Προχωρώ <u>προς</u> το πεζοδρόμιο.	I am proceeding <u>towards</u> the pavement.
Είμαι <u>κατά</u> του πολέμου.	I am <u>against</u> war.
Θα έρθεις <u>κατά</u> το μεσημέρι;	Are you coming <u>around</u> noon?
Δε θα μπορέσω να έρθω <u>μετά</u> το θέατρο.	I will not be able to come <u>after</u> the theatre.
<u>Αντί</u> νερό της έδωσε κρασί.	<u>Instead of</u> water, he/she gave her wine.
Αν διαιρέσουμε το δεκαέξι <u>διά</u> του τέσσερα, η απάντηση είναι τέσσερα.	If we divide 16 by 4, the answer is 4.
Προτιμώ να μείνω στο σπίτι <u>παρά</u> να βγω έξω στη βροχή.	I prefer to stay at home <u>rather than</u> go out in the rain.
<u>Παρά</u> τις προσπάθειές τους, δεν μπόρεσαν να κερδίσουν.	Despite their efforts, they couldn't win.

In combination with other words

αποκαλύπτω	to reveal
αποκάτω	underneath
απολαμβάνω	to relish
προσθέτω	to add
πρόσκαιρος, -η, -ο	transient, passing
προσκαλώ	to invite
καταθέτω	to testify, deposit (money)
κατάκλειστος, -η, -ο	shut up (house)
καταλαβαίνω	to understand
μεταθέτω	to transfer
μετακινώ	to shift
μετακομίζω	to move (house)
αντίθετος, -η, -ο	opposite, opposed
αντικαρκινικός, -ή, -ό	anti-cancer
η αντικατάσταση	replacement
αντιλέγω	to object
διανυκτερεύω	to be open or up all night
διαφορετικός, -ή, -ό	different
αδιάφορος, -η, -ο	indifferent
διαφωνώ	to disagree
παρακάτω	following, further down
παραπατώ	to stumble
παραλαμβάνω	to take delivery of
παρακούω	to hear wrongly

8η άσκηση

On the basis of what we have learned up till now about how verbs form their tenses, give the following tenses of **νομίζω**. These were not included in the tenses given in detail above, and if you remember how tenses are formed there shouldn't be any problems. If you are not sure, this will be a good opportunity to do some revision. Go back to the appropriate lessons and revise the sections about tenses:

Future continuous; future simple; past perfect; imperative simple; imperative continuous.

9η άσκηση

Συνεχίζω *to continue* and **καθαρίζω** *to clean* form their tenses like **νομίζω**.
Give all the persons, singular and plural, in the following sentences like this:

Νομίζω ότι είναι αργά
Νομίζεις ότι είναι αργά
Νομίζει ότι είναι αργά

Νομίζουμε ότι είναι αργά
κλπ.

You may have to make additional changes to other words in the sentences below.

1 Θέλω να συνεχίσω να πηγαίνω με το λεωφορείο.
2 Δε θα καθαρίσω το σπίτι σήμερα;

10η άσκηση

Να συμπληρώσετε τα κενά με μία από τις παρακάτω λέξεις.

α . . . τις διαφωνίες μας είμαστε φίλες.
β Ελάτε μαζί μου. Πηγαίνω κι εγώ . . . το μουσείο.
γ . . . να μου δώσει φάρμακα, μου είπε να μη βγω στον ήλιο.
δ Η ώρα είναι 3.15 . . . το μεσημέρι.
ε . . . θέλετε γυαλιά του ήλιου, να πάτε σε έναν οπτικό.
στ Το . . . της λέξης «καλός» είναι «κακός».
ζ Είναι δυνατό να μιλά . . . του πατέρα της;
η . . . απ' αυτό που έκανε, δε θέλω να της ξαναμιλήσω.
θ Και θέλουν . . . μπορούν.
ι Αν το αεροπλάνο έφτασε στην ώρα του, θα πρέπει . . . είναι εδώ στις 5.15.
ια Θέλεις δε θέλεις, . . . κάνεις αυτό που σου λέω.

κατά, μετά, παρά, θα, κατά, αν, αντίθετο, αντί, και, μετά, να

Point of interest

Note how the sentences above are numbered in Greek using letters. The alphabet is not used sequentially as is the case with English: **στ** is used for 6 and then the numbering resumes from **ζ** onwards until

ι, which is used for 10. Thereafter, **ι** is followed by the same letters, beginning with **α**, i.e. **ια** (11), **ιβ** (12), etc.

11η άσκηση 📼

Read the short passage below and, if you have the cassette, listen to the native speakers reading it. Put in the stress-accents on the correct syllables where appropriate.

ΑΝΤΙΗΛΙΑΚΗ ΠΡΟΣΤΑΣΙΑ

Η αδιαβροχη σειρα αντιηλιακων διατηρει την αποτελεσματικοτητα της ακομα και μετα το μπανιο, ακομα και μετα τα θαλασσια σπορ. Η συνθεση της διατηρει την αποτελεσματικοτητα των φιλτρων για 80 λεπτα ακομα και μετα το κολυμπι. Σας εξασφαλιζει πολυωρη προστασια μεσα κι εξω απο το νερο.

Μαυριστε με ασφαλεια!

12η άσκηση

Below you will find a list of words and short phrases which you might find useful if you have to visit a doctor, a dentist or a chemist. They are all nouns, but their definite article has been omitted. Bearing in mind what we have learned about the endings of nouns, add the correct definite article **ο, η, το**.

Στο φαρμακείο	*At the chemist's*
. . . λευκοπλάστης	plaster
. . . επίδεσμος	bandage
. . . χάπι (. . . χάπια)	pill, tablet
. . . κρέμα	cream
με πονεί . . . αυτί μου	my ear hurts
με πονεί . . . κεφάλι μου	my head hurts
με πονεί . . . χέρι μου	my hand hurts
με πονεί . . . πόδι μου	my foot hurts
με πονεί . . . στομάχι μου	my stomach hurts
έχω συνάχι	I have a cold
. . . συνάχι	
Στον οπτικό	*At the optician's*
. . . γυαλιά	glasses
. . . γυαλιά του ήλιου	sunglasses

. . . φακός επαφής	
(. . . φακοί επαφής)	contact lens
. . . καθαριστικό διάλυμα	cleaning solution
. . . διαβρεκτικό διάλυμα	wetting solution
έχω μυωπία	I am short-sighted
. . . μυωπία	
έχω πρεσβυωπία	I am long-sighted
. . . πρεσβυωπία	
Στο γιατρό	*At the doctor's*
έχω κρυολόγημα	I have a cold
. . . κρυολόγημα	
έχω γρίππη	I have 'flu
. . . γρίππη	
έχω διάρροια	I have diarrhoea
. . . διάρροια	
έχω ναυτία	I feel sick
. . . ναυτία	
έχω ζάλη	I feel dizzy
. . . ζάλη	
Στον οδοντογιατρό	*At the dentist's*
Με πονεί . . . δόντι μου	My tooth hurts
έχει βγει . . . σφράγισμα	the filling has come out
. . . ένεση	injection

Narrative (Διαβάζουμε – We read)
– Τι σας κεντρίζει;

Mosquitoes and flies are often troublesome in hot countries and it is worth finding out ways of outwitting them or, put differently, diverting their attentions elsewhere. The narrative below offers some useful advice.

Απαραίτητο λεξιλόγιο (Essential vocabulary)

κεντρίζω	to sting
η ζέστη	heat
ο περίπατος	walk
το κουνούπι	mosquito

η μύγα	fly
πολύτιμος, -η, -ο	valuable
ο μεζές	meze (here: a tasty morsel)
δαγκώνω	to bite
το αυτί	ear
το ηλιοβασίλεμα	sunset
μετανιώνω	to regret

Καλοκαίρι: ήλιος, ζέστη, περίπατος στην εξοχή. Αλλά και κουνούπια, μύγες, σφήκες. Διασκεδάστε τις πολύτιμες διακοπές σας χωρίς να γίνετε . . . μεζές για τα κουνούπια.

Μας δαγκώνουν, μας τσιμπούν, ρουφούν το αίμα μας. Βουίζουν δίπλα στ' αυτιά μας, περπατούν πάνω μας. Άσπονδοι εχθροί της ανθρωπότητας, επιμένουν να σαμποτάρουν τις εκδρομές μας, τις διακοπές μας σε σκηνή, τους καλοκαιριάτικους περιπάτους στην εξοχή και τους ρεμβασμούς μας στο ηλιοβασίλεμα. Μύγες, κουνούπια και άλλα ξεφυτρώνουν από το . . . πουθενά. Βρίσκετε ένα καταπληκτικό μέρος να στήσετε τη σκηνή σας και μετά από λίγο ενσκήπτουν μύγες και πεινασμένα κουνούπια να σας κάνουν να μετανιώσετε την ώρα και τη στιγμή.

Φροντίστε να μην αρέσετε στα κουνούπια και να μάθετε να τα αντιμετωπίζετε αποτελεσματικά. Πρέπει να ξέρετε ότι αγαπούν τη ζέστη, την υγρασία και τα σκούρα χρώματα και βρίσκουν τους άντρες «νοστιμότερους» από τις γυναίκες. Χρησιμοποιείτε εντομοαπωθητικές λοσιόν και προτιμάτε να είστε κοντά σε κάποιον «γλυκοαίματο»· ίσως έτσι να μη σας προτιμήσουν!

Additional vocabulary *(Επιπρόσθετο λεξιλόγιο)*

η σφήκα	wasp
βουίζω	to buzz
η ανθρωπότητα	mankind
σαμποτάρω	to sabotage
τσιμπώ	to pinch (for mosquitoes = to bite)
ρουφώ	to suck
η σκηνή	tent (also stage, scene)
ο ρεμβασμός	meditation
ξεφυτρώνω	to sprout

πουθενά	nowhere
στήνω	to set up
πεινασμένος, -η, -ο	hungry
αποτελεσματικά	effectively
η υγρασία	humidity
σκούρος, -α, -ο	dark (in colour)
η εντομοαπωθητική λοσιόν	insect repellent (lotion)

Points of interest

ο άσπονδος εχθρός

It is an expression roughly equivalent to the English expression *worst enemy.*

μετανιώνω την ώρα και τη στιγμή

It is an idiomatic phrase expressing the same feelings as the English phrase *to curse the moment.*

ενσκήπτω

In this context it means *descend upon.*

Comprehension

(α) Να απαντήσετε στις παρακάτω ερωτήσεις στα ελληνικά

1 Τι θα συναντήσετε στην εξοχή εκτός από ανθρώπους;
2 Τι μπορείτε να κάνετε για να μη σας τσιμπήσουν τα κουνούπια;

(β) Να απαντήσετε στις παρακάτω ερωτήσεις στα αγγλικά

1 Σε τι χρησιμεύουν οι «γλυκοαίματοι» και γιατί τους ονομάζουμε έτσι;
2 Τι νομίζετε σημαίνει η φράση «χωρίς να γίνετε . . . μεζές για τα κουνούπια»;

13η άσκηση

You have been on a walk in the countryside and you have been stung by a wasp or bee. Explain to a pharmacist that you do not have an allergy to stings but that you need an ointment or lotion for the sting.

You may find the following words useful.

η αλλεργία	allergy
η μέλισσα	bee

12 Νους υγιής . . .

A healthy mind . . .

This lesson:

- feminine nouns with endings different from those discussed so far
- some impersonal verbs
- an introduction to the passive voice and the present tense of verbs in the passive voice
- adjectives ending in -ης, -ης, -ες, and πολύς, πολλή, πολύ

Language activity – Μάνα, μητέρα, μαμά

For Greeks, motherhood and a mother's relationship with her children is central to the concept of the family. This important relationship is extended further to describe the special relationship of every Greek man, woman or child with *Greece* itself, often referred to as **μητέρα Ελλάδα**.

The short passage below was written on the occasion of Mother's Day, **η γιορτή της μητέρας**.

Λεξιλόγιο

το μαγαζί	shop (**το κατάστημα**)
τα μαλλιά	hair (on head)
η μητρότητα	motherhood
η μόδα	fashion
η αγωνία	anxiety

σύγχρονος, -η, -ο	contemporary
αποκτώ	to acquire
η ευκολία	ease
το σκύψιμο	bending
η κούνια	cradle
σέρνω	to trail

Άλλες τρέχουν στις δουλειές τους κι' άλλες στα μαγαζιά. Μερικές χάνουν τα μαλλιά τους κι' άλλες χάνουν κιλά. Η μητρότητα είναι μόδα. Οι σύγχρονες μητέρες αποκτούν παιδιά με την ίδια ευκολία στα είκοσι πέντε, αλλά και στα σαράντα. Μόνο που το σκύψιμο πάνω από την κούνια <u>πρέπει</u> να σέρνει δεκαετίες αγωνίας και αγάπης γιατί, όπως και να το κάνουμε, μάνα είναι μόνο μία..

Points of interest

μάνα, μητέρα, μαμά

These three words, all used to address or describe a *mother*, have different nuances of meaning embedded in Greek culture and experience, which may be a little difficult to explain clearly.

Μαμά is the term used by children when calling their mother, and is equivalent to *mum* in English. **Μητέρα** is used like *mother* in English, while **μάνα** has connotations associated with the essence of motherhood, so to speak. Earlier we mentioned the concept of **μητέρα Ελλάδα**. This is a more formal relationship, as indeed is that described by the phrase **η μητέρα γη** *mother earth*.

Μάνα tends to be used where feelings are involved rather than just a formal relationship. In the previous passage we came across the phrase **μάνα είναι μόνο μία**. When explaining that a woman feels or acts in a particular way because she is a mother, the word used in Greek is more likely than not to be **μάνα**, e.g. **γιατί είναι μάνα**.

Language points (Γλωσσικές παρατηρήσεις)

51 Feminine nouns with different endings from those we have encountered so far

η μάνα

Singular	*Plural*
η μάνα	οι μανάδες
της μάνας	των μανάδων
τη μάνα	τις μανάδες
μάνα	μανάδες

η μαμά, η γιαγιά decline like **η μάνα**.

We have discussed briefly nouns ending in **-ος**, which can be both masculine and feminine according to context, e.g. **ο, η γιατρός, ο, η υπάλληλος**, etc. There are some nouns with an **-ος** ending which are only feminine, e.g. **η έξοδος** *exit,* **η είσοδος** *entrance,* **η οδός** *street.*

The latter are declined as follows:

η έξοδος

Singular	*Plural*
η έξοδος	οι έξοδοι
της εξόδου	των εξόδων
την έξοδο	τις εξόδους
(it is rarely used)	έξοδοι (rare)

Other feminine nouns like **η έξοδος** are: **η λεωφόρος, η είσοδος, η οδός**.

52 Impersonal verbs

We have already encountered some of these, principally **πρέπει**. These are verbs which are used mainly or only in the third-person singular.

Examples:

<u>Πρέπει</u> να πας αμέσως. You must go straight away.

Δε με <u>μέλει</u>.	I don't care.
Δε με <u>συμφέρει</u> να το αγοράσω.	It's not in my own interest to buy it.
Δεν <u>αξίζει</u> τον κόπο.	It's not worth the effort.

Many of the impersonal verbs describe natural phenomena, e.g.:

βρέχει	it's raining
χιονίζει	it's snowing
βροντά	it's thundery
φυσά	it's windy
ξημερώνει	dawn is breaking
βραδιάζει	it's getting dark
χειμωνιάζει	winter is coming
φέγγει	it's shining (moon)

Some of these verbs can also be used in other persons (in addition to the third person) in different contexts, but have a different meaning:

βρέχω ένα πανί	to wet a cloth
βροντώ την πόρτα	to slam the door
φυσώ τη φωτιά	to fan the fire
φυσώ τη μύτη μου	to blow my nose
φέγγω το δρόμο	to light the way

1η άσκηση

In Lesson 4 we looked at the endings of feminine nouns. Perhaps you could go back to that lesson and revise these endings, paying particular attention to nouns like **η γέννηση, της γεννήσεως**. Now decline **η σκέψη** *thought*, **η κατασκήνωση** *camping, camp*, **η καλή κυρία, η ωραία γυναίκα**.

2η άσκηση

The short ditty below makes use of some of the verbs we discussed above. Read it and attempt a rough translation of it, before turning to the Key to Exercises.

Βρέχει, χιονίζει
τα μάρμαρα ποτίζει
ο γάτος μαγειρεύει
κι ο ποντικός χορεύει.

Λεξιλόγιο

το μάρμαρο	marble
ποτίζω	to water
χορεύω	to dance

3η άσκηση

A number of Greek idioms make use of impersonal verbs relating to the weather. Below you will find some of them used in sentences. Can you think of their equivalent idiomatic phrases in English?

1 Εγώ του μιλώ αλλά αυτός <u>πέρα βρέχει</u>.
2 Η μάνα της την <u>έχει μη βρέξει και μη στάξει.</u>
3 <u>Βρέχει χιονίζει</u>, εγώ θα πάω.
4 <u>Βρέχει ξεβρέχει</u> εμείς θα πάμε εκδρομή.

4η άσκηση

For those collecting stamps, the advertisement below may be of some interest. Fill in the slip ready to send away.

Λεξιλόγιο

το γραμματόσημο	postage stamp
η σφραγίδα	stamp
σφραγίζω	to stamp
ο φάκελος	envelope

Φιλοτελικά Νέα

Υπηρεσία Γραμματοσήμων και Φιλοτελισμού, Τμήμα Ταχυδρομικών Υπηρεσιών.

Νέα έκδοση γραμματοσήμων

Ημέρα κυκλοφορίας: 4 Ιουλίου 1994

Μαζί με τα γραμματόσημα της σειράς θα κυκλοφορήσουν και ειδικοί φάκελοι πρώτης ημέρας κυκλοφορίας σφραγισμένοι με ειδική σφραγίδα.

Εγγραφείτε τώρα συνδρομητές στην Υπηρεσία Φιλοτελισμού του Τμήματος Ταχυδρομικών Υπηρεσιών και θα σας σταλεί ο φάκελος στη διεύθυνσή σας. Συμπληρώστε το δελτίο και στείλτε το στην Υπηρεσία μας.

Επώνυμο _____
Όνομα _____
Διεύθυνση _____   Τηλ. _____
Πόλη _____
Τ.Κ. _____

5η άσκηση

If on the other hand you prefer sailing, the following advertisement may be for you. A few mistakes have been introduced when copying it, mainly relating to the ends of nouns of all genders. Read it carefully, find the mistakes and correct them.

ΝΑΥΤΙΚΟΣ ΟΜΙΛΟΣ

Τι είναι η θάλασσες; Τι είναι η ιστιοπλοΐα; Ελάτε μαζί μας να γίνουμε φίλων, να ταξιδέψουμε μαζί και να μάθετε τα μυστικό της. Θα αγαπήσετε ακόμα περισσότερο την περιπέτειας και θα μείνετε παντοτινές εραστές του υγρού στοιχείο. Η σχολή λειτουργεί χειμωνα και καλοκαίριού και οργανώνει ταξίδια στο Αιγαίο το ακλοκαίρι.

ΠΛΗΡΟΦΟΡΙΩΝ
Τηλ. 98 23 45

Λεξιλόγιο

| η ιστιοπλοΐα | sailing |
| ο εραστής | lover |

Language activity – Μικρές αγγελίες 🔲

Small ads are a regular feature in many national newspapers in Greece and can be a useful source of information if you are looking to buy or rent property, for a used car or for something unusual.

Απαραίτητο λεξιλόγιο

το διαμέρισμα	apartment
το υπνοδωμάτιο	bedroom
πωλώ ή πουλώ	to sell
επισκέπτομαι	to visit
υγιής, -ής, -ές	healthy
γνωρίζομαι	to get to know

ΕΝΟΙΚΙΑΖΕΤΑΙ διαμέρισμα ενός υπνοδωματίου πλήρως εξοπλισμένο, Πλ. Κολιάτσου, 3ος όροφος, τηλ. 12 34 56.

ΠΩΛΟΥΝΤΑΙ στην Εύβοια ανεξάρτητα πολυτελή διαμερίσματα 60 τμ, απόσταση από τη θάλασσα 200μ. τηλ. 23 45 67 ώρες γραφείου.

ΖΗΤΟΥΝΤΑΙ για διεθνή εταιρία σύγχρονα γραφεία 800 τ.μ. στην Αθήνα, περιοχή Hilton, τηλ. 34 56 77, φαξ 00 00 22.

ΠΩΛΕΙΤΑΙ Porsche 928 με ελληνικά νούμερα, χρώματος άσπρου και σε άριστη κατάσταση. Πωλείται 12.000.000, τηλ. 22 33 44. Ο ενδιαφερόμενος μπορεί να το επισκεφθεί.

ΣΟΒΑΡΟΣ κύριος χωρίς
υποχρεώσεις, ευκατάστατος &
υγιής με πανεπιστημιακή
μόρφωση, επιθυμεί να γνωριστεί
με κυρία χωρίς υποχρεώσεις, με
κοινωνική μόρφωση. Γράψετε ΤΘ
22 222, με τηλέφωνο.

Επιπρόσθετο λεξιλόγιο

πλήρως	fully
Πλ.	**πλατεία**
τ.μ.	abbreviation for **τετραγωνικά μέτρα** = sq.m.
ανεξάρτητος, -η, -ο	independent
η απόσταση	distance
το νούμερο	number
ο ενδιαφερόμενος	interested party
η υποχρέωση	obligation
η μόρφωση	education
η κατάσταση	situation

6η άσκηση

The following phrases appear together in the various small ads above. The meaning of one word in each pair has been given in the vocabulary, but not the meaning of the other word.

Please look this up in the Glossary at the back of the book. Before doing so, decide what form of the word you will need to look up and write it down. If an adjective, write down all three forms, i.e. masculine, feminine, neuter, like this: **καλός**, **καλή**, **καλό** or like this: **καλός, -ή, -ό**.

Example:

πανεπιστημιακή μόρφωση

The noun **η μόρφωση** is in the vocabulary; **πανεπιστημιακή** is not. This is an adjective and it should be looked up in the Glossary under the entry **πανεπιστημιακός, -ή, -ό**.

Now give the meaning of the following pairs:

κοινωνική μόρφωση   πολυτελές διαμέρισμα
άριστη κατάσταση   για διεθνή εταιρία
σύγχρονα γραφεία   σοβαρός κύριος
εξοπλισμένο διαμέρισμα

Language points (Γλωσσικές παρατηρήσεις)

53 Passive voice

The verbs we have dealt with up till now have shown that a person or thing took a specific action. When the verb shows that the person or thing suffers an action, it is in the passive voice. *The man chased the dog* tells us that the man did the chasing – the verb is in the active voice. *The man was chased* tells us that the man suffered the chasing – the verb is in the passive voice.

In the active voice we saw that most verbs ended in either **-ω** or **-ώ**. In the passive voice verbs end in **-μαι**.

Verb ending in active voice	*Verb ending in passive voice*
-ω	**-ομαι**
-ώ	**-ιέμαι**
-ώ	**-ούμαι**

Examples

Active	*Passive*
δένω	**δένομαι**
απαντώ	**απαντιέμαι**
ωφελώ	**ωφελούμαι**

Some verbs have an active and a passive form, e.g. **ενοικιάζω – ενοικιάζομαι**, some only a passive form, e.g. **έρχομαι**. Some verbs which only have a passive voice have two interchangeable forms in the present tense, e.g. **κοιμάμαι – κοιμούμαι** (more details in Lesson 16).

The present tense

δέν**ο**μαι (δέν**ω**)	απαντι**έ**μαι (απαντ**ώ**)

Singular

δένομαι	απαντιέμαι
δένεσαι	απαντιέσαι
δένεται	απαντιέται

Plural

δενόμαστε	απαντιόμαστε
δένεστε	απαντιέστε
δένονται	απαντιούνται

ωφελ**ού**μαι (ωφελ**ώ**)	δροσί**ζο**μαι (δροσί**ζω**)

Singular

ωφελούμαι	δροσίζομαι
ωφελείσαι	δροσίζεσαι
ωφελείται	δροσίζεται

Plural

ωφελούμαστε	δροσιζόμαστε
ωφελείστε	δροσίζεστε
ωφελούνται	δροσίζονται

54 *Passive impersonal verbs*

Some impersonal verbs are in the active voice, as we saw earlier in this lesson, but some are in the passive. Some of these have only a passive form used as an impersonal verb.

Examples:

Αυτό δεν **πρόκειται** να γίνει.	This is not going to happen.
Τι μας **μέλλεται;**	What is in store for us?

The passive form of some verbs is also used with an impersonal meaning.

Examples:

Λέγεται ότι το έχει νοικιάσει το διαμέρισμα.	It is said that he has let the apartment.
Τι **γίνεται** εκεί;	What is going on there?

Δε χρειάζεται να πας τώρα.	It is not necessary for you to go now.
Όπως φαίνεται το σπίτι πωλείται.	It seems that the house is for sale.

55 In the small ads we came across some adjectives with different endings, e.g. υγιής healthy.

	Singular	
Masculine	*Feminine*	*Neuter*
ο υγιής	**η υγιής**	**το υγιές**
(του υγιούς)	**(της υγιούς)**	**(του υγιούς)**
τον υγιή	**την υγιή**	**το υγιές**
υγιή(ς)	**υγιής**	**υγιές**

	Plural	
οι υγιείς	**οι υγιείς**	**τα υγιή**
των υγιών	**των υγιών**	**των υγιών**
τους υγιείς	**τις υγιείς**	**τα υγιή**
υγιείς	**υγιείς**	**υγιή**

Σημείωση   Terms in brackets are not used widely.

Other adjectives like **υγιής,-ή,-ές** are:

διεθνής, -ής, -ές	international
πολυτελής, -ής, -ές	luxurious
συνεχής, -ής, -ές	continuous

πολύς, πολλή, πολύ a lot, much

This behaves in a unique way. Note the changes from the use of one **λ** to two.

	Singular	
ο πολύς	**η πολλή**	**το πολύ**
–	**της πολλής**	–
τον πολύ	**την πολλή**	**το πολύ**
–	–	–

	Plural	
οι πολλοί	οι πολλές	τα πολλά
των πολλών	των πολλών	των πολλών
τους πολλούς	τις πολλές	τα πολλά
(πολλοί)	(πολλές)	(πολλά)

Σημείωση (Note): Terms in brackets are not used widely.

7η άσκηση

Below you will find words or phrases that occur frequently on signs. They are all in the passive voice. Read them and give their meaning in English.

Απαγορεύεται το κάπνισμα
Απαγορεύεται η στάθμευση
Πωλείται
Ενοικιάζεται
Ενοικιάζονται δωμάτια

Εκτελούνται έργα
Απαγορεύεται η είσοδος
Πωλούνται διαμερίσματα
Δεν επιτρέπονται σκυλιά

8η άσκηση

This notice has been issued by the Greek Tourist Board. The verbs in brackets are not in the correct tense. This has been left for you to do.

Η ΚΑΤΑΣΚΗΝΩΣΗ ΕΠΙΤΡΕΠΕΤΑΙ ΜΟΝΟ
ΣΕ ΟΡΓΑΝΩΜΕΝΑ ΚΑΜΠΙΓΚΣ

Καλώς ήλθατε στην ελληνική ύπαιθρο.

Ευχόμαστε να περάσετε ωραία τις διακοπές σας.

Η φύση (χρειάζομαι). . . την προστασία και τη φροντίδα σας.

Η ελεύθερη κατασκήνωση ρυπαίνει και (καταστρέφω) . . . το περιβάλλον.

Στην Ελλάδα η κατασκήνωση (επιτρέπομαι) .. μόνο σε οργανωμένα κάμπιγκς.

Πριν ταξιδέψετε, (παρακαλώ) . . . να εξασφαλίσετε κατάλυμα για τη διανυκτέρευσή σας.

9η άσκηση

The title of this lesson is one half of a well-known Greek saying going back to antiquity, which explains why you will not recognize some forms of the words used. This is because they are classical Greek forms, and Greek has changed over the centuries just as

English has changed if we compare Anglo-Saxon with Chaucer's, Shakespeare's and today's English.

To complete the saying :

Νους υγιής εν σώματι υγιεί

(**ο νους** = *mind*).

In modern Greek this could be rephrased as **Νους υγιής σε σώμα υγιές**.

This has its equivalent in English. What is it?

10η άσκηση

In the following phrases, the endings of the descriptive words are missing. Put in the correct endings which must agree with the words they are describing (ie the nouns).

έτοιμ . . . ρούχα	ready-made clothes
οικιακ . . . συσκευές	household appliances
εξοχικ . . . κατοικία	country house
ανοιξιάτικ . . . μόδες	spring fashions
έκθεση θαλασσιν . . . αναψυχής	exhibition of sea recreation facilities
γαμήλι. . . δώρα	wedding presents
υγιειν . . . τροφές	health foods
φυσικ . . . υλικά	natural ingredients
πανελλήνι . . .αγώνες	panhellenic games
Ολυμπιακ. . . αγώνες	Olympic games
Ευρωπαϊκ. . . Κοιν. . . Αγορά	European Common Market
μηνιαί . . . περιοδικό	monthly magazine
εβδομαδιαί . . . εφημερίδα	weekly newspaper
πανεπιστημιακ . . . σπουδές	university studies
μοναδικ . . . ευκαιρία	unique opportunity
παγκόσμ . . . πρωτάθλημα	world cup

Narrative (Διαβάζουμε)
– Το «τάβλι»

The game of backgammon, in Greece known as **τάβλι**, is an old game which originated in the Middle East. Until the seventeenth century it was known in Europe as *tables*, a name closer to its Greek name today. It is played by two players using two dice (**τα ζάρια**). It is played on a board divided into two halves hinged together; in effect the board is divided into four parts. Each player has fifteen pieces (**τα πούλια**), either black or white.

Τάβλι is very popular in Greece and Cyprus and is played mainly by men in the traditional coffee shops where, although only two players play, it often attracts an audience of other devotees.

There are various games that can be played. Here we will explain the game called **Πόρτες** *Doors*. The fifteen pieces are placed on the board as you can see below.

There are two phases to the game.

1 First the aim for each player is to move all his or her pieces to the opponent's side.
2 Once this has been achieved, the aim is to be the first to take all his or her pieces out of the board.

Απαραίτητο λεξιλόγιο

το παιχνίδι	game
ο παίχτης	player
ο αντίπαλος	opponent
ρίχνω	to throw
φέρνω	to bring (*here* to throw a number)

η αξία	value
διπλασιάζω	to double
ίσος, -η, -ο	equal
η θέση	position
κινώ (κινούμαι)	to move (to be moved)
νικώ	to win

Οι «Πόρτες»

Για ν' αρχίσουμε. Στην αρχή του παιχνιδιού, κάθε παίχτης ρίχνει μόνο ένα ζάρι. Όποιος φέρει το μεγαλύτερο αριθμό, αρχίζει πρώτος.
Στη συνέχεια ρίχνονται και τα δυο ζάρια μαζί. Όταν και τα δυο ζάρια έχουν τον ίδιο αριθμό, η αξία τους διπλασιάζεται.

πχ 2 έξι είναι ίσα με 4 έξι

Παράδειγμα: αν φέρουμε 6 και 3 με τα ζάρια μας, μπορούμε να α) κινήσουμε ένα πούλι 6 θέσεις και ένα άλλο πούλι 3 θέσεις ή β) να κινήσουμε ένα μόνο πούλι πρώτα 6 θέσεις και μετά 3 θέσεις.

Για να κινηθούν τα πούλια πρέπει οι σχετικές θέσεις να είναι ελεύθερες από τα πούλια του αντιπάλου. Αν υπάρχουν πούλια του αντιπάλου τότε δεν μπορεί ο πρώτος παίχτης να κινήσει το πούλι του. Αν, όμως, υπάρχει ένα μόνο πούλι του αντιπάλου, τότε αυτό το πούλι βγαίνει από το παιχνίδι και αντικαθιστάται από το πούλι του πρώτου παίχτη.

Δηλαδή: Δύο πούλια ή περισσότερα μαζί σχηματίζουν «πόρτα» που εμποδίζει τον αντίπαλο να περάσει.

Ο κάθε παίχτης κινεί τα πούλια που θέλει όταν στις θέσεις δεν υπάρχουν ήδη δύο ή περισσότερα πούλια του αντιπάλου. Όταν τα πούλια ενός παίχτη συγκεντρωθούν στο τελευταίο τμήμα, αρχίζει η δεύτερη φάση του παιχνιδιού.

Πάντα σύμφωνα με τους αριθμούς στα ζάρια, αρχίζουμε να βγάζουμε τα πούλια από το παιχνίδι. Νικά ο παίχτης που θα βγάλει πρώτος και τα δεκαπέντε πούλια του από το παιχνίδι.

Επιπρόσθετο λεξιλόγιο

το παράδειγμα	example
σχετικός, -ή, -ό	relevant
ελεύθερος, -η, -ο	free
υπάρχω	to exist
αντικαθιστώ (αντικαθιστούμαι)	to replace (to be replaced)
συγκεντρώνω (συγκεντρώνομαι)	to gather, to collect (to be gathered)
σύμφωνα με	according to
βγάζω	to take out, to take off

Comprehension

α) Να απαντήσετε στις παρακάτω ερωτήσεις στα ελληνικά.

1 Πόσοι παίχτες παίζουν στο παιχνίδι οι «Πόρτες»;
2 Πόσα χρώματα πούλια υπάρχουν για το παιχνίδι και ποια είναι;

β) Να απαντήσετε στις παρακάτω ερωτήσεις στα αγγλικά.

1 Τι κάνουν οι παίχτες με τα ζάρια;
2 Ποιος παίχτης παίζει πρώτος;

11η άσκηση

Read the narrative again and underline all the verbs which are used in the passive voice. The endings will give you a clue, as well as the context in which they are used.
Give their forms in the active voice, e.g. **δροσίζομαι – δροσίζω**.

12η άσκηση

List all the verbs in the narrative above, and where appropriate give their active form, and passive form. e.g. **κινώ – κινούμαι**.

13η άσκηση

Explain briefly to an English friend how this game of **τάβλι** is played.

13 Ο χρόνος είναι χρήμα

Time is money

Σ' αυτό το 13ο μάθημα του βιβλίου θα συζητήσουμε τα παρακάτω:
(In this the thirteenth lesson of the book we will discuss the following):

- the past and imperfect tenses of verbs in the passive
- words which help us join together words or phrases – conjunctions
- adverbs of place
- money and the banks

Language activity – Ανακαλύψτε το πλεονέκτημα 🔲🔲

Travellers' cheques are, for many visitors abroad, the main or even the exclusive form of transaction in which banks are involved. Banks in Greece and Cyprus are generally not open in the afternoons. They are open to the public in the mornings, usually from 8.30am onwards, but they close at lunch time except in tourist areas, where a limited service is generally available in the afternoons.

It is advisable to consult the opening hours, **Ώρες λειτουργίας για το κοινό**, which are displayed outside most banks.

The following passage is about the advantages of travellers' cheques, **οι ταξιδιωτικές επιταγές**.

Λεξιλόγιο

ανακαλύπτω	to discover
η ταξιδιωτική επιταγή	travellers' cheque

δημιουργώ	to create
σίγουρος, -η, -ο	certain
τα μέσα μεταφοράς	means of transport
το χρήμα	money
όταν	when
εξαργυρώνω	to cash (a cheque)
η υπηρεσία	service
τα αγαθά	goods
κ.ά.	an abbreviation of **και άλλα** = and others

Ανακαλύψτε το πλεονέκτημα των ταξιδιωτικών επιταγών της τράπεζάς μας. Δημιουργήθηκαν πριν από πολλές δεκαετίες και είναι ένα από τα πιο σίγουρα μέσα μεταφοράς χρημάτων όταν ταξιδεύετε.

Εξαργυρώνονται σε τράπεζες και χρησιμοποιούνται για την αγορά υπηρεσιών και αγαθών σε εκατομμύρια καταστήματα σ' όλο τον κόσμο. Σε περίπτωση κλοπής, μπορείτε να επικοινωνήσετε με την Υπηρεσία Επιστροφής Χρημάτων τηλεφωνικώς, ημέρα και νύχτα, 365 μέρες το χρόνο.

Μπορείτε να τις εξαργυρώνετε σε τράπεζες αλλά και να πληρώνετε για αγαθά και υπηρεσίες σε καταστήματα, ξενοδοχεία και εστιατόρια.

Αρχικά, οι ταξιδιωτικές επιταγές εκδίδονταν μόνο σε δολάρια ΗΠΑ και στερλίνες αλλά είναι τώρα διαθέσιμες και σε πολλά άλλα νομίσματα όπως τα γερμανικά μάρκα, γαλλικά φράγκα, δολάρια Αυστραλίας κ.ά.

Επιπρόσθετο λεξιλόγιο

το πλεονέκτημα	advantage
η περίπτωση	case
η κλοπή	theft
εξυπηρετώ	to serve
επικοινωνώ	to communicate
εκδίδω	to issue (for books = to publish)
το δολάριο	dollar
ΗΠΑ	USA (abbreviation for **Ηνωμένες Πολιτείες Αμερικής**)
η στερλίνα	sterling
είναι διαθέσιμα	are available
το νόμισμα	currency
γερμανικός, -ή, -ό	German

Order from your bookseller or from:

ROUTLEDGE LTD
ITPS
Cheriton House
North Way
Andover
Hants
SP10 5BE
ENGLAND

ROUTLEDGE INC.
29 West 35th Street
New York
NY 10001
USA

CASSETTES ORDER FORM

practice, dialogues and role-playing exercises, recorded by native speakers of Greek, and will be an invaluable aid to improving your language skills.

If you have been unable to obtain the course pack, the double cassette (ISBN 0–415–08691–4) can be ordered separately through your bookseller or, in case of difficulty, send cash with order to Routledge Ltd, ITPS, Cheriton House, North Way, Andover, Hants SP10 5BE, price (1994) £15.99* including VAT, or to Routledge Inc., 29 West 35th Street, New York, NY 10001, USA, price $18.95*.

The publishers reserve the right to change prices without notice.

Please supply one/two/ .... double cassette(s) of

Colloquial Greek, Watts.
ISBN   0-415-08691-4

Price   £15.99* incl. VAT
         $18.95*

☐   I enclose payment with order.
☐   Please debit my Access/Mastercharge/Mastercard/Visa/American Express:

Expiry date ....

Name   ....

Address ....

        ....

γαλλικός, -ή, -ό   French
το φράγκο   franc
η Αυστραλία   Australia

1η άσκηση

List three advantages of travellers' cheques.

2η άσκηση

Read the passage above once again and underline all the verbs used in the passive voice. Give the verb in the active voice in the first person, i.e. the form under which you would look the verb up in the Glossary and indeed any dictionary, e.g.:

Passive voice   Active voice
δροσίζομαι   **δροσίζω**

3η άσκηση

Now underline all the verbs used in the passage in the active voice and give their passive form in the present tense first-person singular.

Examples:

Active voice form   *Passive voice*
                          present tense
απαντήσω   **απαντιέμαι**
δένει   **δένομαι**
ωφελώ   **ωφελούμαι**

Γλωσσικές παρατηρήσεις (Language points)

56 The past and imperfect tenses of verbs in the passive voice

The imperfect

As you know, this is the tense we use when referring to actions which took place in the past repeatedly or whose duration for some time we would like to emphasize.

δένομαι		απαντιέμαι	
Present tense	*Imperfect tense*	*Present tense*	*Imperfect tense*
		Singular	
δένομαι	δενόμουν	απαντιέμαι	απαντιόμουν
δένεσαι	δενόσουν	απαντιέσαι	απαντιόσουν
δένεται	δενόταν	απαντιέται	απαντιόταν
		Plural	
δενόμαστε	δενόμασταν	απαντιόμαστε	απαντιόμαστε
δένεστε	δενόσασταν	απαντιέστε	απαντιόσαστε
δένονται	δένονταν	απαντιούνται	απαντιόνταν

ωφελούμαι

Present	*Imperfect*
	Singular
ωφελούμαι	ωφελούμουν
ωφελείσαι	ωφελούσουν
ωφελείται	ωφελούταν
Plural	
ωφελούμαστε	ωφελούμασταν
ωφελείστε	ωφελούσασταν
ωφελούνται	ωφελούνταν

The differences between verbs ending in **-ιέμαι** and **-ούμαι** in the passive voice only occur in the present tense and, of course, in tenses based on the present, e.g. the imperfect, the future continuous and the expression of purpose in the continuous.

All other tenses are formed in exactly the same way.

The past tense

As before, this is used to express an action when we simply wish to mention the fact that it occurred in the past.

However, the way it is formed in the passive voice is rather involved, as indeed was the case with the active voice. Rules come to the rescue once again, and in this case they relate to the past tense in the active voice.

When the past tense of the active voice ends in **-σα**, the past tense in the passive voice ends in **-θηκα** or **-στηκα**. It will be easier to visualize if we present this information in the form of a table and examples.

Active voice	Passive voice	Examples	
past tense ending	*past tense ending*	*Active*	*Passive*
-σα	-θηκα	έδε<u>σα</u>	δέ<u>θηκα</u>
	-στηκα	έπια<u>σα</u>	πιά<u>στηκα</u>
-ψα	-φτηκα	έκρυ<u>ψα</u>	κρύ<u>φτηκα</u>
-ξα	-χτηκα	έδιω<u>ξα</u>	διώ<u>χτηκα</u>

But, verbs which end in the present tense in the active voice in -**αύω**, -**εύω**, -**ύνω** have the following endings :

		Examples	
Active voice	*Passive voice*	*Active*	*Passive*
present tense ending	*past tense ending*	*present tense*	*past tense*
-αύω	-αύτηκα	πα<u>ύω</u>	πα<u>ύτηκα</u>
-εύω	-εύτηκα	μαγε<u>ύω</u>	μαγε<u>ύτηκα</u>
-ύνω	-ύνθηκα	ευκολ<u>ύνω</u>	ευκολ<u>ύνθηκα</u>
Most of the remaining end in	-θηκα	βάζω	βά<u>λθηκα</u>

Examples of the past tense:

δένομαι	**απαντιέμαι**

Past simple
Singular

δέθηκα	**απαντήθηκα**
δέθηκες	**απαντήθηκες**
δέθηκε	**απαντήθηκε**

Plural

δεθήκαμε	**απαντηθήκαμε**
δεθήκατε	**απαντηθήκατε**
δέθηκαν	**απαντήθηκαν**

Examples of verbs in the passive voice

Active	*Passive*	*Passive*	*Passive*
present	*present*	*imperfect*	*past simple*
προσκαλώ	προσκαλούμαι	προσκαλούμουν	προσκαλέστηκα
ακολουθώ	ακολουθούμαι	ακολουθούμουν	ακολουθήθηκα
οδηγώ	οδηγούμαι	οδηγούμουν	οδηγήθηκα
ρωτώ	ρωτιέμαι	ρωτιόμουν	ρωτήθηκα
αγαπώ	αγαπιέμαι	αγαπιόμουν	αγαπήθηκα
διαλέγω	διαλέγομαι	δαλεγόμουν	διαλέχτηκα
ανάβω	ανάβομαι	αναβόμουν	ανάφτηκα

γιορτάζω	γιορτάζομαι	γιορταζόμουν	γιορτάστηκα
αγοράζω	αγοράζομαι	αγοραζόμουν	αγοράστηκα
δροσίζω	δροσίζομαι	δροσιζόμουν	δροσίστηκα
γνωρίζω	γνωρίζομαι	γνωριζόμουν	γνωρίστηκα
κερδίζω	κερδίζομαι	κερδιζόμουν	κερδίστηκα
κεντρίζω	κεντρίζομαι	κεντριζόμουν	κεντρίστηκα
ζαλίζω	ζαλίζομαι	ζαλιζόμουν	ζαλίστηκα
αντιμετωπίζω	αντιμετωπίζομαι	αντιμετωπιζόμουν	αντιμετωπίστηκα
κρύβω	κρύβομαι	κρυβόμουν	κρύφτηκα
πιάνω	πιάνομαι	πιανόμουν	πιάστηκα
διώχνω	διώχνομαι	διωχνόμουν	διώχτηκα
ευκολύνω	ευκολύνομαι	ευκολυνόμουν	ευκολύνθηκα
παύω	παύομαι	παυόμουν	παύτηκα
μαγεύω	μαγεύομαι	μαγευόμουν	μαγεύτηκα
μαζεύω	μαζεύομαι	μαζευόμουν	μαζεύτηκα

πιάνομαι	to get caught
κρύβομαι	to hide
διώχνομαι	to be turned away
ευκολύνομαι	to find it convenient
παύομαι	to be dismissed
μαγεύομαι	to be bewitched
μαζεύομαι	to assemble, to gather together

The active and passive forms of some verbs have a different meaning, e.g.:

δανείζω	to lend	**δανείζομαι**	to borrow
συμβουλεύω	to advise	**συμβουλεύομαι**	to consult
μοιράζω	to distribute	**μοιράζομαι**	to share
θυμίζω	to remind	**θυμάμαι (-ούμαι)**	to remember
κοιμίζω	to put to sleep	**κοιμάμαι (-ούμαι)**	to sleep
απαντώ	to meet by chance to reply	**απαντιέμαι**	to meet together

4η άσκηση

Below you will find some verbs in the passive voice. Give, in full, their imperfect and past tenses in the passive voice.

Example:

δένομαι

Imperfect　　　　　　*Past*
δενόμουν　　　　　　**δέθηκα**
δενόσουν　　　　　　**δέθηκες**
δενόταν　　　　　　**κλπ**
κλπ

δροσίζομαι
συμβουλεύομαι
αναπαύομαι　　　　　to rest
αγαπιέμαι　　　　　to be in love

5η άσκηση

Put the verbs in the following sentences in the correct tense. They are in the passive voice.

1 Εδώ (εξαργυρώνομαι) . . . επιταγές.
2 (Προσφέρομαι) . . . μοναδικές ευκαιρίες για όσους θέλουν να ταξιδέψουν.
3 Η αστυνομία (ειδοποιούμε) . . . από μας αμέσως μετά την κλοπή χτες το βράδυ.
4 Ο λογαριασμός (ανοίγομαι) . . . χτες.
5 Ο αριθμός των υπαλλήλων (συμπληρώνομαι) . . . σχεδόν αμέσως μόλις άρχισε ο διαγωνισμός.
6 (Κλείνομαι) . . . στο σπίτι της συχνά. Τώρα βγαίνει έξω κάποτε.
7 (Ειδοποιούμαι) . . . από την τράπεζα προχτές να πάνε να παραλάβουν τα χρήματα.
8 Ο λογαριασμός σας (χρεώνομαι) . . . με το σχετικό ποσό πριν μια βδομάδα.

ειδοποιούμαι　　　　to be notified
ο διαγωνισμός　　　　competition
ο λογαριασμός　　　　account
χρεώνομαι　　　　　to be debited

6η άσκηση

The following sentences are in the active voice. Please put them in the passive voice. Note that the word order may need to change, certain words to be deleted and others to be added.

Example:

Active
Πήγε στο νοσοκομείο.

Passive
Τον πήγαν στο νοσοκομείο.

1 Δεν πλήρωσα το λογαριασμό.
2 Συνεχίζαμε το ταξίδι μας.
3 Έχασα τις ταξιδιωτικές μου επιταγές.
4 Το ταμείο θα πληρώσει τα χρήματα.
5 Η τράπεζα και ο πελάτης συμφώνησαν το όριο παρατραβήγματος.
6 Συμπλήρωσε το δελτίο έγκαιρα.
7 Πλήρωνε τους λογαριασμούς της τακτικά;

το παρατράβηγμα   overdraft

Διάλογος – Με τη σειρά σας, παρακαλώ!

Customers in banks usually have to visit and therefore queue at a number of desks before completing their transactions. Any money paid out, whether as a result of withdrawal or of changing foreign money or travellers' cheques, needs to be collected from the cashier

Απαραίτητο λεξιλόγιο

η σειρά	turn
νόστιμος, -η, -ο	atttractive (food, tasty)
ζεσταίνω	to warm, to make feel warm
το κοστούμι	suit
η γραβάτα	tie
η κοπέλα	young lady
η υπομονή	patience
βιάζομαι	to be in a hurry
επιτέλους	finally
υπογράφω	to sign
το ταμείο	cashier's
αλλά	but
η ουρά	queue
ο οποίος, η οποία, το οποίο	who, who, which
ό,τι	whatever

Σχεδόν μεσημέρι, Ιούλιος μήνας και κόσμος πολύς περιμένει να εξυπηρετηθεί. Η υπάλληλος μία στη θέση με την πινακίδα «ΣΥΝΑΛΛΑΓΜΑ» και ταλαιπωρημένη. Νεαρή, νόστιμη και υπερμοντέρνα, με το μίνι της, κατακόκκινο κραγιόν και τα λιγότερο κόκκινα μαλλιά, μακριά και σγουρά αλλά . . . ζεσταίνουν. Προσπαθεί να εξυπηρετήσει έναν μάλλον δύστροπο μεσήλικα κύριο ο οποίος, παρά τη ζέστη και την ταλαιπωρία, φορεί κοστούμι και γραβάτα σφιχτοδεμένη.

– Κοπέλα μου, πόση ώρα θα ταλαιπωρείτε τον κόσμο εδώ πέρα; Έχουμε και δουλειές.
– Μάλιστα κύριε, κάνω ό,τι μπορώ. Κάντε λίγη υπομονή· τόσος κόσμος περιμένει εδώ.
– Ακριβώς, αλλά ίσως οι άλλοι να μη βιάζονται. Εγώ βιάζομαι.
– Καλά, καλά κύριε μην κάνετε έτσι. Τόσο πολύ βιάζεστε επιτέλους;
– Εμ, τι σας λέω τόση ώρα;
– Καλά, καλά, ελάτε, τι θέλετε;
– Θέλω να εξαργυρώσω αυτές εδώ τις ταξιδιωτικές επιταγές.
– Να τις υπογράψετε πρώτα. Είναι σε δολάρια;
– Όχι, στερλίνες.
– Πόσες στερλίνες κύριε;
– Εκατόν πενήντα. Να, τις έχω υπογράψει.
– Περιμένετε μισό λεπτό, παρακαλώ. Τη διεύθυνσή σας εδώ στην Ελλάδα και το διαβατήριό σας.
– Ορίστε, το διαβατήριό μου. Μένω στο ξενοδοχείο «Αριάδνη», εδώ κοντά.
– Να υπογράψετε εδώ και να περάσετε στο ταμείο απέναντι να πάρετε τα λεφτά σας.
– Πάλι δηλαδή θα πρέπει να περιμένω στην ουρά;
– Τι να γίνει κύριε, πρέπει να περιμένετε τη σειρά σας.

Επιπρόσθετο λεξιλόγιο

το συνάλλαγμα	foreign exchange
ταλαιπωρημένος, -η, -ο	beleaguered
το κραγιόν	lipstick
σγουρός, -ή, -ό	curly
δύστροπος, -η, -ο	bad-tempered
μεσήλικας, -η, -ο	middle-aged
σφιχτοδεμένος, -η, -ο	tightly knotted
εξαργυρώνω	to cash (a cheque)

7η άσκηση

Να απαντήσετε στις ερωτήσεις στα ελληνικά.

1 Γιατί περίμενε στην ουρά ο μεσήλικας κύριος;
2 Περιγράψτε τη νόστιμη υπάλληλο.

Γλωσσικές παρατηρήσεις (Language points)

57 *More pronouns (demonstrative and relative), e.g.,* εκείνος, αυτός, ο οποίος, όσος

A number of such pronouns are used in the dialogue above.

αυτός, αυτή, αυτό	this (man, woman, child)
εκείνος, εκείνη, εκείνο	that (man, woman, child)
τέτοιος, τέτοια, τέτοιο	such (man, woman, child)
τόσος, τόση, τόσο	so, such (man, woman, child)
ο οποίος, η οποία, το οποίο	who "
οποιοσδήποτε, οποιαδήποτε, οποιοδήποτε	whoever "
όποιος, όποια, όποιο	whoever "
όσος, όση, όσο	as many, as much "
ό,τι	whatever
οτιδήποτε	whatsoever. anything

Examples:

Αυτή δεν είναι η κυρία <u>που</u> σας έλεγα.	This is not the woman I was telling you about.
Ο κύριος <u>ο οποίος</u> φορούσε κοστούμι και <u>που</u> βιαζόταν τόσο πολύ.	The gentleman who was wearing the suit and who was in such a hurry.
Ήταν <u>τόσος</u> κόσμος.	There were so many people.
Η υπάλληλος είπε <u>ότι</u> έκανε <u>ό,τι</u> μπορούσε.	The assistant said that she was doing all she could.
<u>Όσα</u> και να τους πείτε δε θα αλλάξουν γνώμη.	No matter what you say to them, they are not going to change their minds.

Σημείωση Note the use of **ότι** and **ό,τι: ότι** means *that,* and **ό,τι** *whatever.*
που can be used in place of **ο οποίος, -α, -ο.** Compare with the question word **πού,**
which takes a stress-accent.

58 Prepositions used in reply to *πόσο;* how much? 🔲

In reply to a question beginning with **πόσο;** one of the following
words is likely to be used:

λίγο	a little
πολύ	very much
περισσότερο	more
όσο	as much
αρκετό	enough
κάμποσο	quite enough

We could equally well ask **Πόσος;** or **Πόση;** *How much?* or perhaps
Πόσοι; or **Πόσες;** *How many?*

Examples:

Πόσο γάλα θέλεις;	**Λίγο**
Πόσες δραχμές έχει το χιλιάρικο;	**Χίλιες**
Πόσοι άνθρωποι δουλεύουν εδώ;	**Πολλοί ή αρκετοί**

8η άσκηση

Να συμπληρώσετε τα κενά με μια από τις παρακάτω λέξεις.

1 . . . και να μου πεις, μού ταιριάζει.
2 Συνάντησε . . . πολλές δυσκολίες στο ταξίδι του που
   άλλαξε γνώμη και γύρισε πίσω.
3 Μου είπε . . . το ποσό θα συμπληρωνόταν εύκολα.
4 Δεν μπορούσε να περιμένει . . . κι έφυγε.
5 . . . άνθρωποι παίρνουν μαζί τους πολλά λεφτά όταν
   ταξιδεύουν στο εξωτερικό.
6 . . . κι αν είσαι, δε σε φοβάμαι.
7 Η γυναίκα . . . μένει στο διαμέρισμα στο 2ο όροφο είναι
   ξένη.

τόσες, λίγοι, ότι, περισσότερο, που, ό,τι, όποιος

9η άσκηση

If you are interested to find out more about opening an account at a Greek bank, you will find the following passage interesting. Some of the verbs are given in brackets in the present tense. Put them in the correct tense, in either the active or the passive voice as appropriate.

Τραπεζικοί λογαριασμοί

Συμπληρώστε το παρακάτω δελτίο. (Σημειώνω) . . . ένα Χ στο σχετικό λογαριασμό.

Τρεχούμενος λογαριασμός
Εκδίδεται βιβλιαράκι επιταγών
(Γίνομαι) . . . καταθέσεις
(Αποστέλλομαι) . . . μηνιαία κατάσταση
Για ψηλότερο τόκο

Καταθέσεις με προειδοποίηση
Επιλογή χρόνου προειδοποίησης (εφτά μέρες, δύο εβδομάδες, τρεις μήνες)
Επιτόκιο 4%
(Γίνομαι) . . . καταθέσεις και αναλήψεις

Τρεχούμενος με όριο παρατραβήγματος
Λειτουργεί όπως και ο τρεχούμενος λογαριασμός
(Προσφέρω) . . . δικαίωμα παρατραβήγματος

Λεξιλόγιο

ο λογαριασμός	account (before we came across it as 'bill')
ο τρεχούμενος λογαριασμός	current account
η επιταγή	cheque
το βιβλιαράκι επιταγών	cheque book (also **το μπλοκ επιταγών**)
η κατάσταση λογαριασμού	account statement (bank)
ο τόκος	interest (on money)
το επιτόκιο	rate of interest
ο χρόνος προειδοποίησης	notice period (for withdrawal)
η κατάθεση	paying in (money)
η ανάληψη	withdrawal (of money)

Σημείωση In Greek, percentages are expressed in exactly the same way as in English, e.g.:

4%	**τέσσερα τοις εκατό**
56%	**πενήντα έξι τοις εκατό**

The word **τοις** is an old form no longer in use except in rare cases such as this one.

10η άσκηση

You have received this cheque in the post. It is obviously issued on an account held at a Greek bank. Explain the following:

1 The bank and branch where the account is held.
2 Where is this branch?
3 Who is the cheque made out to?
4 On whose account is the cheque drawn?

ΤΡΑΠΕΖΑ Α.Ε.
ΚΑΤΑΣΤΗΜΑ ΑΚΡΟΠΟΛΕΩΣ

Καβάλα ΤΗΝ *22α Ιουνίου* 199*3*

ΚΑΒΑΛΑ 16 - 123 44 ΚΑΒΑΛΑ   ΔΡΑΧΜΕΣ *703.890*

ΠΛΗΡΩΣΤΕ ΜΕ ΤΗΝ ΕΠΙΤΑΓΗ ΜΟΥ ΑΥΤΗ ΣΕ ΔΙΑΤΑΓΗ
Α. Αποστόλου

ΤΟ ΠΟΣΟ ΤΩΝ ΔΡΑΧΜΩΝ *Επτακόσιες Τρεις χιλιάδες, οκτακόσιες ενενήντα*

ΜΕ ΧΡΕΩΣΗ ΤΟΥ ΛΟΓΑΡΙΑΣΜΟΥ ΜΟΥ

ΑΡΙΘΜΟΣ 012 345 6789000   ΥΠΟΓΡΑΦΗ

Ελληνική Σχολή

ΕΛΛΗΝΙΚΗ ΣΧΟΛΗ

Διαβάζουμε (Narrative) – ΣΤΕΓΑΣΤΙΚΟ ΔΑΝΕΙΟ

Settling down often means acquiring accommodation, whether rented or bought. Few can afford to buy a house outright. A mortgage is a more realistic arrangement for which one might as well be prepared.

Λεξιλόγιο

το στεγαστικό δάνειο	mortgage
το όνειρο	dream

τα δεδομένα	facts
δύσκολος, -η, -ο	difficult
εύκολος, -η, -ο	easy
το σχέδιο	plan
η αποταμίευση	saving (savings)
η κατοικία	house **το σπίτι**
απαραίτητος, -η, -ο	necessary
τουλάχιστον	at least
υποβάλλω	to submit
η αίτηση	application
η διάρκεια	duration

Ένας από τους μεγαλύτερους τραπεζικούς κολοσσούς σ' όλο τον κόσμο σας προσφέρει την πραγματοποίηση των ονείρων σας.

Με τα σημερινά δεδομένα, η απόκτηση κατοικίας ίσως να είναι δύσκολη. Με ένα σχέδιο απλό και εύκολο, σας προσφέρουμε τη δυνατότητα να αποκτήσετε δικό σας σπίτι.

Με 3-5 μόνο χρόνια ανάλογης αποταμίευσης, η τράπεζα σάς παρέχει το απαραίτητο δάνειο που θα σας επιτρέψει να ανοίξετε την πόρτα του δικού σας πια σπιτιού.

Η ένταξή σας στο στεγαστικό σχέδιο της τράπεζάς μας είναι εύκολη και χωρίς περίπλοκες διαδικασίες. Απλώς ανοίγετε έναν ειδικό λογαριασμό σ' οποιοδήποτε από τα υποκαταστήματά μας. Ο λογαριασμός μπορεί να ανοιχτεί στο όνομά σας ή στο όνομα των παιδιών σας και στη συνέχεια γίνονται καταθέσεις ανάλογα με τις δυνατότητές σας. Καταθέσεις στο λογαριασμό αυτό θα πρέπει να γίνονται τουλάχιστον για 36 μήνες πριν τη χορήγηση του δανείου. Σημειώνεται ότι οι καταθέσεις σας θα αποφέρουν τόκο 6%. Αναλήψεις από το λογαριασμό δεν επιτρέπονται. Μετά την πάροδο τουλάχιστον 36 μηνών θα μπορείτε να υποβάλετε αίτηση στην τράπεζα για χορήγηση ανάλογου στεγαστικού δανείου και το ποσό εξαρτάται από το ύψος και τη διάρκεια των καταθέσεων.

Επιπρόσθετο λεξιλόγιο

η πραγματοποίηση	realization
η απόκτηση (αποκτώ)	acquisition (to acquire)
η δυνατότητα	possibility, capability
περίπλοκος, -η, -ο	complicated

ανάλογος, -η, -ο	proportional
ανάλογα	accordingly
η ένταξη	entry
η διαδικασία	procedure
το υποκατάστημα	branch (of shop, bank)
η χορήγηση	granting
η πάροδος	passage (of time)
εξουσιοδοτώ	to authorize
εξαρτώμαι	to depend on

Και ρωτούμε *(We ask) (Comprehension)*

(α) Να απαντήσετε στις παρακάτω ερωτήσεις στα ελληνικά

1 Από πού μπορεί κανείς να πάρει στεγαστικό δάνειο;
2 Πού πρέπει να ανοιχθεί λογαριασμός για να υπάρχει η δυνατότητα στεγαστικού δανείου;
3 Για πόσο χρόνο πρέπει να υπάρχει ανοιχτός ειδικός λογαριασμός για στεγαστικό δάνειο;
4 Πόσος τόκος πληρώνεται για χρήματα στον ειδικό λογαριασμό;

(β) Να απαντήσετε στις παρακάτω ερωτήσεις στα αγγλικά

1 Για τι μπορεί να χρησιμοποιηθεί ένα στεγαστικό δάνειο;
2 Τι πρέπει να κάνει όποιος θέλει στεγαστικό δάνειο;

(γ) Οι ερωτήσεις είναι στα αγγλικά. Να τις απαντήσετε στα αγγλικά.

1 The closest term in English for the Greek term **«στεγαστικό δάνειο»** is 'mortgage'. What is the principal difference in your opinion?
2 What are the criteria the bank applies when considering the sum for a mortgage?

11η άσκηση

Re-read the narrative and underline all the verbs which occur in the passive voice. Write down the present tense in the passive voice, like this:

In the passage	*Present tense, passive voice*
συμπληρώνονται	**συμπληρώνομαι**

When looking up passive forms of verbs in a dictionary or glossary, you will need to look them up in their active-voice form, if they have one. If not, they will be listed in the present tense of the passive voice.

Example:

συμπληρώνομαι is the passive form of **συμπληρώνω**. You will need to look up the latter.

But **γίνεται** in the first person in the present tense is **γίνομαι,** and this has no active voice. So you will look it up under **γίνομαι.**

Now, next to each verb in the passive write down the form which you need to look up in the glossary or Greek dictionary, like this:

Passive voice present tense first-person singular	*Form to be looked up in dictionary or glossary*
συμπληρώνομαι	**συμπληρώνω**

12η άσκηση

(a)   Below you will find part of an application form sent to prospective applicants for a Greek credit card. Fill it in, giving all relevant information.

Vocabulary to help you fill it in

εγγραφή μέλους	registration of member
τα στοιχεία	details
έγγαμος	married
άγαμος	single (unmarried)
το γένος	here, maiden name for women, née
η ιδιοκατοίκηση	owner occupier (owner occupancy)
η επιχείρηση	business
θέση στην εργασία	position at work
η συγγένεια	relation
η ταυτότητα	identity card

ΑΙΤΗΣΗ ΕΓΓΡΑΦΗΣ ΜΕΛΟΥΣ

Συμπληρώστε όλα τα στοιχεία αυτής της αίτησης με ευανάγνωστα γράμματα και στείλτε τη, μαζί με τον απαντητικό φάκελο.

Ατομικά στοιχεία

Επώνυμο _____ Όνομα _____

Οικογενειακή κατάσταση Έγγαμος ☐ Άγαμος ☐

Όνομα πατέρα/συζύγου: _____ Το γένος: _____

Ημερομ. γέννησης: _____ Τόπος: _____

Υπηκοότητα: _____

Παρακαλώ οι λογαριασμοί να στέλνονται στη διεύθυνση:

Κατοικίας ☐ Εργασίας ☐

Διεύθυνση κατοικίας: Οδός _____ Αριθμ.: _____

Πόλη/Συνοικία: _____ Ταχ. Κωδ.: _____

Τηλ. κατοικίας: (_____) _____ Ιδιοκατοίκηση ☐ Με ενοίκιο ☐

Αριθ. και αρχή έκδοσης ταυτότητος _____

Παρακαλούμε γράψτε με λατινικά στοιχεία το όνομα και το επώνυμό σας όπως εμφανίζονται στο διαβατήριό σας. Χρησιμοποιήστε μέχρι 26 τετράγωνα για γράμματα και κενά.

▯▯▯▯▯▯▯▯▯▯▯▯▯▯▯▯▯▯▯▯▯▯▯▯▯▯

Τόπος _____ Ημερομηνία

Υπογραφή αιτούντος   Υπογραφή αιτούντος

Κύριας κάρτας Χ _____ Πρόσθετης κάρτας Χ _____

Κωδ. 00-00151

Για καλύτερη δική σας εξυπηρέτηση παρακαλούμε για την πλήρη συμπλήρωση της αιτήσεώς σας.

(b) Below is a photocopy of the envelope in which to return the completed form. What value stamp are you going to put on it? (You may find it useful to return briefly to Lesson 8.)

ΧΩΡΙΣ ΤΕΛΟΣ
Ο ΠΑΡΑΛΗΠΤΗΣ
ΠΛΗΡΩΝΕΙ
ΤΟ ΤΕΛΟΣ

Απαντητική Επιστολή.
Αριθμ Πελάτη 35505304
108 15 ΑΘΗΝΑ

14 Η μερίδα του λέοντος!

The lion's share!

Στο 14ο μάθημα θα ρίξουμε μια ματιά στο μέλλον με τη βοήθεια
. . . των άστρων:

- the future tenses in the passive voice
- purpose in the passive voice
- conjunctions – words joining sentences together
- adverbs of place

We shall also take a look at the future with the 'stars'.

Διαβάζουμε (Language activity) – Μιλούν τ' άστρα 🔲

Man has been fascinated by the stars since creation, and it was a star
that heralded the birth of Christ. Although we now send a space
telescope into orbit complete with solar panels, gyroscopes and
detectors all controlled from Earth, man still looks to 'the ever-
moving spheres of heaven' to read his 'fortune'.

'Horoscope' comes from the Greek words **ώρα** *hour, time* and
σκοπός *watcher, observer.*

Λεξιλόγιο

μιλώ	to speak
το άστρο	star (planetary)
ο λέων	lion
επηρεάζομαι	to be affected
η σχέση	relation

περασμένος, -η, -ο	past (as a noun = things past)
ασχολούμαι (με)	to pay attention (to), to be occupied (with)
η καριέρα	career
συμπαραστέκομαι	to support (a person in what he/she is doing)
υψηλά ιστάμενα πρόσωπα	persons in high places
εξασφαλίζω	to ensure
ταλαιπωρούμαι	to have trouble
η διαφορά	difference
ξανοίγομαι	to open up (confide)
το περιβάλλον	environment
στενοχωριέμαι	to worry

Λέων
(23 Ιουλίου – 22 Αυγούστου)

Κατά τις ερχόμενες εβδομάδες η δουλειά και η υγεία σας θα επηρεάζονται από περασμένα σας. Καιρός να ασχοληθείτε με την καριέρα σας. Θα σας συμπαρασταθούν υψηλά ιστάμενα πρόσωπα ή οι γονείς σας. Εξασφαλίστε καλές σχέσεις με τους φίλους σας.

Θα ταλαιπωρηθείτε για λίγο ακόμα από παλιές οικονομικές διαφορές. Προτιμήστε να ξανοιχτείτε σε φιλικό περιβάλλον. Αφήστε πίσω σας ό,τι σας στενοχωρεί και κόψτε τους γόρδιους δεσμούς.

Points of interest (Παρατηρήσεις)

ο λέων

This is an old form of the word **το λιοντάρι** which is used now with a few exceptions; see also the title at the beginning of this lesson, and section on **Εκφράσεις και ιδιωματισμοί**. It follows different rules in its declension to those we have discussed. You will find more about the changes to Greek through the ages in the last lesson.

ο γόρδιος δεσμός the Gordian knot

This was an intricate knot tied by King Gordius of Gordium in Phrygia. The oracle declared that whoever could loosen the knot would rule Asia. Alexander the Great overcame the difficulty by cutting through the knot with his sword. See also later section in this lesson on **Εκφράσεις και ιδιωματισμοί**.

Εκφράσεις και ιδιωματισμοί (Expressions and idioms)

Ό,τι δε λύνεται κόβεται What cannot be undone can be cut

These are purported to be the famous words spoken by Alexander the Great when confronted by the Gordian knot.

Η μερίδα του λέοντος The lion's share
Περασμένα ξεχασμένα Let bygones be bygones
Υψηλά ιστάμενα πρόσωπα People in high places

1η άσκηση

The signs of the zodiac are given below in Greek and in English in two columns but not in a matching order. Match them up.

(**Hint:** To help you, the Greek terms are followed by the appropriate dates.)

Κριός (21 Μαρτίου – 20 Απριλίου)	Virgo
Ταύρος (21 Απριλίου – 21 Μαΐου)	Aries
Δίδυμοι (22 Μαΐου – 21 Ιουνίου)	Libra
Καρκίνος (22 Ιουνίου – 23 Ιουλίου)	Leo
Λέων (24 Ιουλίου – 23 Αυγούστου)	Sagittarius
Παρθένος (24 Αυγούστου – 23 Σεπτεμβρίου)	Taurus
Ζυγός (24 Σεπτεμβρίου – 23 Οκτωβρίου)	Scorpio
Σκορπιός (24 Οκτωβρίου – 22 Νοεμβρίου)	Gemini
Τοξότης (23 Νοεμβρίου – 21 Δεκεμβρίου)	Aquarius
Αιγόκερως (22 Δεκεμβρίου – 20 Ιανουαρίου)	Cancer
Υδροχόος (21 Ιανουαρίου – 19 Φεβρουαρίου)	Pisces
Ιχθύες (20 Φεβρουαρίου – 20 Μαρτίου)	Capricorn

Γλωσσικές παρατηρήσεις (Language points)

59 The future tenses of verbs in the passive voice

Several verbs in the Language Activity section above are underlined. Most of them are verbs in the future tense in the passive voice. As was the case with the future tense of verbs in the active voice, verbs in the passive voice have a simple and a continuous form.

The future continuous

As in the active voice, this tense is used to describe an action in the future which will either occur repeatedly or will continue for some time.

Example in the previous passage:

Η δουλειά και η υγεία σας Your work and health will be
θα επηρεάζονται. affected.

The future continuous in the passive voice is formed on the basis of the present tense.

δένομαι		απαντιέμαι	
Present tense passive	*Future continuous passive*	*Present tense passive*	*Future continuous passive*
δένομαι	**θα δένομαι**	**απαντιέμαι**	**θα απαντιέμαι**
δένεσαι	**θα δένεσαι**	**απαντιέσαι**	**θα απαντιέσαι**
δένεται	**θα δένεται**	**απαντιέται**	**θα απαντιέται**
δενόμαστε	**θα δενόμαστε**	**απαντιόμαστε**	**θα απαντιόμαστε**
δένεστε	**θα δένεστε**	**απαντιέστε**	**θα απαντιέστε**
δένονται	**θα δένονται**	**απαντιούνται**	**θα απαντιούνται**

ωφελούμαι		δροσίζομαι	
Present passive	*Future continuous passive*	*Present tense passive*	*Future continuous passive*
ωφελούμαι	**θα ωφελούμαι**	**δροσίζομαι**	**θα δροσίζομαι**
ωφελείσαι	**θα ωφελείσαι**	**δροσίζεσαι**	**θα δροσίζεσαι**
ωφελείται	**θα ωφελείται**	**δροσίζεται**	**θα δροσίζεται**
ωφελούμαστε	**θα ωφελούμαστε**	**δροσιζόμαστε**	**θα δροσιζόμαστε**
ωφελείστε	**θα ωφελείστε**	**δροσίζεστε**	**θα δροσίζεστε**
ωφελούνται	**θα ωφελούνται**	**δροσίζονται**	**θα δροσίζονται**

Σημείωση Remember that the differences between verbs like **απαντιέμαι** and **ωφελούμαι** in the way they form their tenses apply only to those tenses that are based on the present tense and ultimately are due to the different way in which they form their present tense in the active voice (Lesson 3). They follow the same rules in all other tenses.

The future simple in the passive voice

As in the active voice, it is used to describe actions in the future of which we simply wish to record the occurrence.

Examples in the passage above:

Θα σας συμπαρασταθούν You will be supported by your
οι γονείς σας. parents.
Θα ταλαιπωρηθείτε. You will experience trouble.

The way the future simple is formed is related to the past simple. We will need to know the past simple in order to form the future simple. Let us look at the following examples.

δένομαι		**απαντιέμαι**	
Past simple passive	*Future simple passive*	*Past simple passive*	*Future simple passive*
δέθηκα	**θα δεθώ**	**απαντήθηκα**	**θα απαντηθώ**
δέθηκες	**θα δεθείς**	**απαντήθηκες**	**θα απαντηθείς**
δέθηκε	**θα δεθεί**	**απαντήθηκε**	**θα απαντηθεί**
δεθήκαμε	**θα δεθούμε**	**απαντηθήκαμε**	**θα απαντηθούμε**
δεθήκατε	**θα δεθείτε**	**απαντηθήκατε**	**θα απαντηθείτε**
δέθηκαν	**θα δεθούν**	**απαντήθηκαν**	**θα απαντηθούν**

δροσίζομαι	
Past simple passive	*Future simple passive*
δροσίστηκα	**θα δροσιστώ**
δροσίστηκες	**θα δροσιστείς**
δροσίστηκε	**θα δροσιστεί**
δροσιστήκαμε	**θα δροσιστούμε**
δροσιστήκατε	**θα δροσιστείτε**
δροσίστηκαν	**θα δροσιστούν**

Σημείωση: Verbs like **ωφελώ** form their future simple like verbs like **απαντώ**.

Let us look at some more examples:

Present tense passive	Past simple passive	Future simple passive
προσκαλούμαι	προσκαλέστηκα	θα προσκαλεστώ
προτιμούμαι	προτιμήθηκα	θα προτιμηθώ
ακολουθούμαι	ακολουθήθηκα	θα ακολουθηθώ
οδηγούμαι	οδηγήθηκα	θα οδηγηθώ
διαλέγομαι	διαλέχτηκα	θα διαλεχτώ
ανάβομαι	ανάφτηκα	θα αναφτώ
γιορτάζομαι	γιορτάστηκα	θα γιορταστώ
αντιμετωπίζομαι	αντιμετωπίστηκα	θα αντιμετωπιστώ
παύομαι	παύθηκα	θα παυθώ

60 Adverbs used in reply to the question word Πώς;

We have already come across such examples in earlier questions.

– Πώς είστε;
– <u>Καλά</u>, ευχαριστώ   *or*

– Πώς είστε;
– <u>Έτσι</u> κι έτσι

Such words are:

κακά	bad, badly
σαν	like, as
κάπως	somehow, in some way
αλλιώς	otherwise, differently
ως	as

Some more examples:

– Πώς περάσατε τις διακοπές σας;	'How was your holiday?'
– Τις περάσαμε σαν τους βασιλιάδες.	'We spent it like kings.'
– Πώς τα κατάφερες να φτάσεις τόσο νωρίς;	'How did you manage to get here so early?'
– Έλα τώρα, κάπως τα κατάφερα.	'Come on, I managed it somehow.'
– Διάβασες το βιβλίο; Πώς το βρήκες;	'Did you read the book? How did you find it?'

– Αλλιώς το περίμενα, αλλά μού άρεσε.	'I expected it to be different but I enjoyed it.'
Κατά το 16ο αιώνα το Ηράκλειο της Κρήτης ήταν γνωστό ως το Μεγάλο Κάστρο.	During the sixteenth century, Iraklion on Crete was known as the Big Castle.

2η άσκηση

Below, you will find the present and past simple tenses of a number of verbs in the passive voice. Bearing in mind what we have learned in Language Point 59, give the future simple tense and future continuous tense (only in the first person). The first one has been done for you.

Present tense passive	Past simple passive	Future continuous passive	Future simple passive
γνωρίζομαι	γνωρίστηκα	θα γνωρίζομαι	θα γνωριστώ
αγοράζομαι	αγοράστηκα		
κερδίζομαι	κερδίστηκα		
κεντρίζομαι	κεντρίστηκα		
ζαλίζομαι	ζαλίστηκα		
κρύβομαι	κρύφτηκα		
μαγεύομαι	μαγεύτηκα		
πιάνομαι	πιάστηκα		
διώχνομαι	διώχτηκα		
αγαπιέμαι	αγαπήθηκα		
επηρεάζομαι	επηρεάστηκα		
στενοχωριέμαι	στενοχωρήθηκα		
ασχολούμαι	ασχολήθηκα		
συμπαραστέκομαι	συμπαραστάθηκα		
εξασφαλίζομαι	εξασφαλίστηκα		
ταλαιπωρούμαι	ταλαιπωρήθηκα		
ξανοίγομαι	ξανοίχτηκα		

3η άσκηση

Give in full, in all persons singular and plural, the future simple and future continuous of the following verbs. If in doubt, go back to Language Point 59 and look at the verbs given there.

επηρεάζομαι   στενοχωριέμαι   ασχολούμαι

4η άσκηση

In the short passage from a horoscope a number of sentences were expressed in the passive voice. These, together with additional sentences, are listed below. Express the same meaning but in the active voice.

(**Hint:** In doing so you may have to change the word order or delete or add words.)

Example:

Το φαΐ σερβίρεται ζεστό. (passive)
Να σερβίρεις το φαΐ ζεστό. (active)

1 Κατά τις ερχόμενες εβδομάδες η δουλειά και η υγεία σας θα επηρεάζονται από τα περασμένα σας.
2 Θα ταλαιπωρηθείτε για λίγο ακόμα από παλιές οικονομικές διαφορές.
3 Τα γενέθλιά της γιορτάστηκαν το βράδυ με ένα πάρτι για τους φίλους της.
4 Τα διάφορα προβλήματα θα αντιμετωπιστούν όταν πρέπει.
5 Μαγεύτηκα από την ομορφιά της.
6 Κρύφτηκε στον κήπο της αδελφής του για να μην τον βρουν.
7 Το κόκκινο αυτοκίνητο αγοράστηκε από την κυρία με το σκυλάκι.
8 Δανείστηκαν από την τράπεζα.
9 Τα λεφτά θα μοιραστούν στα τέσσερα.

5η άσκηση

Write down, in Greek, the questions to which the following are the answers.

1 –   ;
  – Εγώ καλά είμαι. Εσύ πώς πας;
2 –   ;
  – Κάπως θα τα καταφέρουμε.
3 –   ;
  – Κάνει σαν τον τρελό.

6η άσκηση

The following passage is an advertisement for a holiday resort. Certain words have been left unfinished for you to finish. It is a spelling test, but in order to complete it correctly you will need to remember some of the things we have discussed throughout the book so far about the endings of nouns, adjectives and verbs.

Do not hesitate to refer to previous lessons if you need to.

Μια καταπράσιν . . . όαση για διακοπές δίπλα στ . . . θάλασσα

Μόλις 100 μέτρα από την πεντακάθαρ . . . θάλασσα, μέσα σε καταπράσινη έκτασ . . . 6 περίπου στρεμμάτων, δημιουργήσαμ . . . ένα μικρό χωριό με ανεξάρτητ.. σπίτια με δικό τους λουτρό, ψυγείο και τηλέφων . . . Όλ' αυτά σ' έν . . . φιλικό περιβάλλον με υψηλής ποιότητ . . . service. Είν . . . ό,τι καλύτερο για να χαρείτ.. τις καλοκαιρινές διακοπ . . . σας.

το στρέμμα	a unit of land measuring approximately a quarter of an acre
ανεξάρτητος, -η, -ο	independent
το λουτρό	bathroom
το ψυγείο	fridge
η ποιότητα	quality
χαίρομαι	to enjoy, to be glad

Language activity   (Διαβάζουμε) – Πέστε μας

Advertising often offers succinct sentences simply linked together to drive a point home, whether the product is milk or a cigarette lighter.

Λεξιλόγιο

το γάλα	milk
αγνός, -ή, -ο	pure
λιπαρός, -ή, -ο	fatty (for food)
διατηρώ	to preserve, keep
το πλύσιμο	washing

το πιάτο	plate
το πλυντήριο (ρούχων)	washing machine
το πλυντήριο πιάτων	dishwasher
ο χώρος	area, field
νιώθω	to feel
σημαίνω	to mean
το στρώμα	mattress
το σώμα	body
ο αναπτήρας	cigarette lighter
εγγυώμαι (εγγυούμαι)	to guarantee
σέβομαι	to respect
συγχρόνως	at the same time

Α

– Πες του <u>ότι</u> το ζώδιό σου είναι ταύρος

Σημείωση: The word **ταύρος** has two meanings – it is the name of a sign of the Zodiac, but it is also an animal.

Β
ΓΑΛΑ ΦΡΕΣΚΟ ΚΑΙ ΑΓΝΟ!
ΜΟΝΟ 1,7% ΛΙΠΑΡΑ
ΠΡΟΣΦΕΡΕΤΑΙ ΓΙ' ΑΥΤΟΥΣ <u>ΠΟΥ</u> ΘΕΛΟΥΝ
ΝΑ ΔΙΑΤΗΡΗΣΟΥΝ ΤΟ ΣΤΙΛ ΤΟΥΣ

Γ

Τέλος στο πλύσιμο των πιάτων! Αποκτήστε
ένα πραγματικά αθόρυβο και απλό
στη χρήση του πλυντήριο πιάτων.
Για να το αποκτήσετε, <u>λοιπόν</u>, συμπληρώστε
το κουπόνι και . . . καλή τύχη για την κλήρωση.

Δ

Σας προσφέρουμε ό,τι καλύτερο στο χώρο των στερεοφωνικών.

Ε

Οδηγήστε το κι εσείς και νιώστε τι σημαίνει δύναμη γιατί το νέο μοντέλο σάς προσφέρει μοναδική αίσθηση.

Στ

Στρώμα μοναδικό στην κατασκευή, στην αντοχή και στα υλικά. «Προσέχει» το σώμα σας ενώ εσείς κοιμάστε.

Ζ

Αναπτήρας που σας εγγυάται 2000 ανάμματα και πέτρα που τελειώνει, ωστόσο μόνο όταν τελειώσει και το υγραέριο του αναπτήρα!

Η

Επειδή αγαπάτε τον ήλιο αλλά και σέβεστε τη δύναμή του, χρησιμοποιείτε αντιηλιακή κρέμα που σας προστατεύει και ενυδατώνει συγχρόνως και το δέρμα σας.

Επιπρόσθετο λεξιλόγιο

αθόρυβος, -η, -ο	noiseless
η χρήση	use
η κλήρωση	draw (of lottery)
η αίσθηση	sensation, sense
το άναμμα	lighting
το υγραέριο	gas
ενυδατώνω	to moisturize
σέβομαι	to respect

Γλωσσικές παρατηρήσεις (Language points)

61 Conjunctions – linking sentences together

In the sentences we looked at above, we used the following conjunctions:

ωστόσο	however, nevertheless
ότι	that
που	that (who, which)
γιατί	because, since
επειδή	because
λοιπόν	so, then
ενώ	while

62 Purpose in the passive voice -να +

Now we have dealt with the future simple and continuous, the expression of purpose in the passive is easy. It follows the same principle as applied to active-voice forms, in other words it makes use of the corresponding forms of the verb as used in the future simple and continuous. Compare them, as given in detail below, for one of the verbs we have been using to illustrate the tenses of verbs.

δένομαι

Future simple passive	Purpose (simple) passive	Future continuous passive	Purpose (continuous) passive
θα δεθώ	να δεθώ	θα δένομαι	να δένομαι
θα δεθείς	να δεθείς	θα δένεσαι	να δένεσαι
θα δεθεί	να δεθεί	θα δένεται	να δένεται
θα δεθούμε	να δεθούμε	θα δενόμαστε	να δενόμαστε
θα δεθείτε	να δεθείτε	θα δένεστε	να δένεστε
θα δεθούν	να δεθούν	θα δένονται	να δένονται

Examples:

In the passage on the horoscope for those belonging to the sign of Leo, the advice offered included career advice:

Καιρός να ασχοληθείτε με την καριέρα σας.	Time to occupy yourself with your career.
Προτιμήστε να ξανοιχτείτε σε φιλικό περιβάλλον.	Prefer to let your hair down among friends.

In both cases, the simple form is adequate because the advice concerns a specific measure sometime in the next few days.

7η άσκηση

Bearing in mind what we have learned about the expression of purpose and the example given in Language point 62 above, give in full the two forms of expressing purpose in the passive voice of the verbs **απαντιέμαι, δροσίζομαι, ωφελούμαι**.

(**Hint:** In giving the forms of the verbs **απαντιέμαι, ωφελούμαι** for the expression of purpose in the continuous tense, remember the differences between them: see earlier in this lesson.)

8η άσκηση

Can you give the difference in meaning of the following pairs of words, which, although similar, are nevertheless different?

You may find Language Point 61 above and Language Point 57 in Lesson 13 helpful if you are in doubt.

ό,τι	ότι
που	πού
πως	πώς

πως = that, e.g.:

Μου είπε πως θα μου τηλεφωνούσε.	He/she told me that he/she would call me.

9η άσκηση

The following nouns are all neuter (ie they are preceded by **το**). Give all their cases in the singular and plural. The first two cases have been done for you. If you are in doubt, it may be a good idea to consult previous lessons.

We have not discussed previously nouns ending in **-σιμο**, but once you have the first cases it should not be difficult for you to arrive at the remaining.

Singular

το σώμα	το πλύσιμο	το γάλα	το πλυντήριο
του σώματος	του πλυσίματος	του γάλατος	του πλυντηρίου
το			

Plural

τα

των

τα

Διαβάζουμε (Narrative) – Υψηλά και . . . χαμηλότερα ιστάμενα πρόσωπα [cassette]

We may all seek to build our 'self-defences', so to speak, to keep us away from unpleasant experiences and, yes (why not?), undesirable people. However, our own elaborate measures may sometimes backfire rather badly, leaving us to wonder where we have gone wrong or what we have done to deserve the humiliation.

The following encounter may perhaps make some of us secretly cringe.

Λεξιλόγιο

ο, η συγγραφέας	author
γνωστός, -ή, -ό	known
σπάνια	rarely
κάθομαι	to sit
αναγκάζομαι	to be forced (to)
χάρτινος, -η, -ο	of paper
ο συνεπιβάτης	fellow passenger
το θράσος	cheek
το βλέμμα	look , glance
τραντάζω	to shake

Αν και το όνομα ενός συγγραφέα μπορεί να είναι γνωστό στο κοινό, όμως το πρόσωπό του σπάνια είναι. Μ' αυτή την πεποίθηση, ένας αρκετά γνωστός συγγραφέας προτιμούσε να χρησιμοποιεί ένα ψεύτικο όνομα όταν ταξίδευε. Καθόταν συνήθως με τα μούτρα του κρυμμένα σε ένα βιβλίο, ή ακόμη καλύτερα πίσω από μια εφημερίδα, και στις σπάνιες περιπτώσεις που αναγκαζόταν να ξεπροβάλει από πίσω από τη «χάρτινη» αυτή ασπίδα και κάποιος από τους συνεπιβάτες του είχε το θράσος να του πιάσει ψιλοκουβέντα, έλεγε ότι το επάγγελμά του ήταν μηχανικός . . . βόθρων. Αυτή η απάντηση συνήθως προκαλούσε ένα απλανές βλέμμα, ένα κούνημα του κεφαλιού και . . ., ως εκ θαύματος, ησυχία.

Μια μέρα, ο συγγραφέας ταξίδευε με το αεροπλάνο και είχε την κακή τύχη να καθήσει δίπλα του ένας μάλλον εύσωμος κύριος, γύρω στα πενήντα που τα τελευταία τουλάχιστον είκοσι χρόνια θα πρέπει να τα πέρασε μέσα σ' ένα κρασοβάρελο.

Με το κεφάλι του να τραντάζεται στο ρυθμό του λόξιγκα, λοιπόν, ο εύσωμος κύριος κοίταξε το συνεπιβάτη του και τον ρώτησε τι δουλειά κάνει. «Είμαι μηχανικός βόθρων» απάντησε ο συγγραφέας, έτοιμος να ξαναβρεί καταφύγιο πίσω από την εφημερίδα του.

– Βρε, για κοίτα, ήλθε η απάντηση, κι εγώ το ίδιο!

Επιπρόσθετο λεξιλόγιο

η πεποίθηση	conviction
ψεύτικος, -η, -ο	false
το μούτρο	face (*rather derogatory*)
κρυμμένος, -η, -ο	hidden
η περίπτωση	case
ξεπροβάλλω	to peep out, appear from behind
η ασπίδα	shield
ο μηχανικός	engineer
ο βόθρος	cesspool
απλανής, -ής, -ές	vacant (glance)
το κούνημα	movement, shake (of head)
εύσωμος, -η, -ο	amply proportioned (fat)
ο λόξιγκας	hiccup
το καταφύγιο	refuge

Points of interest   (Παρατηρήσεις)

ψιλοκουβέντα *small talk, chit-chat*

πιάνω ψιλοκουβέντα

An idiomatic phrase used to describe the small talk people indulge in when they are in close proximity and feel obliged to talk to each other.

ως εκ θαύματος *as if by miracle*

It is a phrase which goes back to a time when the language had structures now no longer in general use.

βρε hey, there

It is a word used with reference to men in many a context to express surprise or to attract attention, e.g.

βρε συ!	Hey, you!
βρε παιδί μου, τι να σου πω!	What can I say to you!
βρε, για κοίτα!	Fancy that!

Και ρωτούμε (Comprehension)

(α) Να απαντήσετε στις παρακάτω ερωτήσεις στα ελληνικά

1 Γιατί ο γνωστός συγγραφέας προτιμούσε να ταξιδεύει με ψεύτικο όνομα;
2 Τι έλεγε ότι ήταν το επάγγελμά του;
3 Πού συνάντησε ένα συνάδελφό του;
4 Πίσω από τι κρυβόταν για να μην του πιάνουν οι συνεπιβάτες του ψιλοκουβέντα;

συνάδελφος colleague

(β) Να απαντήσετε στις παρακάτω ερωτήσεις στα αγγλικά

1 Ποιος του έπιασε ψιλοκουβέντα;
2 «. . . που τα τελευταία τουλάχιστον είκοσι χρόνια θα πρέπει να τα πέρασε μέσα σ' ένα κρασοβάρελο». Τι νομίζετε είναι το «κρασοβάρελο»; Από ποιες λέξεις σχηματίζεται η λέξη;
3 Τι νομίζετε θα πρέπει να λέει ο συγγραφέας ότι είναι το επάγγελμά του για να μη συναντά . . . συναδέλφους;

10η άσκηση

  – Βρε, για κοίτα, κι εγώ το ίδιο!

What would an English person say in a similar situation?

11η άσκηση

Tell this story to a friend in English. Try to include all the main points of it, but feel free to improvise so as to retain its humour.

15 Στον αέρα

Στο 15ο μάθημα θα ρίξουμε μια ματιά σε μερικά θέματα που ενδιαφέρουν τις γυναίκες και τους άντρες καθώς επίσης και στα παρακάτω:

- commanding and forbidding – the imperative in the passive voice
- we seek more ways to improve style by looking at more conjunctions
- words to answer **Πού;**
- activities and sport of interest to both men and women

Language activity (Ακούμε) – Πρωινή γυμναστική 📼

Radio and television play an important role in everyday life and constitute one of the main sources of information (or disinformation as the case may be) as well as entertainment.

Health and exercise are seen, nowadays, as interdependent, and multi-million industries have sprung up to cater for our every whim. Radio and television have joined in to win our bodies and audiences. We begin the day early with an exercise to tighten some muscles.

Λεξιλόγιο

η άσκηση	exercise
στέκομαι	to stand
όρθιος, -α, -ο	upright

το πόδι	foot
απέχω	to be at a distance from (**από + έχω**)
το χέρι	hand
ο μηρός	thigh
η πλάτη	back
ο ώμος	shoulder
το κεφάλι	head (also **η κεφαλή**)
η κοιλιά	tummy
το μπράτσο	arm

Το καλοκαίρι φτάνει. <u>Προετοιμαστείτε</u> εσείς και το σώμα σας με τις ασκήσεις που σας δίνουμε κάθε πρωί.

Η 1η άσκηση θα σας βοηθήσει στην προθέρμανση.

<u>Σταθείτε</u> όρθια με τα πόδια να απέχουν περίπου 25 εκ. το ένα από το άλλο και τα χέρια να πέφτουν χαλαρά πάνω στους μηρούς. Με ίσια την πλάτη και τους ώμους χαλαρούς, αφήστε το κεφάλι σας να πέσει μπροστά. Τώρα, φέρτε το προς τα δεξιά και σηκώστε το επάνω. Αφήστε το να γείρει προς την αριστερή πλευρά και να πέσει πάλι μπροστά.

Η 2η άσκηση είναι για την κοιλιά.

Ξαπλώστε με την πλάτη στο πάτωμα και φέρτε τα χέρια διπλωμένα πίσω από το κεφάλι. Τα πόδια να είναι λυγισμένα ελαφρά και τα πέλματα να ακουμπούν καλά στο πάτωμα. Κρατήστε τους αγκώνες όσο πιο κοντά στο πάτωμα μπορείτε. Τώρα, βάλτε δύναμη στους μυς της κοιλιάς και όχι στα μπράτσα και σηκώστε το κεφάλι από τον κορμό όσο πιο ψηλά μπορείτε. Ελάτε πίσω χωρίς όμως να ξαπλώσετε τελείως και <u>ξανασηκωθείτε</u>.

Μπορείτε να επαναλάβετε αυτές τις ασκήσεις και μόνη σας. Έως αύριο το πρωί που θα είμαστε πάλι μαζί σας με περισσότερες ασκήσεις, καλή σας μέρα.

Επιπρόσθετο λεξιλόγιο

η προθέρμανση	warm-up
επάνω	up (also **πάνω**)
σηκώνω	to raise
χαλαρός, -ή, -ό	loose, relaxed
χαλαρά	loosely
γέρνω	to bend

η πλευρά	side
το πάτωμα	floor
ξαπλώνω	to lie down
διπλωμένος, -η, -ο	folded
λυγισμένος, -η, -ο	bent
το πέλμα	sole (of foot)
ακουμπώ	to lean against
ο αγκώνας	elbow
η δύναμη	force, strength
ο μυς	muscle
ο κορμός	trunk
επαναλαμβάνω	to repeat

Εκφράσεις και ιδιωματισμοί (Expressions and idioms)

ο αέρας air

This word is used in a number of Greek idiomatic phrases:

Πήραν τα μυαλά του αέρα.	He became swollen-headed.
Της έκοψα τον αέρα.	I took the wind out of her sails.
Λόγια του αέρα.	Hot air.
Αέρας κοπανιστός.	Stuff and nonsense.
Θα μας τινάξουν στον αέρα.	They will blow us sky high.

1η άσκηση

Repeat the instructions for the first exercise after the sentence reading **«Αφήστε το κεφάλι σας να πέσει μπροστά»** but this time begin the movement of the head from the left **αριστερά**. Make all other necessary alterations to the rest of the exercise.

2η άσκηση

The title of this lesson is **Στον αέρα**. Bearing in mind that it is a term used in connection with the transmission of television and radio programmes what do you think is its meaning?

The phrases below may help you with your answer.

Είμαστε στον αέρα.
Το πρόγραμμα «βγήκε» στον αέρα.

βγαίνω	to come out, to get out

3η άσκηση

Give the following tenses of the verbs below. Where a verb has irregular tenses some of the key tenses are included to help guide you to the remaining.

Present	Imperfect	Past simple	Future simple	Future continuous	Present perfect	Past perfect
ακουμπώ						
ξαπλώνω						
γέρνω		έγειρα				
βγαίνω		βγήκα				
σηκώνω						

Γλωσσικές παρατηρήσεις

63 Instructions, commands and prohibitions in the passive voice – the imperative

In the radio exercises above three verbs are underlined in order to draw them to your attention. They are in the imperative and in the passive voice – **προετοιμαστείτε, σταθείτε, σηκωθείτε**.

As was the case with the imperative in the active voice, there is a simple and a continuous form. However, in the passive voice many verbs do not have an imperative continuous form at all. Instead the form used to express purpose is used to express commands for continuous or repetitive action.

Imperative continuous – passive voice

It is helpful, once again, to look at the imperative in relation to the present tense.

δένομαι   **απαντιέμαι**

Present	Imperative continuous	Present	Imperative continuous
δένομαι		απαντιέμαι	
δένεσαι	(δένου)	απαντιέσαι	–
δένεται		απαντιέται	

δενόμαστε		απαντιόμαστε	
δένεστε	(δένεστε)	απαντιέστε	–
δένονται		απαντιούνται	

ωφελούμαι   **δροσίζομαι**

Present	Imperative continuous	Present	Imperative continuous
ωφελούμαι		δροσίζομαι	
ωφελείσαι	–	δροσίζεσαι	(δροσίζου)
ωφελείται		δροσίζεται	
ωφελούμαστε		δροσιζόμαστε	
ωφελείστε	–	δροσίζεστε	(δροσίζεστε)
ωφελούνται		δροσίζονται	

Only two of the verbs have an imperative continuous, and the brackets indicate that these forms are not much in use.

It is far more customary to use the form of the verb expressing purpose. In an earlier lesson, when discussing the imperative in the active voice, we remarked upon the fact that commands can be expressed more politely and sensitively with **να + the form of the verb expressing purpose**.

For example, instead of saying **Συμπληρώστε τα κενά** we could say **Να συμπληρώσετε τα κενά**.

So, in such case it is better to use **να + the form of the verb expressing purpose**:

Να δένεσαι	**Να δένεστε**
Να δροσίζεσαι	**Να δροσίζεστε**
Να ωφελείσαι	**Να ωφελείστε**

Imperative simple – passive voice

Once again, it will be helpful to look at the imperative simple in relation to the future simple.

δένομαι   **απαντιέμαι**

Future simple	Imperative simple	Future simple	Imperative simple
θα δεθώ		θα απαντηθώ	
θα δεθείς	δέσου	θα απαντηθείς	απαντήσου
θα δεθεί		θα απαντηθεί	
θα δεθούμε		θα απαντηθούμε	
θα δεθείτε	δεθείτε	θα απαντηθείτε	απαντηθείτε
θα δεθούν		θα απαντηθούν	

δροσίζομαι

Future simple	Imperative simple
θα δροσιστώ	
θα δροσιστείς	δροσίσου
θα δροσιστεί	
θα δροσιστούμε	
θα δροσιστείτε	δροσιστείτε
θα δροσιστούν	

Σημείωση: There is no difference in the way the imperative simple is formed in the case of verbs like **απαντιέμαι, ωφελούμαι.**

Note the endings of the imperative simple:

– **ου** in the singular
– **είτε** in the plural.

The following are examples of the imperative simple and imperative continuous of verbs in the passive voice.

Present	Imperative simple	Imperative continuous
προτιμιέμαι	προτιμήσου	να προτιμιέσαι
	προτιμηθείτε	να προτιμιέστε
οδηγούμαι	οδηγήσου	να οδηγείσαι
	οδηγηθείτε	να οδηγείστε
αγαπιέμαι	αγαπήσου	να αγαπιέσαι
	αγαπηθείτε	να αγαπιέστε
γιορτάζομαι	γιορτάσου	να γιορτάζεσαι
	γιορταστείτε	να γιορτάζεστε
αγοράζομαι	αγοράσου	να αγοράζεσαι
	αγοραστείτε	να αγοράζεστε
γνωρίζομαι	γνωρίσου	να γνωρίζεσαι
	γνωριστείτε	να γνωρίζεστε
ζαλίζομαι	ζαλίσου	να ζαλίζεσαι
	ζαλιστείτε	να ζαλίζεστε
κρύβομαι	κρύψου	να κρύβεσαι
	κρυφτείτε	να κρύβεστε
μαγεύομαι	μαγέψου	να μαγεύεσαι
	μαγευτείτε	να μαγεύεστε

δανείζομαι	δανείσου	να δανείζεσαι
	δανειστείτε	να δανειστείτε

The rules concerning the endings of the imperatives in the passive are quite involved, and the use of it is not widespread enough to warrant spending more time on its study. It is more constructive to learn the forms you need and, when you forget, to look them up.

4η άσκηση

Give the imperative simple of the following verbs, in the singular and the plural.

The verbs have been divided into clusters which form their endings in the imperative in a similar way. The first of each cluster has been done for you. Complete the remaining in a similar way.

	Imperative simple	*It may be helpful to you to see the future simple form of the verb*
παντρεύομαι	**παντρέψου**	**θα παντρευτώ**
	παντρευτείτε	
ανακαλύπτομαι		**θα ανακαλυφθώ**
(to be discovered)		
τοποθετούμαι	**τοποθετήσου**	**θα τοποθετηθώ**
(to be placed)	**τοποθετηθείτε**	
παρουσιάζομαι		**θα παρουσιαστώ**
(to appear)		
λυπούμαι		**θα λυπηθώ**
(to be sorry)		
ταλαιπωρούμαι		**θα ταλαιπωρηθώ**
(to be troubled)		
αναγκάζομαι		**θα αναγκαστώ**
(to be forced to)		
ξανοίγομαι	**ξανοίξου**	**θα ξανοιχτώ**
(to open up)	**ξανοιχτείτε**	
κοιτάζομαι		**θα κοιταχτώ**
(to look at oneself)		

5η άσκηση

Put the verbs in brackets in the correct form. It may be helpful to know that the correct form will be the imperative – simple or continuous.

1 (λυπούμαι) με και δώσε μου λίγα λεφτά.
2 Να (ταλαιπωρούμαι) κι εσύ όπως ταλαιπωρήθηκα κι εγώ.
3 (Δανείζομαι) όσα βιβλία θέλεις, όμως, να τα επιστρέψεις.
4 (παρουσιάζομαι) αύριο στο γραφείο έτοιμη για δουλειά.
5 (γνωρίζομαι) εσείς καλά και τα λέμε μετά.
6 Τώρα, (ανασηκώνομαι) σιγά σιγά.
7 (στέκομαι) εδώ και περίμενε μισό λεπτό.
8 (κοιτάζομαι) στον καθρέφτη και φτιάξε τα μαλλιά σου.
  (καθρέφτης = mirror)
9 (χαίρομαι) τον ήλιο άφοβα! (εσείς)
10 (κινούμαι) στα καλύτερα εστιατόρια με άνεση. (εσείς)

6η άσκηση

Decline the following pairs of feminine adjectives and nouns, in the singular and the plural.

η καλή μέρα   η ίσια πλάτη
η πρώτη άσκηση   η αριστερή πλευρά

Ακούμε – Απευθείας μετάδοση από τη Σπάρτη (Language activity) 📼

Sport is often reported live on television and radio, and the commentator's reporting contributes considerably to creating the atmosphere of excitement that may be lacking when watching from the sitting-room or even the kitchen.

Λεξιλόγιο

ο αγώνας	race (also struggle)
η εκκίνηση	start, starting point
η γραμμή	line
το σήμα	signal
χύνω	to spill

ανηφορικός, -ή, -ό	steep
η στροφή	bend
ο γύρος	round (noun)
το αστείο	joke
το τέρμα	finishing line

Και τώρα, από τη Σπάρτη, σε απευθείας μετάδοση των αγώνων για το πανελλήνιο πρωτάθλημα μοτοσικλέτας. Ο ανταποκριτής μας είναι έτοιμος να μας βοηθήσει να παρακολουθήσουμε τον αγώνα, έστω και εξ αποστάσεως. Γεια σας και καλωσορίσατε στη Σπάρτη. Βρισκόμαστε στην πλατεία απ' όπου θα γίνει η εκκίνηση του αγώνα. Όλοι στη γραμμή της εκκίνησης. Ακούγεται η κροτίδα, το σήμα να ξεκινήσουν <u>και</u> η θάλασσα των μοτοσικλετών χύνεται στην ανηφορική πλαγιά.

Πρώτη στροφή <u>και</u> πρώτο μπούκωμα <u>αλλά</u> όσοι μπήκαν μπροστά προχωρούν ανενόχλητοι. Μπροστά είναι ο Χριστοδούλου και ο Αναστασόπουλος και για λίγο προχωρούν επικεφαλής του αγώνα. Στον τρίτο γύρο, <u>όμως</u>, περνά μπροστά ο Χριστοδούλου και, <u>αν και</u> ο Αναστασόπουλος καταβάλλει απεγνωσμένες προσπάθειες να τον ξεπεράσει, <u>ούτε</u> να τον πλησιάσει μπορεί <u>ούτε</u> να τον ξεπεράσει.

Πίσω τους η μάχη μαίνεται με τρίτο τον Παπαγιάννη που <u>καθώς</u> οδηγεί κάνει και τα αστεία του. Τον πλησιάζει ο Θεοδώρου και προχωρούν μαζί προς το τέρμα. Πρώτος, λοιπόν, ο Χριστοδούλου, δεύτερος ο Αναστασόπουλος και στην τρίτη θέση θα τερματίσει <u>είτε</u> ο Παπαγιάννης <u>είτε</u> ο Θεοδώρου που δίνει μεγάλη μάχη για την τρίτη θέση, <u>αλλά</u> τελικά τερματίζει τέταρτος.

Επιπρόσθετο λεξιλόγιο

η μοτοσικλέτα	motorcycle
η κροτίδα	flare
η μετάδοση	transmission
απευθείας	direct
πανελλήνιος, -α, -ο	panhellenic
το πρωτάθλημα	championship
ο ανταποκριτής	correspondent
η πλαγιά	side (of mountain)
το μπούκωμα	jam (bottleneck)

ανενόχλητος, -η, -ο	undisturbed
επικεφαλής	at the head (adv.)
η μάχη	battle

Φράσεις και ιδιωματισμοί

εξ αποστάσεως	at a distance
	(This is a phrase from times when a far more formal form of Greek was prevalent but which has passed into current usage. A fuller discussion on this subject will be included in Lesson 18.)
καταβάλλω απεγνωσμένες προσπάθειες	to make desperate attempts

7η άσκηση

Οι ερωτήσεις να απαντηθούν στα αγγλικά

1 What race is being described in the above passage and where has it taken place?
2 How many people came first in the race?

Γλωσσικές παρατηρήσεις

64 More words for joining sentences together – conjunctions

In the description of the race, the commentator made ample use of words to help him join phrases together and vary his description a little. Some of these words were underlined in order to draw your attention to them.

To those already given in this passage we can add a few more, together with their meanings.

ή	or – we have already used this one in previous lessons
ή . . . ή	either . . . or

είτε ... είτε   either ... or, whether ... or
όταν   when

Examples:

Ή εγώ ή εσύ, κι οι δυο δεν μπορούμε.	It's either me or you. It cannot be both.
Είτε σ' αρέσει είτε όχι εμένα το ίδιο μου κάνει.	Whether you like it or not is all the same to me.
Είτε έτσι είτε αλλιώς αυτοί θα επιτύχουν αυτό που θέλουν.	One way or another, they will get what they want.
Να μιλάς όταν σου μιλούν.	Speak when you are spoken to.

65 Words which can be useful when replying to questions beginning with πού (adverbs)

Πού πας;	**Εδώ κι εκεί**	Here and there
	Πουθενά	Nowhere
Πού είσαι;	**Παντού**	Everywhere
	Κάπου	Somewhere
	Κάπου αλλού	Somewhere else

8η άσκηση

All the words below are verbs as they appear in the description of the race above. Create three columns; in the first write down the present tense of each in the first person, in the active or the passive voice as the case may be. In the second column write down the form of the verb you will look up in the Glossary in order to find its meaning. In the third column write down the meaning of the word as it is used in the passage above.

	Column 1 Present	Column 2 Form in Glossary	Column 3 Meaning
ακούγεται	ακούγομαι	ακούω	to hear
να ακολουθήσει			
καλωσορίσατε			
περνά			
παρακολουθήσαμε			

Column 1	Column 2	Column 3
Present	Form in Glossary	Meaning

χύνεται
μπήκαν
να ξεπεράσει
μαίνεται
πλησιάζει
θα τερματίσει
καταβάλλει

9η άσκηση

The account below is a summary of the description of the race, given by an eye-witness. Fill in the gaps with words chosen from the list below.

Να συμπληρωθεί το κάθε κενό με μια λέξη.

. . . δόθηκε το σήμα της εκκίνησης, η θάλασσα των μοτοσικλετών χύθηκε προς τα . . ., . . . στην πρώτη στροφή δημιουργήθηκε ένα μπούκωμα. . . . μερικοί πρόλαβαν και πέρασαν, άλλοι έμειναν πίσω και για λίγο . . . μπρος . . . πίσω μπορούσαν να κινηθούν. Όσοι, . . ., μπόρεσαν και πέρασαν προχωρούσαν κανονικά και για λίγο δεν ήταν σίγουρο ποιος θα τερμάτιζε πρώτος – ο Παπαγιάννης . . . ο Αναστασόπουλος. Τελικά τερμάτισε . . . ο Παπαγιάννης.

εμπρός, αλλά, όταν, αν και, όμως, πρώτος, ούτε . . . ούτε, ή

Bearing in mind that this is an account of the same race we listened to earlier on the radio, can you spot that there is a factual error in this account of the event? Have you spotted it yet?

10η άσκηση

Write the short questions to which the following are answers.

1 Εδώ είναι το βιβλίο σου.
2 Αυτή είναι η φίλη μου, η Ευγενία.
3 Θα πηγαίνουμε να βλέπουμε τη γιαγιά κάπου κάπου.
4 Πουθενά δεν πήγαν.
5 Εγώ καλά είμαι, εσύ πώς πας;
6 Τερμάτισαν πρώτοι γιατί είχαν προχωρήσει μπροστά από την αρχή.

7 Το αυτοκίνητό της είναι εκείνο εκεί το κόκκινο.
8 Το βρήκε στη τσέπη του.
(**η τσέπη** = pocket)

11η άσκηση

The following words appear in this form in the passage above. Write them down in the form in which you will look them up in the Glossary or in a dictionary, adding before each the article **o, η, το** in the case of nouns, or giving all three forms in the case of adjectives.

στη Σπάρτη	**η Σπάρτη**
στην πλατεία	
τρίτο	
προσπάθειες	
πανελλήνιο	
αστεία	
στη θέση	
πρώτη	
μεγάλη	
θάλασσα	
αποστάσεως	

12η άσκηση

The following passage comes from a written description of the background to the race we heard about. Some words have been left unfinished for you to finish. This is intended as a test of what we have learned so far relating to the endings of verbs, nouns and adjectives.

Οι οργανωτ . . . δούλεψαν όλο το Σάββατ.. για να προετοιμάσ . . . τον αγώνα και παρόλο το κρύο και τη βροχ . . . κοιμήθηκ . . . στο βουνό ώστε αμέσ . . . με το ξημέρωμα να ελέγχουν την κατάστασ . . . και να συμπληρώσ . . . τ . . . τελευταίες λεπτομέρειες. Η Κυριακ . . . ξημέρωσ . . . και δεν έλεγε να σταματήσ . . . η βροχή.

ο οργανωτής	organiser
το κρύο	cold
η βροχή	rain
το ξημέρωμα	daybreak
η λεπτομέρεια	detail

Διαβάζουμε (Narrative) – Επίθεση ή άμυνα

The question of whether the mere act of competing in a sport or victory is what matters in sport has been a long-standing one. The debate is likely to continue to be lively probably for as long as men and women compete against each other.

Λεξιλόγιο

η ομάδα	team
η ιστορία	history, story
το άθλημα	sport
το παιχνίδι	game
επιδιώκω	to seek (to)
η νίκη	victory
εμποδίζω	to prevent
το λάθος	mistake
ενδιαφέρομαι	to be interested in
ο τρόπος	manner, way
χάνω	to lose
επιτρέπω	to permit

Στην ιστορία των αθλημάτων η επίθεση και η άμυνα είναι τρόποι παιχνιδιού. Με την επίθεση επιδιώκεται η νίκη και με την άμυνα να εμποδιστούν οι αντίπαλοι να κερδίσουν. Σε αθλήματα όπου προβλέπεται ισοπαλία, η έμφαση στην άμυνα μπορεί να είναι πειστικότερη. Στο μπάσκετ, όμως, δεν αρκεί να μη χάσεις· πρέπει να κερδίσεις. Στόχος πρέπει να είναι να μην επιτραπεί στον αντίπαλο να βάλει καλαθιά, να αναγκαστεί να κάνει λάθος για να καταστραφεί το παιχνίδι του και να μπορέσει να νικήσει η ομάδα σου.

Τους φιλάθλους γενικά ενδιαφέρει ιδιαίτερα το θέαμα. Το μπάσκετ, όμως, όσο πάει και αποκτά και περισσότερους οπαδούς σε βάρος των φιλάθλων. Από την άλλη πλευρά, το μπάσκετ έχει γίνει σήμερα μια επιχείρηση. Και επιχείρηση χωρίς νίκες δεν αποφέρει. Σιγά σιγά, έχουμε φτάσει στο σημείο που αυτό που μετράει είναι η νίκη· το θέαμα είναι για τους ρομαντικούς.

Επιπρόσθετο λεξιλόγιο

η επίθεση	attack
η άμυνα	defence
ο, η αντίπαλος	opponent
αρκώ	to be sufficient
ο στόχος	aim
η καλαθιά	basketful
αναγκάζω	to force
το θέαμα	spectacle
ο, η οπαδός	follower
αποφέρω	to yield, to be profitable

Εκφράσεις και ιδιωματισμοί

αυτό που μετράει*	what counts
από την άλλη πλευρά	on the other hand
σε βάρος άλλου	at the expense of another
φτάνω στο σημείο	to reach the point

* This ending is specific to verb endings as used particularly by Greeks in the Athens region. The standard form is **μετρά**.

Και ρωτούμε (Comprehension)

(α) Να απαντήσετε στις ερωτήσεις στα ελληνικά.

1 Ποιοι είναι οι δύο τρόποι παιχνιδιού στα πιο πολλά αθλήματα;
2 Τι έχει γίνει το μπάσκετ σήμερα;
3 Για τι μπορούμε να πούμε ότι ενδιαφέρονται οι φίλαθλοι;
4 Για τι ενδιαφέρονται οι οπαδοί;

(β) Να απαντήσετε στις ερωτήσεις στα αγγλικά.

1 Γιατί νομίζετε ότι το άθλημα του μπάσκετ είναι τώρα κυρίως επιχείρηση;
2 Ποιος είναι ο σκοπός της άμυνας και ποιος ο σκοπός της επίθεσης σ' ένα παιχνίδι;
3 Για να έχει επιτυχία μια ομάδα πρέπει κυρίως να παίζει αμυντικά ή επιθετικά;

13η άσκηση

The following words are used in the Greek comprehension passage above. They are either compound words of words we have already come across, or they have similarities with words in current use in English.

Read the sentences in which they are used and give their meaning below.

ο, η φίλαθλος
ρομαντικός, -ή, -ό
το μπάσκετ

14η άσκηση

The short passage below speaks about the new challenge presented by **Μετέωρα** to lovers of mountaineering. It was, no doubt, this very inaccessibility that prompted the first monks to climb the inhospitable sheer faces of the rocks in their search for isolation from their fellow men.

The word **μετέωρος** means *suspended, raised*. **Μετέωρα** is a cluster of high rocks in Thessaly, Northern Greece, on top of which are perched a number of fourteenth century monasteries.

If you have the cassette, listen to the passage being read by the native speaker. Otherwise read it yourself and add the stress-accents on the syllables which are emphasized during reading.

Με πολλη προπονηση και ακομη πιο πολλη προσευχη

Στα ιχνη των μοναχων που, 800 χρονια πριν, σκαρφαλωναν τις κατακορυφες πλαγιες για να χτισουν τα μοναστηρια τους, οι ορειβατες τους σημερα προσπαθουν να αντιγραψουν τη διαδρομη των πρωτων εκεινων μοναχων χωρις να χρησιμοποιησουν στηριγματα αλλα απο εκεινα που χρησιμοποιησε ο πρωτος μοναχος του Αγιου Βραχου.

Η μορφολογια των βραχων τα κανουν μια απο την πιο δυσκολη ασκηση επινοητικοτητας και δυναμης για τους φανατικους ορειβατες σε ολο τον κοσμο και ακομη και λιγη βροχη τα κανει απορθητα καθως με το νερο οι πετρες αρχιζουν να γλιστρουν σαν σαπουνι. Με λιγη τυχη, πολλη προπονηση και ακομη πιο πολλη προσευχη, η κορυφη απεχει τεσσερις ωρες.

Λεξιλόγιο

το ίχνος	trace, track
ο μοναχός	monk
χτίζω	to build
ο ορειβάτης	mountaineer
η ορειβασία	mountaineering
αντιγράφω	to copy
η διαδρομή	route
το στήριγμα	support
ο βράχος	rock
η επινοητικότητα	inventiveness
η βροχή	rain
το σαπούνι	soap
απόρθητος, -η, -ο	impregnable
η προπόνηση	training
η προσευχή	prayer

15η άσκηση

The cosmetics industry would have us believe that moisturizing creams save the skin from the ravages of time.

The following passage elaborates upon the benefits of one such cream. The passage is followed by a vocabulary which, however, includes only the English translation of words. Read the passage and find the Greek words the meanings of which are included in the vocabulary.

Three words have been done for you.

Όπως γνωρίζετε, η επιδερμίδα σε κάποια σημεία του προσώπου ή κάτω από ορισμένες συνθήκες αφυδατώνεται περισσότερο. Επιτέλους! Τώρα έχετε την ενυδάτωση που απαντά ακριβώς στις ανάγκες της επιδερμίδας σας.

Αιχμαλωτίζει το νερό και το απελευθερώνει όταν η επιδερμίδα το έχει ανάγκη και εκεί που το έχει ανάγκη. Σας χαρίζει ιδανική ενυδάτωση κάτω από όλες τις συνθήκες.

Λεξιλόγιο

	to know
η επιδερμίδα	skin
	face
	condition
η ενυδάτωση	moisturizing
αφυδατώνομαι	to become dehydrated
	need
	to free

16 Οδοιπορικό

Στο 16ο μάθημα θα ταξιδέψουμε σε χώρες και πολιτείες, νέες και παλιές. Θα ρίξουμε μια ματιά και σε ό,τι μπορεί να μας βοηθήσει να καταλαβαίνουμε και να μιλούμε πιο σωστά:

- the immediate and more remote past – present and past perfect in the passive
- irregular verbs, and verbs which only have a passive form
- more words helping us to ask questions – interrogative pronouns
- a vague answer to a not so vague question – indefinite pronouns
- it's mine – the possessive pronoun **δικός μου, δική μου, δικό μου**
- diminutives of masculine nouns

Let us travel a little and, in doing so, learn a little more about the language.

Βλέπουμε και διαβάζουμε (Language activity) 🔲🔲

Crete is one of the largest Greek islands and is always attractive to tourists. It boasts good beaches, hospitable people, remarkable Minoan ruins at Knossos, and, elsewhere, picturesque towns and rugged mountain terrain. It has also given modern Greek literature some of its most treasured works.

Λεξιλόγιο

η πύλη	gate
κτίζω	to build
το τείχος	wall (surrounding a town)
ο τοίχος	wall (of a house) – note the different spelling
η πόλη	city, town
πολιτικός, -ή, -ό	political
κοινωνικός, -ή, -ό	social
εμπορικός, -ή, -ό	commercial
στρατιωτικός, -ή, -ό	military
η ζωή	life
ανήκω	to belong
αντέχω	to withstand, to endure
το εξωτερικό	abroad
ο συγγραφέας	author
ο επισκέπτης	visitor
πιστεύω	to believe
φοβάμαι	to fear
γίνομαι	to become

Του κύκλου τα γυρίσματα π' ανεβοκατεβαίνου

Το Ηράκλειο είναι η κυριότερη πύλη εισόδου στην Κρήτη – με αεροπλάνο ή με πλοίο. Όπου τώρα βρίσκεται το Ηράκλειο, <u>είχε</u> πρώτα <u>κτιστεί</u> ένα μικρό λιμάνι από τους Άραβες και η μικρή πόλη αργότερα περιτειχίστηκε με τείχη.

Στη συνέχεια, η πόλη πέρασε στην εξουσία των Βυζαντινών για ενάμιση αιώνα και μετά, για περισσότερο από τέσσερις αιώνες, ανήκε στους Βενετούς. Κατά τα χρόνια της βενετοκρατίας, το Ηράκλειο έγινε κέντρο της πολιτικής, κοινωνικής, εμπορικής και στρατιωτικής ζωής ολόκληρου του νησιού. Για είκοσι ένα ολόκληρα χρόνια πολιορκήθηκε η πόλη από τους Τούρκους και άντεξε στην πολιορκία όταν η υπόλοιπη Κρήτη είχε υποκύψει, κι αυτό χάρη στα νέα τείχη της που <u>είχαν κτιστεί </u>από τους Βενετούς για να την προστατέψουν από την πολιορκία των Τούρκων. Στα χρόνια των τειχών αυτών το Ηράκλειο ήταν γνωστό ως το Μεγάλο Κάστρο και ήταν κατά τα χρόνια της πολιορκίας από τους Τούρκους που γράφτηκε ένα από τα αριστουργήματα της νεοελληνικής λογοτεχνίας, ο «Ερωτόκριτος».

Αν και το Ηράκλειο <u>έχει γίνει</u> τουριστικό κέντρο πια, <u>έχουν διατηρηθεί</u> πολλά από τα ιστορικά μνημεία μέσα από τους αιώνες. Τον 20ο αιώνα το Ηράκλειο έδωσε στη νεοελληνική λογοτεχνία ακόμα έναν κολοσσό, το Νίκο Καζαντζάκη, έναν από τους γνωστότερους στο εξωτερικό, αν όχι τον πιο γνωστό, Έλληνα συγγραφέα. Στον τάφο του έξω από το Ηράκλειο διαβάζει ο επισκέπτης την επιγραφή «Δεν πιστεύω τίποτα, δε φοβάμαι τίποτα, είμαι λεύτερος».

Επιπρόσθετο λεξιλόγιο

οι Άραβες	Arabs
περιτειχίζω	to surround with a wall (**περί** + **τείχος**)
η εξουσία	power, authority
οι Βυζαντινοί	Byzantines
ο αιώνας	century
οι Βενετοί	Venetians
η βενετοκρατία	Venetian occupation
πολιορκώ	to besiege
υποκύπτω	to yield, succumb
η λογοτεχνία	literature
το μνημείο	monument
ο τάφος	grave
η επιγραφή	inscription
λεύτερος – ελεύθερος, -η, -ο	free

1η άσκηση

The title of the passage above comes from «**Ερωτόκριτος**», a romance written in verse, and although it refers to the story of the love between a princess and a courtier, it can equally well apply to the chequered history of the town itself.

Bearing in mind that it is the first verse of a long romance, translate it into English, with a touch of poetry if you can:

Του κύκλου τα γυρίσματα π' ανεβοκατεβαίνου

Λεξιλόγιο

ο κύκλος	circle
το γύρισμα	turning

ανεβοκατεβαίνω	this is a compound word from **ανεβαίνω +**
	κατεβαίνω
π'	**που**

2η άσκηση

Να μεταφράσετε στα αγγλικά την επιγραφή στον τάφο του Ν. Καζαντζάκη.

μεταφράζω	translate

Γλωσσικές παρατηρήσεις

66 The recent and more distant past – the present perfect and past perfect in the passive voice

As was the case with the corresponding tenses in the active voice, these two are easy to remember. They are both formed with the aid of the verb **έχω**.

The present perfect

As we saw before, in Lesson 10, the present perfect expresses an action which occurred in the past but still affects the present. In the above passage, we underlined two verbs in the sentence

Αν και το Ηράκλειο <u>έχει γίνει</u> τουριστικό κέντρο πια, <u>έχουν διατηρηθεί</u> πολλά από τα ιστορικά μνημεία.

Both actions have occurred in the past, Iraklio *has become a tourist centre* and the action of preserving its monuments began a long time ago, but in both cases these actions are affecting the Iraklio of today.

As is the case with English, the verb **έχω** is used to form this tense. In English we say *I have learned, it has become well known.* In Greek, the present perfect is formed as follows:

δένομαι	απαντιέμαι	δροσίζομαι
	Singular	
έχω δεθεί	έχω απαντηθεί	έχω δροσιστεί
έχεις δεθεί	έχεις απαντηθεί	έχεις δροσιστεί
έχει δεθεί	έχει απαντηθεί	έχει δροσιστεί
	Plural	
έχουμε δεθεί	έχουμε απαντηθεί	έχουμε δροσιστεί
έχετε δεθεί	έχετε απαντηθεί	έχετε δροσιστεί
έχουν δεθεί	έχουν απαντηθεί	έχουν δροσιστεί

The past perfect

Again the verb **έχω** comes to the rescue to help us form this tense.
It is used to describe an action which preceded another in the past.
There are a few examples in the passage about Iraklio:

Όπου τώρα βρίσκεται το Ηράκλειο, <u>είχε</u> πρώτα <u>κτιστεί</u> ένα
μικρό λιμάνι από τους Άραβες . . .

. . . άντεξε στην πολιορκία όταν η υπόλοιπη Κρήτη <u>είχε</u>
<u>υποκύψει,</u> κι αυτό χάρη στα νέα τείχη της που <u>είχαν κτιστεί</u>
από τους Βενετούς . . .

In the first example, a harbour *had been built* first, and the second
action, i.e. that of the building the town itself at a later date, is implied.
In the second example, Iraklio was able to withstand the siege after
the rest of Crete had fallen because the strong walls *had already been
built* by the Venetians.

The past perfect is formed using **είχα,** the past tense of **έχω**.

δένομαι	απαντιέμαι	δροσίζομαι
	Singular	
είχα δεθεί	είχα απαντηθεί	είχα δροσιστεί
είχες δεθεί	είχες απαντηθεί	είχες δροσιστεί
είχε δεθεί	είχε απαντηθεί	είχε δροσιστεί
	Plural	
είχαμε δεθεί	είχαμε απαντηθεί	είχαμε δροσιστεί
είχατε δεθεί	είχατε απαντηθεί	είχατε δροσιστεί
είχαν δεθεί	είχαν απαντηθεί	είχαν δροσιστεί

67 Some verbs are used only in their passive forms

In earlier lessons we established that many verbs have an active and a passive form. When the subject of the verb exercises the action, the verb is used in the active and when the subject of the verb is suffering the action, it is in the passive.
Examples:

Οι Βενετοί έκτισαν τα τείχη του Ηρακλείου. The Venetians *built* the walls of Iraklio (active voice)

Τα τείχη χτίστηκαν από τους Βενετούς. The walls *were built* by the Venetians (passive voice)

In Greek, some verbs have only passive-voice forms. Below you will find some of these with their meanings and principal tenses. Some of them form their tenses in a non-standard way, in other words are irregular verbs, and it would be a good idea if eventually you memorize them. You will meet more such verbs in the second section of Language Points later on in this lesson.

	Present	Imperfect	Past	Future simple	Imperative simple
to become	γίνομαι	γινόμουν	έγινα	θα γίνω	γίνε γίνετε
to come	έρχομαι	ερχόμουν	ήρθα (ήλθα)	θα έρθω	έλα ελάτε
to be glad, to be pleased	χαίρομαι	χαιρόμουν	χάρηκα	θα χαρώ	– χαρείτε
to wish	εύχομαι	ευχόμουν	ευχήθηκα	θα ευχηθώ	ευχήσου ευχηθείτε
to think	σκέφτομαι	σκεφτόμουν	σκέφτηκα	θα σκεφτώ	σκέψου σκεφτείτε
to be seated	κάθομαι	καθόμουν	κάθισα	θα καθίσω	κάθισε καθίστε
to respect	σέβομαι	σεβόμουν	σεβάστηκα	θα σεβαστώ	σεβάσου σεβαστείτε
to feel	αισθάνομαι	αισθανόμουν	αισθάνθηκα	θα αισθανθώ	– αισθανθείτε

68 More question words – interrogative pronouns

Here, we will discuss more words which will help us ask questions.

Τι;	What?
Πόσος, πόση, πόσο;	How much?
Πόσοι, πόσες, πόσα;	How many?
Τίνος ;	Whose?
Ποιου, ποιας, ποιου;	Whose?

Examples:

Τι είναι αυτό;	What is this?
Πόσοι άντρες ήρθαν στο πάρτι;	How many men came to the party?
Τίνος είναι το κόκκινο αυτοκίνητο;	Whose is the red car?
ή	or
Ποιου είναι το πράσινο σακκάκι;	Whose is the green jacket?

Examples of questions and answers:

Τι είναι αυτό;	**Είναι ένα βιβλίο.**
Πόσες γυναίκες κάθησαν στο λεωφορείο;	**Κάθησαν όλες.**
Πόσα παιδιά θα πάνε σχολείο αύριο;	**Όλα.**
Ποιας είναι αυτή η τσάντα;	**Αυτή η τσάντα είναι δική μου.**

69 Mine – possessive pronoun

δικός μου, δική μου, δικό μου	mine (for masculine, feminine, neuter)
δικός σου, δική σου, δικό σου	yours (")
δικός του (της), δική του (της), δικό του (της)	his, hers, its (")
δικός μας, δική μας, δικό μας	ours (")
δικός σας, δική σας, δικό σας	yours (")
δικός τους, δική τους, δικό τους	theirs (")

Examples:

Τίνος είναι αυτό το σπίτι;	**Είναι δικό μου.**
Ποιων είναι εκείνα τα ποδήλατα;	**Είναι δικά τους.**
Τα θέλει όλα δικά της.	She wants everything for herself.
Δικό μας σπίτι είναι κι' ό, τι θέλουμε κάνουμε.	It's our house and we can do what we like.
Δεν έχουν τίποτα το δικό τους.	They have nothing they can call their own.
Αν έχει τίποτα δικό του εδώ, να έρθει να το πάρει.	If he has anything that belongs to him here, let him come and get it.

Εκφράσεις και ιδιωματισμοί (Expressions and idioms)

Δικός μου, δική μου, etc., are also used in a number of idiomatic expressions which can be quite useful:

Οι δικοί μου my people, my folks, i.e. relatives or friends
Το δικό μου my own, i.e. my own interest, or what belongs to me
Τα δικά μου my own worries, my own affairs

Examples:

Έφερε όλους τους δικούς του στο γάμο.	He brought all his folks to the wedding.
Έχει το δικό της.	She has her own property.
Κάθισαν να πουν τα δικά τους.	They sat down to chat about their own affairs.

3η άσκηση

In Language Point 66 above, we gave examples of the present perfect and past perfect of a number of verbs in the passive voice. However, we did not give the rule for forming these tenses, as we usually do.

Go back to this Language Point, read the examples again and state this rule for the present perfect and the past perfect in your own words.

If you need to refresh your memory, you may go back to Lesson 10, Language Point 44.

4η άσκηση

In Language Point 67, we gave the principal tenses of verbs which only have a passive voice. Go back to them, read them again, and then give below the following tenses, which were not included because they are formed on the basis of tenses already given:

Verbs: **χαίρομαι, έρχομαι, εύχομαι, σκέφτομαι, κάθομαι, γίνομαι, σέβομαι, αισθάνομαι**.

Tenses: future continuous, present perfect, past perfect, expression of purpose: simple, continuous.

5η άσκηση

Translate into Greek the following sentences. Some words you may need are given in brackets after each sentence.

(**Hint** In most sentences at least one verb will be in the present perfect or past perfect in either the active or the passive voice.)

1 He's not here. He has just left. (just = **μόλις**)
2 They had already finished when I arrived. (already = **κιόλας**)
3 You lied to me. The meeting had not started. (meeting = **συνάντηση**, to lie = **λέω ψέματα**)
4 The walls of Iraklio had been built before the Turkish siege.
5 Crete has become a tourist centre.
6 Erotocritos had been written before the end of the siege.
7 Have you been to Crete? (use **πηγαίνω** as the verb)
8 We have not seen the walls of the town.
9 Had the port been built before the town?
10 Few tourists had been to the island before the 1970s. (1970s = **η δεκαετία του '70**)

6η άσκηση

Να γράψετε τις ερωτήσεις για τις παρακάτω απαντήσεις.

γράφω   to write

1 Δική μου είναι η εφημερίδα.
2 Να μου πεις την αλήθεια.
3 Είναι 900 δραχμές το κιλό.
4 Τίποτα δε θέλω.
5 Δεν είναι δικά τους. Δικά μου είναι.
6 Ένα τηλέφωνο έχουμε.
7 Δεν είναι και τα δυο δικά μου. Μόνο το ένα.

7η άσκηση

The following Greek passage is about Iraklio again. It is accompanied by its translation into English, which is not always correct. Read through the Greek and English passages and correct the mistakes present in the English translation.

Ήταν εξίμιση το πρωί όταν φτάσαμε στο Ηράκλειο. Πήγαμε πρώτα στο ξενοδοχείο όπου είχαμε κρατήσει δωμάτια και εκεί αφήσαμε τις αποσκευές μας. Μετά βγήκαμε να κάνουμε έναν περίπατο στους ήσυχους ακόμη δρόμους της πόλεως.

Τα περισσότερα μαγαζιά δεν είχαν ακόμη ανοίξει. Φτάσαμε στην πλατεία Ελ. Βενιζέλου που είναι γνωστή ως η πλατεία των «λιονταριών». Πήρε τ' όνομά της από τη βενετσιάνικη κρήνη με τα λιοντάρια. Σταματήσαμε για λίγο να δούμε την πλατεία και μετά προχωρήσαμε προς το παλιό λιμάνι.

It was 7 in the morning when we finally arrived at Iraklio. First, we went to the hotel, where we reserved rooms and where we left our luggage. We then went out for a walk in the quiet streets of the village.

Most shops were already open. We arrived at El. Venizelos Avenue, known as Lion Yard. It took its name from the Venetian fountain decorated with lions. We stopped for a while to see the fountain and then walked on towards the new harbour.

Διαβάζουμε (Language activity) – Το γαλάζιο ανοίγεται μπροστά στα μάτια μας

Tourism is undoubtedly a blessing for the economies of many islands and areas but it needs to be controlled carefully in order to avoid spoiling the very assets which make these islands attractive to tourists in the first instance. Sadly, in the rush to exploit a trend, insufficient attention is often paid to the consequences of a massive development.

Λεξιλόγιο

το ενδιαφέρον	interest
η τοποθεσία	place, site

η περιοχή	area
το έδαφος	ground
η ξηρά	land
σχηματίζω	to form
μοιάζω	to be like
μοναδικός, -ή, -ό	unique
το παρελθόν	past
ο θησαυρός	treasure
καμωμένος, -ή, -ο	made
η κορυφή	top, summit
η ανασκαφή	excavation

Οι Κολυμπήθρες είναι μια εκπληκτική παραθαλάσσια τοποθεσία έξω από τη Νάουσα της Πάρου που γίνεται όλο και πιο πολύ το κέντρο του τουριστικού ενδιαφέροντος του νησιού. Η ονομασία δόθηκε στην περιοχή από τη μορφολογία του εδάφους. Η ξηρά είναι γεμάτη από βαθουλώματα που γεμίζουν θάλασσα και μικρές παραλίες όπου η θάλασσα σχηματίζει γαλάζιους και γαλαζοπράσινους κολπίσκους. Το πιο συγκλονιστικό είναι οι άσπροι βράχοι που μοιάζουν με παραμορφωμένους γίγαντες, τέρατα και ζώα.

Η τοποθεσία είναι κάτι περισσότερο από μια περιοχή «ιδιαίτερου φυσικού κάλλους», είναι μοναδική σ' ολόκληρη την Ελλάδα και γι' αυτό έγιναν στο παρελθόν πολλές προσπάθειες για να προστατευθεί από την ανοικοδόμηση.

Τα τελευταία, όμως, χρόνια, άρχισαν να ξεφυτρώνουν ολόγυρα τα τσιμεντένια συγκροτήματα με δωμάτια, ξενοδοχεία και βίλες ακόμη και πάνω στους μοναδικούς άσπρους βράχους. Η περιοχή που θα έπρεπε να προστατευθεί σαν θησαυρός, γεμίζει ολοταχώς τσιμεντένια σπιρτόκουτα.

Πάνω από τις Κολυμπήθρες ορθώνεται μια σειρά από βουνά, καμωμένα από τους ίδιους βράχους και στην κορυφή τους βρίσκονται τα ερείπια μιας μυκηναϊκής ακρόπολης. Από ανασκαφές που έγιναν τα τελευταία χρόνια βρέθηκαν λείψανα πανάρχαιων οικισμών από την κυκλαδική και μυκηναϊκή εποχή.

Επιπρόσθετο λεξιλόγιο

η κολυμπήθρα	font (for baptism)
εκπληκτικός, -ή, -ο	amazing
το βαθούλωμα	hollow
ο κολπίσκος	small bay
συγκλονιστικός, -ή, -ο	sensational
παραμορφωμένος, -η, -ο	deformed
το τέρας	monster
ο γίγαντας	giant
η ανοικοδόμηση	rebuilding
ξεφυτρώνω	to sprout
η βίλα	villa
τσιμεντένιος, -α, -ο	made of concrete
το συγκρότημα	complex, group
ορθώνω	to raise, to erect
το ερείπιο	ruin
ο οικισμός	housing estate
κυκλαδικός, -η, -ο	Cycladic
μυκηναϊκός, -ή, -ό	Mycenaean
το λείψανο	remains, relic

8η άσκηση

Why, do you think, is that specific area of Paros known as **οι Κολυμπήθρες**?

9η άσκηση

The words below are all compound words. The words which combine to give the compound words are given in brackets, together with their respective meanings.

Give the meaning of each compound word in the context in which each is used in the passage above.

ολόγυρα	(όλος + γύρος – all + circle)
ολοταχώς	(όλος + ταχύς – all + fast)
σπιρτόκουτα	(σπίρτο + κουτί – match + box)
πανάρχαιος	(παν + αρχαίος – all + ancient)
παραθαλάσσιος	(παρά + θαλάσσιος – near + sea)
ακρόπολη	(άκρο + πόλη – tip + town)

10η άσκηση

The passage above states that the area is **«ιδιαίτερου φυσικού κάλλους»**. What is the equivalent standard phrase we would use in English to describe the same concept in this context?

φυσικός, -ή, -ό	natural
ιδιαίτερος, -ή, -ο	special
το κάλλος	**η ομορφιά**

Γλωσσικές παρατηρήσεις

70 Ποιος, ποια, ποιο, *but the answer may be vague – indefinite pronouns*

We may not always wish to give a definite answer to a question or, indeed, we may not know the answer. As any politician worth his salt knows full well, there is an art in asking questions, but the greater art is in answering them – whether you know the answer or not may be immaterial.

A knock on the door, or a ring of the bell may elicit the question from those inside

– Ποιος είναι;
– Εγώ είμαι.

The answer is to all intents and purposes not very informative unless you happen to know the person on the outside of the front door well enough to recognize the voice.

The indefinite pronouns have a different form, depending on whether they apply to a man, a woman or a child/thing.

Για άντρες	Για γυναίκες	Για παιδιά	
κανένας ή κανείς	**καμιά**	**κανένα**	nobody, anybody
κάποιος	**κάποια**	**κάποιο**	someone
καθένας	**καθεμιά**	**καθένα**	everyone
μερικοί	**μερικές**	**μερικά**	some

Examples:

Ο καθένας σκέφτεται πρώτα το δικό του.	Everyone thinks of his own first.
Μερικοί νομίζουν πως όλα τα ξέρουν.	Some people think they know everything.
Πέρασε κάποια και το πήρε.	Someone came by and took it.
Κανένας δεν ήρθε να με δει.	Nobody came to see me.

71 More irregular verbs with only a passive form

	Present	Imperfect	Past simple	Future simple	Imperative simple
to accept	δέχομαι	δεχόμουν	δέχτηκα	θα δεχθώ	δέξου δεχτείτε
to need	χρειάζομαι	χρειαζόμουν	χρειάστηκα	θα χρειαστώ	– χρειαστείτε
to appear	φαίνομαι	φαινόμουν	φάνηκα	θα φανώ	– –
to stand	στέκομαι	στεκόμουν	στάθηκα	θα σταθώ	στάσου σταθείτε

The verbs which follow have one thing in common – they have two alternatives in the first-person singular.

	Present	Imperfect	Past simple	Future simple	Imperative simple
to sleep	κοιμούμαι κοιμάμαι	κοιμόμουν	κοιμήθηκα	θα κοιμηθώ	κοιμήσου κοιμηθείτε
to remember	θυμούμαι θυμάμαι	θυμόμουν	θυμήθηκα	θα θυμηθώ	θυμήσου θυμηθείτε
to be afraid	φοβούμαι φοβάμαι	φοβόμουν	φοβήθηκα	θα φοβηθώ	φοβήσου φοβηθείτε
to be sorry	λυπούμαι λυπάμαι	λυπόμουν	ληπήθηκα	θα λυπηθώ	λυπήσου λυπηθείτε

The present tense and the imperfect in the passive voice are given below in full, since they have some differences from those of other verbs.

Present passive	Imperfect passive
Singular	
κοιμούμαι ή κοιμάμαι	κοιμόμουν
κοιμάσαι	κοιμόσουν
κοιμάται	κοιμόταν
Plural	
κοιμούμαστε	κοιμόμαστε
κοιμάστε	κοιμόσαστε
κοιμούνται	κοιμόνταν

11η άσκηση

Give in full the present and imperfect tenses of **φοβάμαι** and **θυμούμαι**.

12η άσκηση

Give the past perfect tense (first-person singular only) of the following:

λυπούμαι	**θυμούμαι**
φοβούμαι	**χρειάζομαι**
κοιμάμαι	**δέχομαι**

13η άσκηση

In Language Point 70 we looked at **ποιος, ποια, ποιο**; In Lesson 9 we demonstrated how the word **πιο** is used. There are underlined examples of the latter in the passage on the island of Paros. Explain what the difference is.

If you are not sure, go back to these lessons and read the relevant passages.

14η άσκηση

Decline in full, singular and plural, the following words which occur in the passage on Paros:

ο θησαυρός
ο μοναδικός βράχος
ο γίγαντας

If in doubt, consult the lessons dealing with masculine nouns and adjectives.

15η άσκηση

In previous lessons we mentioned diminutives for neuter and feminine nouns. In the passage on Paros, one masculine diminutive is used **-ο κολπίσκος**. There are other endings for diminutives of masculine nouns, the most common being the ending **-ούλης**.

Below there is a list of diminutives of masculine nouns. Give their standard form. The meaning of new words is included.

o πατερούλης
o παππούλης
o αδερφούλης
o θαλαμίσκος *small chamber*
o αστερίσκος *asterisk*
o θειούλης   *dear uncle*

Διαβάζουμε (Narrative) – Βυθισμένες πόλεις

Archaeological sites are in abundance in almost every corner of Greece, and new excavations are always revealing new sites previously unknown.

Λεξιλόγιο

βυθισμένος, -η, -ο	sunken
αρχαίος, -α, -ο	ancient
το πράγμα	thing
τελειώνω	to finish, to end
ο ναός	temple, church
το κτίσιμο	building (of a house)
το ερείπιο	ruin
προγραμματίζω	to plan
υπόγειος, -α, -ο	underground
η ανασκαφή	excavation
η Μητρόπολη	cathedral

 Ένα από τα πρώτα πράγματα που βλέπει ο επισκέπτης όταν φτάσει στη Νάξο είναι μια μαρμάρινη πόρτα. Είναι η πόρτα του ναού του Απόλλωνα που το κτίσιμό του, όμως, ποτέ δεν τέλειωσε. Τα απομεινάρια του αρχαίου ναού έχουν γίνει γνωστά ως Παλάτια και η πόρτα του ναού ως Πορτάρα.

 Υπάρχουν κι άλλα αρχαιολογικά μνημεία στη Νάξο. Κάτω από την παραλία της Γρόττας υπάρχει θαμμένη στην άμμο, και συνεχίζεται <u>μάλιστα</u> και κάτω από τη θάλασσα, μια μυκηναϊκή πόλη και δίπλα στην παραλία έχουν εντοπιστεί ερείπια από κτίσματα της νεολιθικής εποχής. Σ' αυτό το χώρο προγραμματίζεται να γίνει αρχαιολογικό πάρκο όπου οι επισκέπτες θα μπορούν να βλέπουν μια αναπαράσταση της μυκηναϊκής πόλης με τα σπίτια, τους δρόμους και τις πλατείες της.

Σ' ένα άλλο σημείο της Νάξου, κάτω από την πλατεία μπροστά από τη Μητρόπολη, έχουν βρεθεί ίχνη από μυκηναϊκά τείχη, τάφους κι' ακόμη εργαστηρίων κεραμικής. Υπάρχουν σχέδια, όταν τελειώσουν οι ανασκαφές, να δημιουργηθεί ένα υπόγειο μουσείο κάτω από την πλατεία όπου οι αρχαιότητες θα διατηρηθούν όπως ακριβώς βρέθηκαν.

Επιπρόσθετο λεξιλόγιο

ο Απόλλων	Apollo
το απομεινάρι	remnant
το παλάτι	palace
θαμμένος, -η, -ο	buried
εντοπίζω	to locate
νεολιθικός, -ή, -ό	neolithic
η αναπαράσταση	reconstruction
το ίχνος	trace
το εργαστήριο	workshop
η κεραμική	ceramics

Και απαντούμε (Comprehension)

(α) Να απαντήσετε στις παρακάτω ερωτήσεις στα ελληνικά

1 Σε ποιο νησί βρίσκονται τα Παλάτια;
2 Ποιας εποχής είναι η θαμμένη πόλη στην παραλία της Γρόττας;
3 Τι προγραμματίζεται να γίνει κάτω από την πλατεία μπροστά στη Μητρόπολη;

(β) Να απαντήσετε στις παρακάτω ερωτήσεις στα αγγλικά

1 Γιατί θα κτίσουν υπόγειο μουσείο;
2 Πόσο μεγάλος είναι ο ναός του Απόλλωνα;

16η άσκηση

We have already encountered some of the words listed below with a different meaning, or we have already used different forms of the words which should help you arrive at their meaning without the aid of a glossary.

These words are given below, underlined, in a sentence which should be of further help.

1 Έχουν εντοπιστεί ερείπια από <u>κτίσματα</u> της νεολιθικής <u>εποχής</u>.
2 Υπάρχουν κι άλλα <u>αρχαιολογικά</u> μνημεία στη Νάξο.
3 Οι <u>αρχαιότητες</u> θα διατηρηθούν όπως ακριβώς βρέθηκαν.

Give the meaning of the following words as used above.

το κτίσμα	**κτίζω** = to build
η εποχή	we have used this to mean *season*
αρχαιολογικός	**αρχαίος** = ancient
οι αρχαιότητες	**αρχαίος** = ancient

17η άσκηση

The title given to this lesson is **οδοιπορικό**. It is a compound word from **η οδός + η πορεία**. We used **η οδός** in Lesson 8. The second word, **η πορεία,** means *walk, march, route.*

In Greek the meaning can be explained as **περιγραφή πορείας ή ταξιδιού** or **βιβλίο με ταξιδιωτικές εντυπώσεις**. Why, do you think, was it considered an appropriate title for this lesson?

18η άσκηση

Many of Nikos Kazantzakis' novels have been translated into a number of languages, including English, and at least two have been made into films in English. The latest caused a great deal of controversy not so long ago, including demonstrations outside cinemas showing the film.

Controversy was not something the author himself shied away from in his lifetime. Even after his death, the inscription on his grave (see first narrative in this lesson) shouts defiance at the strong religious Greek Orthodox tradition of the country of his birth.

The titles of the two novels made into English-speaking films are in Greek:

Βίος και πολιτεία του Αλέξη Ζορμπά
Ο τελευταίος πειρασμός

What are the English titles of the films based on them?

17 Του λόγου η τέχνη

Στο προτελευταίο μάθημα θα αρχίσουμε να χρησιμοποιούμε ελληνικά όσο το δυνατό περισσότερο. Δεν πρέπει να ξεχνούμε ότι ο καλύτερος τρόπος να μάθουμε μια γλώσσα είναι να τη χρησιμοποιούμε όπως και τη μητρική μας γλώσσα.
Θα ασχοληθούμε, επίσης, και με τα παρακάτω:

- direct and indirect speech
- missing first letters – prodelision
- the very big – augmentatives
- whiter than white – the absolute superlative.

Διάλογος – Καρπούζια κόκκινα . . . 🔲

Street hawkers undoubtedly offer a service, and can be colourful characters too

Λεξιλόγιο

το καρπούζι	watermelon
το πρόβλημα	problem
το κολοκύθι	marrow
το παράθυρο	window
η φωνή	voice
βραχνός, -ή, -ό	hoarse
πω, πω	an exclamation intended to express surprise or admiration
εμ τότε	well, then
βαστάζω	to bear (as in *cannot bear it any more*)
το μουστάκι	moustache

τρίζω	to squeeze until it squeaks
η κίνηση	movement
το μέλι	honey
το αίμα	blood
σκύβω	to bend down

Το ν' αγοράζεις ένα καρπούζι είναι πρόβλημα, μεγάλο μάλιστα καμιά φορά, ιδιαίτερα όταν σου βγει κολοκύθι. Μεσημέρι, καλοκαίρι και καύσωνας. Κυρία μεσήλικη, νοικοκυρά καθόταν στην καρέκλα της δίπλα στο παράθυρο να δροσιστεί όταν άκουσε φωνή βραχνή να φωνάζει:
– Πω, πω, καρπούζια.
Κι' ύστερα πάλι:
-- Ελάτε να δείτε τι καρπούζια! Πω, πω!
Δε βάσταξε, κοίταξε απ' το παράθυρο. Ο μανάβης, μεσήλικας κι αυτός, με κοιλιά και μουστάκια διαλαλούσε το εμπόρευμά του:
– Πω, πω καρπούζια! Τα κόβω!
Η γυναίκα δε βάσταξε, βγήκε από το σπίτι της στο δρόμο.
– Είναι καλά;
– Πω, πω!
– Είναι κόκκινα;
– Κατακόκκινα, κυρία μου.
– Σίγουρα, τα κόβεις;
– Με το μαχαίρι, με το μαχαίρι!
– Εμ τότε να μου κόψεις ένα.
– Διάλεξε ποιο θέλεις.
– Θέλω ένα κόκκινο και γλυκό.
– Κατακόκκινο κυρία μου. Να, πάρε ένα απ' αυτά εδώ.
– Όχι, να το διαλέξεις εσύ και να το κόψεις.
Ο μανάβης, παίρνει ένα, το τρίζει, το χτυπά με το δάκτυλο, σηκώνει το μαχαίρι και το κρατά πάνω απ' το καρπούζι σαν να 'ναι ο Μέγας Αλέξανδρος μπροστά στο γόρδιο δεσμό. Και το κατεβάζει με μια κίνηση όλο μεγαλοπρέπεια. Καλεί την πελάτισσά του να σκύψει να δει. Εκείνη σκύβει, κοιτάζει, σηκώνει το κεφάλι και λέει:
– Δεν το παίρνω.
– Γιατί κυρία μου;
– Δεν είναι κόκκινο. Άσπρο είναι.
– Αίμα είναι κυρία μου, δεν το βλέπεις; Κατακόκκινο, είναι μέλι σου λέω.

– Άσπρο κολοκύθι.
– Εμ τι να το κάνω τώρα εγώ κυρία μου;
– Να το φας εσύ.

Ερμηνευτικό λεξιλόγιο

From now on, where possible, we will attempt to give the meaning of words in Greek. We will continue to use English in cases where this would not be practicable.

ο καύσωνας	μεγάλη ζέστη
μεσήλικος, -η, -ο	άνθρωπος μέσης ηλικίας
η νοικοκυρά	γυναίκα του σπιτιού
ο μανάβης	άνθρωπος που πουλά φρούτα και λαχανικά
διαλαλώ	διαφημίζω εμπορεύματα με δυνατή φωνή
το μαχαίρι	μ' αυτό κόβουμε
το δάκτυλο	στο κάθε χέρι έχουμε πέντε
δίπλα	πλάι
η καρέκλα	καθόμαστε πάνω σ' αυτή
ο Μέγας Αλέξανδρος	The word μέγας is an old form of μεγάλος still used in certain contexts such as this one but not generally

Εκφράσεις και ιδιωματισμοί

το κολοκύθι marrow, pumpkin

είναι κολοκύθι	it's unripe
κολοκύθια με τη ρίγανη	Stuff and nonsense
	Literally it means marrows (or pumpkins) with oregano!

το μέλι honey

είναι μέλι	it's sweet like honey
όλα είναι μέλι γάλα	it's all sweetness and light

ο λόγος speech, oration, word, **σύστημα εκφράσεως των ανθρώπων με τις λέξεις**. This is the word which, combined with **η τέχνη** art, craft, gives the Greek word for literature which we came across in the previous lesson – **η λογοτεχνία**.

It also gives us a number of expressions:

στο λόγο μου	upon my word
σου δίνω το λόγο μου	I give you my word
μ' ένα λόγο	in a word
επ' ουδενί λόγω	on no account
για τον έναν ή τον άλλο λόγο	for one reason or another
γίνεται λόγος	there is talk
λόγου χάρη	for instance (represented by the abbreviation **λ.χ.**)

Παρατηρήσεις

Note how, although the narrative part of the passage above began in the past tense, in the last paragraph it switched to the present tense. This is often used when the narrator wishes to emphasize the immediacy of an incident. Fairy tales often make use of this switch between the past and present tense.

1η άσκηση

Taking a lead from the so-called expert in choosing a watermelon, what do you think is the most reliable way to ensure that you will buy a red and sweet watermelon and not **ένα κολοκύθι**?

2η άσκηση

Τελικά, αγόρασε η μεσήλικη κυρία το καρπούζι ή όχι;

Γλωσσικές παρατηρήσεις

72 Direct and indirect speech

So far in this book we have had a great deal of experience of direct speech through the many dialogues we have read through together.

Direct speech is what a particular person himself or herself says. Indirect speech is when it is reported by a third person , e.g. 'Peter said to me "Come here"'; in indirect speech this would be reported as *Peter asked me to go there.*

Examples:

Direct speech

– Διάλεξε ποιο θέλεις.
– Θέλω ένα κόκκινο και γλυκό.

Both these two sentences are in direct speech, spoken by two people to each other. A neighbour overheard the exchange and is giving an account of it to her husband, below:

Indirect speech

– Ο μανάβης τής είπε να διαλέξει αυτό που θέλει αλλά αυτή του είπε ότι θέλει ένα κόκκινο και γλυκό.

Words used to report someone else's words

Someone's words being reported in indirect speech are introduced by one of a number of words, according to the verb used to introduce the reporting:

πως, ότι *that* are used after verbs such as **ρωτώ** *to ask*. In this usage there is virtually no difference between these two words and either can be used.
να is usually used after **λέω**.
αν *whether* is used after verbs such as **ρωτώ**. We have already encountered **αν** with the meaning *if* in conditional clauses in Lesson 11.

In the example we gave above, the words **να** and **ότι** were used. Let us look at some more examples.

This is part of the dialogue between the housewife and the green-grocer:

Κυρία	- Σίγουρα, τα *κόβεις*;
Μανάβης	- Με το μαχαίρι, με το μαχαίρι!
Κυρία	- Εμ τότε να μου *κόψεις* ένα.

Now let us see how the neigbour describes the incident to her husband.

– Η κυρία ρώτησε το μανάβη <u>αν τα κόβει</u> κι' αυτός απάντησε <u>ότι</u> τα <u>κόβει</u> με το μαχαίρι. Τότε, η κυρία του είπε <u>να</u> της <u>κόψει</u> ένα.

Looking at the above exchange between the housewife and the greengrocer, we can see that it consists of a question (first line), a sentence – albeit with an implied verb *cut* (the second line), and an instruction or command (third line).

Looking at how these have been reported in indirect speech, we can say, broadly speaking, that in indirect speech

a) **αν** is used to introduce a question   e.g. *ρώτησε <u>αν</u> τα κόβει*

b) **πως, ότι** are used to introduce a sentence

e.g. *απάντησε <u>ότι</u> τα κόβει*

c) **να** is used to introduce a command e.g. *είπε <u>να</u> της κόψει ένα*

Tenses

Although the neighbour is reporting the exchange as having taken place in the past *(η κυρία ρώτησε)*, the verbs used in the actual exchange between the lady and the greengrocer remain in the same tense. To make it clear, the verbs are in italics.

In other words, the verbs used in the actual direct speech remain in the same tense when reported.

Examples:

Direct speech	*Indirect speech*
«Θα το κόψω το τσιγάρο.»	Με διαβεβαίωσε πως θα κόψει το τσιγάρο.
«Δεν τέλειωσες ακόμη;»	Με ρώτησε αν τέλειωσα.
«Θέλετε τίποτα;»	Τους ρωτήσαμε αν θέλουν τίποτα.
«Έχουν ήδη φύγει.»	Είπε ότι έχουν φύγει.
«Προχωρήστε, παρακαλώ.»	Είπε να προχωρήσουμε.
«Μη βιάζεστε.»	Είπε να μη βιαζόμαστε.

73 Replacing a vowel at the beginning of a verb with an apostrophe – prodelision

In previous lessons we have seen how in some cases of two consecutive words ending and beginning with the same or a similar vowel, the first word loses its vowel:

σε εσένα	σ' εσένα
σε αυτό το σπίτι	σ' αυτό το σπίτι
να αγοράζεις	ν' αγοράζεις

There are cases where the first vowel of the word is replaced with an apostrophe; this usually happens to forms of verbs beginning with an accented vowel when the word preceding them ends with a vowel.

In the exchange between the housewife and the greengrocer we underlined one such example: **να 'ναι = να είναι**. Remember that the two vowels here, i.e. **ε** and **ί** are read as one sound. Note also that the accent has disappeared with the vowel.

More examples:

μου είπε	μου 'πε	διαβάζονται	μούπε	αλλά γράφονται	μου 'πε
που έκοψε	που 'κοψε		πούκοψε		που 'κοψε
θα έρθει	θα 'ρθει		θάρθει		θα ' ρθει
τα έφερε	τα 'φερε		τάφερε		τα 'φερε

Usually, the initial vowel replaced by an apostrophe is an accented **ε** or **ι**.

3η άσκηση

The dialogue below is an extract from the exchange with the green-grocer. Below it there is an account of events reported by another neighbour to her friends. Fill in the appropriate verbs, which are missing, in the correct tenses and person (ie first, second or third person). Remember that although it may not be necessary to make changes to the tense, the person used will probably need to change:

– Δεν το παίρνω.
– Γιατί κυρία μου;
– Δεν είναι κόκκινο. Άσπρο είναι.
– Αίμα είναι κυρία μου, δεν το βλέπεις; Κατακόκκινο, είναι μέλι σου λέω.
– Άσπρο κολοκύθι.
– Εμ τι να το κάνω τώρα εγώ κυρία μου;
– Να το φας εσύ.

   Βγήκε, που λες, η κυρία Ευγενία ν' αγοράσει ένα καρπούζι από τον κυρ Ηλία που πουλούσε απ' το καροτσάκι του. Της το 'κοψε, η κυρία Ευγενία το κοίταξε κι' αρνήθηκε να το ... Ε, δεν του άρεσε του κυρ Ηλία και τη ρώτησε γιατί. Αυτή του απάντησε ότι δεν ... κόκκινο. Αλλά αυτός της είπε ότι ... κατακόκκινο και γλυκό μέλι. Πού ν' ακούσει η κυρία Ευγενία, όμως. Του είπε πως κολοκύθι ... και του σύστησε να το ... ο ίδιος.

4η άσκηση

We used the sentences below in an earlier lesson as examples of the imperative. In this exercise you are asked to explain in Greek what each advertisement is about. The first is done for you, and the beginning of each subsequent one is given.

Απλώς συμπληρώστε τις προτάσεις.

1 Βγείτε μαζί της στα ψώνια.
   Η διαφήμιση είναι για μια πιστωτική κάρτα και μας προτρέπει να βγούμε μαζί της στα ψώνια.
   η διαφήμιση = advertisement
2 Διατηρήστε το δέρμα σας απαλό.
   Μια διαφήμιση για καλλυντικά υπόσχεται στις γυναίκες ότι . . .
3 Χαρείτε τον ήλιο άφοβα.
   Η αντιηλιακή κρέμα υπόσχεται ότι . . .
4 Απολαύστε γεύση.
   Εδώ, μας προσκαλεί να . . .
5 Απαγορεύεται το κάπνισμα.
   Η πινακίδα λέει ότι . . .
   (η πινακίδα = sign)
6 Μην κόβετε τα λουλούδια.
   Αυτή εδώ η πινακίδα λέει να . . .
7 Παρακαλούμε να μετράτε τα χρήματά σας πριν φύγετε.
   Εδώ λέει να . . .

5η άσκηση

The passage below is an account of an exchange between two men who found themselves trying to park in the same parking space on a busy street. The argument was about who saw the space first and therefore had the right to park his car.

Your task is to reconstruct from this account, in Greek, the original exchange between the two drivers. Needless to say, this exchange was a rather heated one.

Εκεί που περίμενα το λεωφορείο ακούω έναν σαματά και φωνές! Πιο πέρα είχε χώρο για στάθμευση και δυο άντρες προσπαθούσαν να βάλουν τ' αυτοκίνητά τους. Ο ένας είχε μια καινούρια λιμουζίνα κι ο άλλος ένα πολύ πιο μικρό αυτοκίνητο, μάλλον σαράβαλο.

Αυτός με τη λιμουζίνα φώναζε ότι αυτός είδε πρώτος το χώρο και επομένως πρέπει να βάλει τ' αυτοκίνητό του εκεί. Ο δεύτερος όμως έλεγε ότι όχι, αυτός έφτασε πρώτος και έτσι έχει το δικαίωμα να βάλει το δικό του αυτοκίνητο. Αυτός με τη λιμουζίνα άρχισε να θυμώνει και να λέει του άλλου ν' αφήσει τ' αστεία γιατί βιάζεται, έχει ραντεβού μ' έναν πελάτη του. Πού ν' ακούσει, όμως, αυτός με το σαράβαλο. Φώναζε ότι αυτός έφτασε πρώτος και δε φεύγει ό,τι και να του πει ο άλλος. Ο χώρος είναι μικρός, λέει, και η λιμουζινάρα δε χωρά. Φαίνεται ότι αυτός με τη λιμουζίνα βιαζόταν πραγματικά ή φοβήθηκε μην του χαλάσει το ολοκαίνουριο αυτοκίνητο γιατί τελικά έφυγε αφού πρώτα του πέταξε ένα «Σαν δεν ντρέπεσαι, λέω 'γω».

ΤΕΛΟΣ

Θα βρείτε το παρακάτω λεξιλόγιο χρήσιμο.

ο σαματάς	racket
ο χώρος	space
η στάθμευση	parking
το σαράβαλο	wreck
το αστείο	joke
το ραντεβού	appointment
χαλώ	to spoil, to damage
ντρέπομαι	to feel ashamed

6η άσκηση

Which driver won the argument in the parking incident in Exercise 5?

7η άσκηση

The following is a humorous account of an investigation into an allegation of the disappearence of a neighbour's cat.

Some of the words have not been completed to give you the opportunity to do so.

– Λοιπόν, κύρι . . . Γνωρίζετ.. το γάτο της κυρίας;
– Ναι, τον γνωρίζω, δηλαδή απλώς εξ όψεως.
– Τι θέλ . . . να πείτε εξ όψεως;
– Δηλαδή τον έχ . . . δει. Δε γνωριζόμαστε από κοντά.
– Ε, λοιπόν, τον είδατ. . . ;
– Ναι, τον έχω δει.

– Ε, και πως είν. . .;
– Πώς είναι; Γάτος. Έχ. . . τέσσερα πόδια, μ. . . ουρά και δ. . . αυτιά.
– Τι χρώμα είναι αυτός ο γάτ. . . με τα τέσσερ. . . πόδια κλπ, κλπ;
– Νομίζω μαύρος. Έχει και μια βούλα στο αυτ. . . κι' άλλ. . . μια στην ουρά.
– Και πότε τον είδα. . . για τελευταί. . . φορά;
– Χτες το βράδυ, όταν γύρισα απ .. τη δουλειά.
– Και τι ώρα γυρίσατ. . . απ' τη δουλει. . .;
– Μα, γύρω στις δέκα.
– Τη νύχτα. Και είδατε μαύρ. . . γάτο στο σκοτάδι;
– Μάλιστα, τον είδα. Καθόταν έξω από τ. . . πόρτα μου.

Θα βρείτε το παρακάτω λεξιλόγιο χρήσιμο

εξ όψεως	by sight
το σκοτάδι	darkness
γυρίζω	to return, to turn

In your view, is the man guilty of the cat's disappearance?

Διαβάζουμε και ακούμε – Η ΞΑΝΘΟΥΛΑ

The national poet of Greece is **Διονύσιος Σολωμός**. He was born on the island of **Ζάκυνθος** towards the end of the eighteenth century. The first two stanzas of his *Ο ύμνος εις την ελευθερίαν* (*Hymn to Liberty*) have become the national anthem of Greece. The Greek war of independence was fought during his lifetime, and in his poetry he sought to encourage his compatriots. Not all his poems were of a patriotic nature, as the extract quoted below will show.

Σημείωση: *Ο ύμνος εις την ελευθερίαν* – today we would say **ο ύμνος στην ελευθερία**.

Λεξιλόγιο

ξανθός, -ή, -ό	blonde, fair (also **ξανθός, -ιά, -ό**)
φουσκώνω	to swell, to inflate
λευκότατος, -η, -ο	brilliant white

το πανί	sail (of a boat)
το περιστέρι	dove
απλώνω	to spread
το φτερό	feather
το μαντίλι	handkerchief, kerchief
αποχαιρετώ	to say goodbye, to bid farewell
στέκομαι	to stand

Η ΞΑΝΘΟΥΛΑ

Την είδα την ξανθούλα,
Την είδα ψες αργά,
που εμπήκε στη βαρκούλα
να πάη στην ξενιτειά.

Εφούσκωνε τ' αέρι
Λευκότατα πανιά,
Ωσάν το περιστέρι
Που απλώνει τα φτερά.

Εστέκονταν οι φίλοι
Με λύπη, με χαρά,
και αυτή με το μαντίλι
Τους αποχαιρετά.

Ερμηνευτικό λεξιλόγιο

ψες	χτες το βράδυ
εμπήκε	μπήκε (από το μπαίνω)
η βαρκούλα	η βάρκα
η ξενιτειά	η ξενιτιά (10ο Μάθημα)
το αέρι	ο αέρας
ωσάν	σαν
να πάη	να πάει

Παρατηρήσεις

You will have noticed that many of the words in the poem have slightly different spellings from those we have used so far. This is partly due to the many changes any language inevitably undergoes through the ages. Some of these have been pointed out above. For a more general discussion, see Lesson 18.

8η άσκηση

Having read the extract, can you explain who is leaving and by what means of transport, and who is left behind?

74 The very big – augmentatives

In earlier lessons we spoke about diminutives, forms of words used to denote that something is small, e.g. **το κορίτσι, το κοριτσάκι, η ξανθιά, η ξανθούλα**.

In the previous lesson and in Exercise 5 above, we came across examples of the opposite, endings added to standard forms of words to denote increase in size:

η Πορτάρα	instead of	**η πόρτα**
η λιμουζινάρα	instead of	**η λιμουζίνα**

In the first instance, because the door to the Temple of Apollo was so big it came to be known as **η Πορτάρα** and in the second case the speaker meant to accentuate the large size of the car and used **λιμουζινάρα**.

Note that apart from adding the ending **-άρα,** the accent has also moved on to the first syllable of the new ending.

Different endings are added according to whether a noun is masculine, feminine or neuter:

for feminine nouns we add **-άρα** or **-α**
for masculine nouns we add **-αράς**
for neuter nouns we add **-αρος**

Examples:

η φέτα	*slice*	**η φετάρα**	*big slice*
η φωνή	*voice*	**η φωνάρα**	*loud voice*
ο χορευτής	*male dancer*	**ο χορευταράς**	*one that likes dancing a great deal*
το παιδί	*child*	**ο παίδαρος**	*big child*
το σκυλί	*dog*	**ο σκύλαρος**	*big dog*

Note that in the last two examples there is also a change of gender. As usual, there are exceptions to the rule.

Examples:

το κουτάλι	*spoon*	**η κουτάλα**	*ladle*
το βαρέλι	*barrel*	**η βαρέλα**	*large barrel, fat woman*

75 Whiter than white – the absolute superlative. Λευκότατα πανιά

In Lesson 9 we looked at the comparison of adjectives. We looked at the comparison between two persons or objects as well as of one among many, i.e. the best.

There is another form of adjectives which, strictly speaking, does not involve comparison but is used to indicate that the noun being described by the adjective has a quality to a very large degree, as in the example in the poem **Η ξανθούλα**. The sailing boat taking the fair girl away has **λευκότατα πανιά** *very white sails*.

This form of the adjective known as the absolute superlative is formed by adding the ending -**τατος,** and sometimes, -**ότατος,** -**ύτατος** to the adjective.

Adjectives ending in -**ης, -ης, -ες** form the absolute superlative by adding on the ending -**έστατος**.

Examples:

γνωστός, -ή, -ό	**γνωστότατος, -η, -ο**
πλούσιος, -α, -ο	**πλουσιότατος, -η, -ο**
φτωχός, -ή, -ό	**φτωχότατος, -η, -ο**
νόστιμος, -η, -ο	**νοστιμότατος, -η, -ο**
μαλακός, -ή, -ό	**μαλακότατος, -η, -ο**
φτηνός, -ή, -ό	**φτηνότατος, -η, -ο**
βαρύς, -ιά, -ύ	**βαρύτατος, -η, -ο**
γλυκός, -ιά, -ό	**γλυκύτατος, -η, -ο**
υγιής, -ής, -ές	**υγιέστατος, -η, -ο**
πολυτελής, -ής, -ές	**πολυτελέστατος, -η, -ο**

There are of course adjectives which form their absolute superlative in an irregular manner.

		Comparative	*Absolute superlative*
good	**καλός, -ή, -ό**	**καλύτερος, -η, -ο**	**κάλλιστος, -η, -ο**
large, big	**μεγάλος, -η, -ο**	**μεγαλύτερος, -η, -ο**	**μέγιστος, -η, -ο**
bad	**κακός, -ή, -ό**	**χειρότερος, -η, -ο**	**χείριστος, -η, -ο**
simple	**απλός, -ή, -ό**	**απλούστερος, -η, -ο**	**απλούστατος, -η, -ο**
small	**μικρός, -ή, -ό**	**μικρότερος, -η, -ο**	**ελάχιστος, -η, -ο**
little, few	**λίγος, -η, -ο**	**λιγότερος, -η, -ο**	**ελάχιστος, -η, -ο**

In expressing comparison with adjectives, we explained that there was an alternative way to changing the ending of the adjective which involved the use of the word **πιο** + **the usual form of the adjective** (i.e. **καλύτερος = πιο καλός**).

The same can be done in the case of the absolute superlative, which can also be expressed by using the word **πολύ** *very* + **the usual form of the adjective**, e.g.:

γνωστότατος, -η, -ο	**πολύ γνωστός, -ή, -ό**
πλουσιότατος, -η, -ο	**πολύ πλούσιος, -α, -ο**

9η άσκηση

The following exercise concerns the use of adjectives. In each sentence the adjective is given in brackets, and your task is to decide upon the appropriate form in the particular context.

1 Η (κοινωνικός) ζωή της πόλης είναι σημαντική.
2 Η πλατεία έχει γίνει το (εμπορικό) κέντρο του χωριού.
3 Ξέρεις ότι είμαι πολύ (καλός) γιατρός.
4 Μην τη βλέπεις έτσι που είναι. Στην πραγματικότητα είναι (φτωχή).
5 Όλα τα παιδιά τους είναι έξυπνα αλλά αυτά τα δυο είναι (έξυπνος).
6 Αυτή η τοποθεσία είναι (μοναδικός).
7 Μας έφερες τα πιο (συγκλονιστικός) νέα που έχουμε ακούσει ποτέ μας.
8 Σ' αυτό το μαγαζί μπορείτε να βρείτε (φτηνός) πράγματα.
9 Δε νομίζω να είναι τόσο (πλούσιος) όσο λένε.
10 Μου έχει κάνει τη (κακή) εντύπωση. (εντύπωση = impression)
11 Εσύ είσαι η (καλός) μου φίλη.
12 Σ' εκείνο το σπίτι μένει η (πλούσιος) οικογένεια του νησιού.
13 Ο γιος είναι (ψηλός) από τον πατέρα του.
14 Δεν ξαναείδα (ωραία) κοπέλα.
15 Μην ανυσηχείς, δεν είμαι άρρωστη. Είμαι πολύ καλά. Μπορώ να πω ότι είμαι (υγιής).

10η άσκηση

The sentences below express comparison of adjectives in one of two alternative ways. Give the other alternative.

1 Προτιμώ *πιο λίγη* ζάχαρη στον καφέ μου.
2 Το πρόβλημα δεν ήταν δύσκολο. Ήταν *απλούστατο*.
  (απλός = simple)
3 Το ταξίδι με το αεροπλάνο είναι *πιο σύντομο*.
  (σύντομος = short)
4 Τώρα είναι χειμώνας και κάνει κρύο. Το Μάρτιο θα έχουμε
  πιο ζεστό καιρό.
  (ο καιρός = weather)
5 Εγώ είμαι η *πιο μεγάλη* απ' όλα τ' αδέρφια μου.
6 Ο άντρας της είναι *πιο καλός* άνθρωπος απ' αυτήν.
7 Απ' όλες τις φίλες μου εγώ είμαι η *πιο επιμελής*.
  (επιμελής, ής, ές = hard-working)
8 Από τα χρήματα που μου έδωσε ο πατέρας, *ελάχιστα*
  έχουν απομείνει.

Διαβάζουμε – Ιθάκη

One of the best-known poets who wrote in Greek, despite the fact that he lived all his life outside Greece, in Constantinople and Alexandria, is **Κωνσταντίνος Καβάφης**. He has been widely translated into a number of languages, including English.

His poetry may offer a more rewarding experience to the new-comer to modern Greek than that of other well-known Greek poets such as **Κωστής Παλαμάς** or **Γιώργος Σεφέρης,** partly because he wrote mainly relatively short poems and had an economical approach to language rather than the exuberance which character-izes the language of other literary figures of twentieth-century Greece.

Below, we will look at extracts from his poem entitled **Ιθάκη**. Ithaca, was of course Odysseus' home island. After the sacking of Troy, Odysseus set off on what should have been a relatively short voyage to Ithaca but one that lasted ten whole years. During this time Odysseus wandered on the high seas and in many lands, as a result of which he lost many of his men and was himself subjected to much hardship. According to mythology, Odysseus had in the past offended Poseidon, the god of the sea, who subjected him to this continuous wandering.

These adventures are recounted in Homer's *Odyssey* (*Οδύσσεια*) and are the background to this poem.

Λεξιλόγιο

You will find that many familiar words are spelt differently or are given in different forms to those you are familiar with. Some of these will be pointed out to you below, but on the whole the aim is to understand as much of the poem as possible and to enjoy it.

η περιπέτεια	adventure
η γνώση	knowledge
θυμωμένος, -η, -ο	angry
η σκέψη	thought
εκλεκτός, -ή, -ό	exquisite, select
η συγκίνηση	emotion
το πνεύμα	spirit
η ψυχή	soul
ο νους	mind
κουβανώ = κουβαλώ	to carry
στήνω	to raise, put up
καταλαβαίνω	to understand
ο προορισμός	destination
διαρκώ	to last
αράζω	to moor (a boat)
προσδοκώ	to expect
γελώ	to laugh
σοφός, -ή, -ό	wise
η πείρα	experience

ΙΘΑΚΗ

Σα βγεις στον πηγαιμό για την Ιθάκη,
να εύχεσαι νάναι μακρύς ο δρόμος,
γεμάτος περιπέτειες, γεμάτος γνώσεις.
Τους Λαιστρυγόνας και τους Κύκλωπας,
τον θυμωμένο Ποσειδώνα μη φοβάσαι,
τέτοια στον δρόμο σου ποτέ σου δεν θα βρεις,
αν μέν' η σκέψις σου υψηλή, αν εκλεκτή
συγκίνησις το πνεύμα και το σώμα σου αγγίζει.
Τους Λαιστρυγόνας και τους Κύκλωπας,
τον άγριο Ποσειδώνα δεν θα συναντήσεις,
αν δεν τους κουβανείς μες στην ψυχή σου,
αν η ψυχή σου δεν τους στήνει εμπρός σου.

Πάντα στον νου σου νάχεις την Ιθάκη.
Το φθάσιμον εκεί είν' ο προορισμός σου.
Αλλά μη βιάζεις το ταξίδι διόλου.
Καλλίτερα χρόνια πολλά να διαρκέσει·

και γέρος πια ν' αράξεις στο νησί,
πλούσιος με όσα κέρδισες στον δρόμο,
μη προσδοκώντας πλούτη να σε δώσει η Ιθάκη.

Η Ιθάκη σ' έδωσε τ' ωραίο ταξείδι.
Χωρίς αυτήν δε θάγβαινες στον δρόμο.
Άλλα δεν έχει να σε δώσει πια.

Κι αν πτωχική την βρεις, η Ιθάκη δεν σε γέλασε.
Έτσι σοφός που έγινες, με τόση πείρα,
ήδη θα το κατάλαβες η Ιθάκες τι σημαίνουν.

Ερμηνευτικό λεξιλόγιο

ο πηγαιμός	ταξίδι (από το πηγαίνω = to go)
οι Λαιστρυγόνες	λαός ανθρωποφάγων στη μυθολογία, αναφέρονται στην Οδύσσεια (ανθρωποφάγος = άνθρωπος + τρώω)
ο Κύκλωπας	γίγαντας με ένα μόνο μάτι, αναφέρεται στην Οδύσσεια
ο Ποσειδώνας	ο θεός της θάλασσας στην αρχαία μυθολογία
το φθάσιμο	το φτάσιμο από το φτάνω = to arrive
καλλίτερα	καλύτερα
πτωχικός, -ή, -ό	φτωχικός, -ή, -ό = poor, meagre
θάβγαινες	θα έβγαινες

Και ρωτούμε

(α) Να απαντήσετε στις παρακάτω ερωτήσεις στα αγγλικά

1 Γιατί πρέπει να ευχόμαστε να είναι μακρινό το ταξίδι προς την Ιθάκη;
2 Ποιος είναι ο σκοπός του ταξιδιού;

(β) Οι παρακάτω ερωτήσεις είναι στα αγγλικά. Να τις απαντήσετε στα αγγλικά

1 Why will we not necessarily meet with the Cyclops on our journey to Ithaca as Odysseus did?
2 What does Cavafy mean when he says «**ήδη θα το κατάλαβες η Ιθάκες τι σημαίνουν**»?
3 How would we write the two words **η Ιθάκες** today?

11η άσκηση

Το πιο κάτω ποίημα είναι επίσης του Κωνσταντίνου Καβάφη. Να μεταφραστεί στα αγγλικά.

MONOTONIA

Την μια μονότονην ημέραν άλλη
μονότονη, απαράλλακτη ακολουθεί. Θα γίνουν
τα ίδια πράγματα, θα ξαναγίνουν πάλι -
η όμοιες στιγμές μας βρίσκουνε και μας αφίνουν.

Μήνας περνά και φέρνει άλλον μήνα.
Αυτά που έρχονται κανείς εύκολα τα εικάζει·
είναι τα χθεσινά τα βαρετά εκείνα.
Και καταντά το αύριο πια σαν αύριο να μη μοιάζει.

μονότονος, -η, -ο	monotonous
απαράλλαχτος, -η, -ο	identical
εικάζω	to surmise, guess
βαρετός, -ή, -ό	boring, tiresome
καταντώ	to end up
αφίνω	= **αφήνω**

12η άσκηση

Earlier in this lesson we discussed the meaning of the Greek words **ο λόγος** and **η τέχνη**. How would you express in English the phrase at the beginning of this lesson **Του λόγου η τέχνη**?

18 Οι αρχαίοι, η εκκλησία και η νεοελληνική γλώσσα

Στο τελευταίο μάθημα θα ρίξουμε μια ματιά στην εξέλιξη της ελληνικής γλώσσας από την αρχαιότητα μέχρι σήμερα. Θα συζητήσουμε επίσης και τα παρακάτω:

- participles
- hyphenation

Θα έχουμε επίσης περισσότερες ευκαιρίες να διαβάσουμε ελληνικά και να απαντήσουμε ερωτήσεις.

Η ΕΛΛΗΝΙΚΗ ΓΛΩΣΣΑ

The Greeks of today are proud of their ancient Greek heritage, and it is typical of this pride in their direct descent from their ancient civilization that they often prefer to refer to themselves as *Έλληνες* – *Hellenes* in preference to *Greeks*.

Outside the Greek Embassy in London the sign does not read *Republic of Greece,* as one might expect the translation of *Ελληνική Δημοκρατία* to be, but, instead, it says *Hellenic Republic*. On Greek stamps the name of the country in Greek is *ΕΛΛΑΣ,* but in Latin characters it is given as *HELLAS*, not Greece.

The modern Greek language reflects this close affinity with the language of the ancient Greeks. Although it has been changing and evolving, the similarities are clearly evident.

Religion is another important aspect of Greek life, and the Greek Orthodox Church has a great deal of influence on the everyday life of the average Greek. Let us not forget that the New Testament was written in Greek, which must have been perceived as one of the most important languages of the Eastern Roman Empire.

Our first passage is the opening passage of St John's Gospel. This, incidentally is the language in which the services of the Greek Orthodox Churches are conducted to this day. Today's congregations may not understand every word, but they know a great deal off by heart and can participate fully.

Ἐν ἀρχῇ ἦν ὁ λόγος, καὶ ὁ λόγος ἦν πρὸς τὸν θεόν, καὶ θεὸς ἦν ὁ λόγος.

The first thing that strikes us is the use of breathings and three stress-accents instead of just one, not to mention the subscript, e.g. **ῃ**. Greek continued to be written with three different stress-accents and two different breathings up until 1982.

We are familiar with a number of words in the sentence:

η αρχή	**ο λόγος**
και	**ο Θεός**

Let us compare it with the Authorized Version of the English translation.

In the beginning was the Word, and the Word was with God, and the Word was God.

Since the formation of the Byzantine Empire the discussion on how much the written Greek language should be allowed to diverge from its ancient roots has continued unabated.

1η άσκηση

All these words occurred in the passage we quoted above from the Gospel of St John. You should be familiar with all of them. Without looking them up in the Glossary at the back of the book, give their meanings, then check.

η αρχή
ο λόγος
και
ο θεός

ΣΥΝΤΟΜΗ ΑΝΑΔΡΟΜΗ 🔘🔘

Κατά τα χρόνια της βυζαντινής αυτοκρατορίας, η ελληνική γλώσσα καθιερώθηκε ως η επίσημη γλώσσα του κράτους. Με τα χρόνια δημιουργήθηκαν δύο <u>παρατά-ξεις</u>, αυτοί που υποστήριζαν ότι έπρεπε να γίνει κάθε προσπάθεια η ελληνική γλώσσα να παραμείνει όσο το δυνατόν πιο κοντά στη γλώσσα των αρχαίων Ελλήνων και άλλοι που υποστήριζαν ότι η γλώσσα δεν είναι πράγμα νεκρό, αλλά ζωντανό και αλλάζει σιγα σιγά.

Αυτή η διαμάχη για τη γλώσσα δημιούργησε τη γνωστή διχοτομία μεταξύ της *δημοτικής,* δηλ. της γλώσσας του λαού ή δήμου, και της *καθαρεύουσας,* της γλώσσας που με την ανεξαρτησία της Ελλάδας καθιερώθηκε ως η <u>επίση-μη</u> γλώσσα του κράτους.

Κι' έτσι, το 19ο αιώνα και για τα πρώτα 70 περίπου χρόνια του 20ου αιώνα, η καθαρεύουσα ήταν η γλώσσα που συναντούσαμε σε επίσημα έγγραφα και, αρχικά η γλώσσα του γραπτού λόγου και των εφημερίδων, ενώ η <u>δημοτι-κή</u> ήταν η γλώσσα του προφορικού λόγου και της ποίησης.

Το 1976 η δημοτική καθιερώθηκε ως η επίσημη γλώσσα του κράτους και το 1982 καθιερώθηκε ένα <u>απλοποιημέ-νο</u> τονικό σύστημα, το μονοτονικό αντί του πολυτονικού.

Όπως είπαμε και πιο πάνω, όμως, η γλώσσα είναι πράγμα ζωντανό κι' αλλάζει σιγά σιγά. Η νεοελληνική γλώσσα όπως μιλιέται και γράφεται σήμερα είναι μεν η δημοτική αλλά κάνει χρήση και πολλών εκφράσεων από την καθα-ρεύουσα, ακόμη και από τα αρχαία ελληνικά.

Λεξιλόγιο

η αναδρομή	retrospective view
βυζαντινός, -ή, -ό	Byzantine
η αυτοκρατορία	empire
καθιερώνω	to establish
επίσημος, -η, -ο	official, formal
το κράτος	state
η διαμάχη	dispute
ο λαός	people
ο δήμος	municipality, the common people
ο αιώνας	century

το έγγραφο	document
γραπτός, -ή, -ό	written
απλοποιημένος, -η, -ο	simplified
προφορικός, -ή, -ό	oral
ο τόνος	stress-accent, tone (of voice)
μεν . . . αλλά	it's true . . . but

2η άσκηση

Να απαντήσετε στις παρακάτω ερωτήσεις στα αγγλικά.

1 Γιατί δημιουργήθηκαν δύο διαφορετικές μορφές της γλώσσας;
2 Η λέξη *καθαρεύουσα* έχει τη ρίζα της στη λέξη *καθαρός* και η λέξη *δημοτική* στη λέξη *δήμος*. Εξηγήστε σε κάποιον που δεν ξέρει ελληνικά τι σημαίνουν οι λέξεις *καθαρεύουσα* και *δημοτική*.
3 Ποια μορφή της νεοελληνικής χρησιμοποιείται σήμερα;

η ρίζα = root

Γλωσσικές παρατηρήσεις

76 Participles

We have used participles in previous lessons but treated them more or less as adjectives. They behave as adjectives, but knowing that they are the participles of verbs helps establish their meaning, assuming of course that one already knows the meaning of the verb itself.

Examples:

παραμορφωμένος, -η, -ο	παραμορφώνομαι	to become deformed
βυθισμένος, -η, -ο	βυθίζομαι	to sink
θαμμένος, -η, -ο	θάβομαι	to be buried

In the passage above we have the participle

απλοποιημένος, -η, -ο	απλοποιούμαι	to be simplified

Passive participle

The participles we have spoken about above are all in the passive voice. They end in **-μένος, -η, -ο** and behave very much like adjectives.

Examples:

Participle	Meaning of participle	Verb	Meaning of verb
χαρούμενος, -η, -ο	cheerful	**χαίρομαι**	to be pleased, glad
λυπημένος, -η, -ο	sad	**λυπούμαι**	to feel sorry, sad
κουρασμένος, -η, -ο	tired	**κουράζομαι**	to tire
στενοχωρημένος, -η, -ο	worried	**στενοχωριέμαι**	to be upset

When you want to look these participles up in a glossary or dictionary, you will most likely find them listed as separate entries.

Active participle

Most verbs also have an active participle which ends with **-οντας** or **-ώντας**. The active participle is formed by adding the endings to the present, active form of the verb.

Examples:

Present active	Active participle
τραγουδώ	**τραγουδώντας**
απαντώ	**απαντώντας**
αγαπώ	**αγαπώντας**
δένω	**δένοντας**
δροσίζω	**δροσίζοντας**
διαβάζω	**διαβάζοντας**
αγοράζω	**αγοράζοντας**

The active participles refer to an action which may have taken place in the past, present or future and show us what the subject of the verb is doing, *how, when, why and if* he/she/it is doing it.

Examples:

Ήρθε τρέχοντας.	She/he came running.
Περπατούσε διαβάζοντας **την εφημερίδα της.**	She was walking reading her paper.
Τον κοίταξε χαμογελώντας.	She looked at him smiling.
Τον έβγαλαν έξω **σπρώχνοντας.**	They pushed him out. (They forced him out pushing)

When you wish to look these up in a dictionary, you will not find them listed separately. You will need to look up the verb in the present tense, e.g. you will look up **τραγουδώντας** under the word **τραγουδώ**.

77 Hyphenation

In the passage on the Greek language above, certain words have been hyphenated when too long to fit on a single line. There are certain basic rules, which are easy to remember, concerning the appropriate places in a word for a hyphen to be inserted if necessary.

In Greek, a syllable consists of a consonant and the vowel following it. A Greek word can only be broken at the end of syllable, e.g.:

πα-ρα-κα-λώ   χαί-ρο-μαι   λυ-πού-μαι

The examples above show that two vowels read together as a diphthong are to all intents and purposes one letter and stay together when we need to hyphenate the word, e.g. **λυ-πού-μαι, χαί-ρο-μαι**.

But what do we do when we need to place a hyphen just before a syllable which includes more than one consonants, e.g. **έβγαλα, συναντώ, ελληνικός**?

1 If the two consonants are the same we split them:
                              ελ-ληνικός
2 If the two consonants are not the same
   (a) then they remain together at hyphenation if they begin a Greek word: **έ-βγαλα   βγάζω**
   (b) they are separated if no Greek word begins such a combination: **περ-πατώ, έρ-χομαι**

3η άσκηση

Να συμπληρώσετε τα κενά στις παρακάτω προτάσεις. Η πρώτη πρόταση είναι παράδειγμα.

το παράδειγμα = example

Έτρεχε (κοιτάζω) . . . κοιτάζοντας να βρει τη φίλη της.

1 (φεύγω) . . . μου είπε να την περιμένω στις 9.00.
2 (μπαίνω) . . . στο δωμάτιο άναψε το φως.
3 Μου αρέσει να διαβάζω την εφημερίδα το πρωί (πίνω) . . . τον καφέ μου.
4 Ήταν τόσο ευτυχισμένος που ήρθε (τραγουδώ) . . . .
5 Είναι (αναγκάζομαι) . . . να κάνει αυτό που του λένε.
6 (τρώγω) . . . και (πίνω) . . . πέρασαν το βραδάκι τους ευχάριστα.
7 (ρωτώ) . . . θα το βρείτε.
8 Το διαμέρισμα είναι (νοικιάζομαι).
9 Πολύ (λυπούμαι) . . . μου φαίνεται να είναι σήμερα η Ευγενία.
10 Πρέπει να είσαι (ευχαριστούμαι) . . . με τη δουλειά σου.
11 (βγαίνω) . . . από το αυτοκίνητο έπεσε πάνω τους.
12 Οι φίλοι τους τούς αποχαιρετούσαν (κουνώ) . . . το μαντίλι.

4η άσκηση

Να διαβάσετε τη σύντομη είδηση και να συμπληρώσετε τις λέξεις που δεν είναι συμπληρωμένες.

ΜΕΓΑΛΗ ΟΙΚΟΝΟΜΙΑ ΣΤΟ ΝΕΡΟ

Το νερό νεράκι είπ. . . οι κάτοικοι του Λεκανοπεδίου και περιόρισ. . . την κατανάλωσή του κατά 30,57% τον Ιούνιο, έναντι του περυσινού αντίστοιχου μήνα. Μάλιστα στο διάστημα Φεβρουαρίου – Ιουνίου η κατανάλωση μειώθηκ . . . κατά 28,75%.

Τα στοιχεία ανακοινώθηκ. . . από την ΕΥΔΑΠ με τις ευχαριστίες προς τους κατοίκους του Λεκανοπεδίου, οι οποίοι με την οικονομία που έκαν. . . κέρδισ. . . νερό για δύο μήνες.

το Λεκανοπέδιο	basin (land) (it probably refers to the area of Attica)
ΕΥΔΑΠ	**Εταιρία Υδρεύσεως & Αποχετεύσεως** *Water & Sewerage Authority*
είπαν το νερό νεράκι	This is an idiomatic phrase suggesting that because of the water shortage people tried not to waste a single drop of water.

5η άσκηση

Go back to the section dealing with active participles (the top of page 302). The examples given are divided into two groups. Can you arrive at the rule which determines how this participle is formed for the two groups of verbs?

(**Hint:** Look at the endings of the verbs in the present tense.)

Διαβάζουμε

For a number of years, authors of prose were obliged to write using **καθαρεύουσα** and if their books were about common people who were not educated enough to be in a position to use formal Greek in their everyday conversations, the narrative was in **καθαρεύουσα** but the dialogue in **δημοτική** or even dialect where appropriate.

The extract below is from a powerful story by **Αλέξανδρος Παπαδιαμάντης** entitled *Η Φόνισσα* (*The Murderess*). It was written at the turn of the century and offers a good example of the mixture of **καθαρεύουσα, δημοτική** and dialect. To make life easier, the monotonic system of accentuation is used here, although, of course, the story was written using the polytonic system – three accents, two breathings and all!

– Καλημέρα! .. πώς είστε; Πώς περάσατε;
– Εσύ 'σαι; Να, πέρασε κι αυτή η νύχτα.
   Η γραία μόλις είχεν εξυπνήσει, κι έτριβε τα όμματα τραυλίζουσα. Ηκούσθη θόρυβος εις το πλαγινόν μικρόν χώρισμα. Ήταν ο σύζυγος της λεχώνας, όστις εκοιμάτο εκείθεν του λεπτού ξυλοτοίχου, παραπλεύρως ενός άλλου

κορασίου κι ενός παιδιού μικράς ηλικίας, και είχεν εξυπνήσει την στιγμήν εκείνην.

– Ακούς, τι σαματά κάνει; είπεν η γραία. Δεν μπορεί να μαζώξη τα σιδερικά του χωρίς ν' ακουστή.

The spelling may be slightly different but there is nothing in the dialogue that you cannot understand. The narrative, however, is full of unfamiliar older words and forms.

Λεξιλόγιο

η γραία	η γριά	
είχεν εξυπνήσει	είχε ξυπνήσει	ξυπνώ
τα όμματα	τα μάτια	
ηκούσθη	ακούστηκε	ακούω
η λεχώνα		(woman who recently gave birth)
όστις	ο οποίος	
εκείθεν	εκεί	
παραπλεύρως	στο πλευρό, κοντά	
το κοράσιον	το κοριτσάκι	
να μαζώξει	να μαζέψει	

It was roughly during this same period that collections of folksongs were being compiled and published. Greek mothers had for centuries been rocking their young children to sleep in a very different language, which was much closer to the Greek of today.

Νανούρισμα

Ύπνε που παίρνεις τα μικρά, έλα, πάρε και τούτο,
μικρό μικρό σου το 'δωκα, μεγάλο φέρε μου το·
μεγάλο σαν ψηλό βουνό, ίσιο σαν κυπαρίσσι,
κ' οι κλώνοι του ν' απλώνονται σ' Ανατολή και Δύση.

Λεξιλόγιο

το νανούρισμα	ήσυχο τραγούδι που αποκοιμίζει τα μικρά παιδιά
το κυπαρίσσι	cypress (tree)
ο κλώνος	branch
η ανατολή	east
η δύση	west

6η άσκηση

(α) Να απαντήσετε στις ερωτήσεις στα ελληνικά

1 Ποιος έκανε σαματά και γιατί;
2 Από ό,τι διαβάσαμε πιο πάνω, πόσο μεγάλο νομίζετε ήταν το σπίτι της οικογένειας;
3 Μόλις είχε γεννηθεί ένα παιδί· αγοράκι ή κοριτσάκι;

(β) Να απαντήσετε στις παρακάτω ερωτήσεις στα αγγλικά

1 Σε ποιον νομίζετε ότι είπε καλημέρα η γριά;
2 Με το παιδάκι που μόλις είχε γεννηθεί, πόσα παιδιά είχε η οικογένεια;
3 Πώς μεταφράζεται στα αγγλικά η ελληνική λέξη *νανούρισμα;*

Εκφράσεις, ιδιωματισμοί και παροιμίες

Όπως είδαμε και πιο πάνω, αλλά και σε προηγούμενα μαθήματα, διασώζονται σήμερα στη νεοελληνική γλώσσα πολλά από τα αρχαία ελληνικά και τα ελληνικά που χρησιμοποιούνται σήμερα από την εκκλησία. Θα δώσουμε λίγα παραδείγματα μαζί με τις επεξηγήσεις στα ελληνικά.

Από τα αρχαία ελληνικά έχουμε τα παρακάτω:

ο επιμένων νικά	**αυτός που επιμένει νικά**
ο ακρογωναίος λίθος	**η πέτρα στη γωνία του τοίχου**
το γοργόν και χάριν έχει	speed has grace
συν Αθηνά και χείρα κίνει	with the goddess Athena you need to move your hand too
παν μέτρον άριστον	moderation is best
υπέρ το δέον	more than necessary

Και από την εκκλησία αυτά που ακολουθούν:

Κύριε ελέησον	May the Lord have mercy on us
μετά φόβου Θεού και πίστεως	with the fear of God and faith
πανταχού παρών	present everywhere
στους αιώνες των αιώνων	for centuries upon centuries
μνήσθητί μου Κύριε	Lord, remember me

7η άσκηση

Οι παρακάτω φράσεις είναι αυτές που αναφέραμε πιο πάνω. Ξαναδιαβάστε τις και δώστε την αντίστοιχη αγγλική φράση που χρησιμοποιείται σήμερα.

ο ακρογωναίος λίθος   the cornerstone
ο επιμένων νικά
το γοργόν και χάριν έχει
συν Αθηνά και χείρα κίνει
παν μέτρον άριστον
υπέρ το δέον
Κύριε ελέησον
μετά φόβου Θεού και πίστεως
πανταχού παρών
ο μη γένοιτο
στους αιώνες των αιώνων
μνήσθητί μου Κύριε

Φτάνουμε στο τέλος – Το Άγιον Όρος

As in every religion, there are various ways in which people can best worship God. Some are frequent churchgoers, and some go twice a year. If you happen to be in Greece around the time Greek Easter is being celebrated, the church services and rituals are most interesting, with roots going back centuries. It is worth attending a church service.

There are those, however, who feel that they can best serve God in secluded small monasteries. Few such monastic societies can be more secluded than the monasteries on Mount Athos in Macedonia.

Λεξιλόγιο

απομονωμένος, -η, -ο	isolated
αναγκάζω	to force
καταφεύγω	to take refuge
εκκλησιαστικός, -ή, -ό	(of the) church
η εκκλησία	church
επιτρέπω	to permit, allow
επισκέπτομαι	to visit
η περιουσία	property
το έτος	year (older form used some times, **ο χρόνος** is generally used)

Για χίλια σχεδόν χρόνια, ζουν μοναχοί στο Άγιον Όρος. Το πρώτο μοναστήρι ιδρύθηκε από τον Άγιο Αθανάσιο το 10ο αιώνα με τη βοήθεια του τότε βυζαντινού αυτοκράτορα.

Οι πρώτοι κάτοικοι του Άθω ήταν ασκητές και ζούσαν χωριστά σε σπήλαια ή κελιά. Μετά την ίδρυση του πρώτου μοναστηριού από τον Άγιο Αθανάσιο, το οποίο και αποτέλεσε τον πυρήνα της μοναστικής πολιτείας του Αγίου Όρους, ιδρύθηκαν κι άλλα και σιγά σιγά οι διάφοροι ασκητές που ζούσαν απομονωμένοι αναγκάστηκαν να καταφύγουν κι αυτοί στα διάφορα μοναστήρια.

Το Άγιον Όρος είναι ανεξάρτητο από κάθε κρατική ή εκκλησιαστική αρχή. Οι μοναχοί επιλέγονται από τον ηγούμενο και το συμβούλιο του κάθε μοναστηριού μετά από μια δοκιμαστική περίοδο ενός έτους.

Λέγεται ότι το Άγιον Όρος μοιάζει με τον παράδεισο σ' ένα τουλάχιστο σημείο, δηλ. τη δυσκολία που αντιμετωπίζει κανείς για να του επιτραπεί η είσοδος. Κι αυτό στην περίπτωση των ανδρών. Όχι μόνο δεν επιτρέπεται στις γυναίκες να επισκεφθούν το Άγιον Όρος, αλλά ούτε και σε θηλυκά ζώα. Παρά τη μεγάλη κτηματική περιουσία που έχουν τα μοναστήρια, κάνουν «εισαγωγή» των αβγών μια και δεν επιτρέπονται κότες. Δεν είναι γνωστό πώς αντιμετωπίζεται το πρόβλημα των ανεπιθύμητων ιπτάμενων θηλυκών εισβολέων.

Θα βρείτε το παρακάτω λεξιλόγιο χρήσιμο:

ο μοναχός	monk
το μοναστήρι	monastery

ιδρύω	to found
η ίδρυση	founding
αποτελώ	to make up, constitute
ο αυτοκράτορας	emperor
ο ασκητής	hermit
το σπήλαιο	cave
το κελί	cell (in prison)
ο πυρήνας	nucleus
ο ηγούμενος	abbot
το συμβούλιο	council
ο παράδεισος	paradise, heaven
θηλυκός, -ή, -ό	female
κτηματικός, -ή, -ό	landed
η εισαγωγή	import (also introduction)
η κότα	hen
ιπτάμενος, -η, -ο	flying
ο εισβολέας	invader
ανεπιθύμητος, -η, -ο	undesirable

Παρατηρήσεις

του Αγίου Όρους

The stress-accent falls on the second syllable (**Αγίου**) rather than on the first (**Άγιου**), which would be more prevalent today. The older (**καθαρεύουσα**) form has prevailed in this case and remains still in use in this context.

το Άγιον Όρος

The final -**v** is again a remnant from **καθαρεύουσα**.

και ρωτούμε

Να απαντήσετε στις ερωτήσεις στα ελληνικά.

1 Πότε και από ποιον ιδρύθηκε το πρώτο μοναστήρι στο Άγιον Όρος;
2 Σε ποια εκκλησιαστική αρχή υπάγονται οι μοναχοί του Αγίου Όρους;
3 Πόσο φιλόξενοι είναι οι μοναχοί του Αγίου Όρους;
4 Πώς μπορεί να γίνει κανείς μοναχός στο Άγιον Όρος;

8η άσκηση

Εξηγήστε, στα αγγλικά, σε ένα φίλο ή μια φίλη σας τις αλλαγές που έχουν σημειωθεί στην ελληνική γλώσσα τα τελευταία χίλια περίπου χρόνια.

ΤΕΛΟΣ

ΘΕΡΜΑ ΣΥΓΧΑΡΗΤΗΡΙΑ

αν έχετε φτάσει σ' αυτή τη σελίδα γιατί τελειώσατε το βιβλίο.

Ελπίζουμε το βιβλίο μας να σας κράτησε καλή συντροφιά.

Key to exercises

Introduction

Exercise 1

α Α, ε Ε, η Η, ο Ο, ι Ι, υ Υ, ω Ω

Exercise 2

καλή = good, μέρα = day, νύχτα = night, ταξίδι = journey, voyage, όρεξη = appetite, μία μέρα = one day, a day, μία νύχτα = one night, a night

The first one is read as a two-syllable word, i.e. δύ-ο, thi-o.
The second one is read as a one-syllable word, i.e. δυο thio.

Lesson 1

Exercise 1

ΕΞΟΔΟΣ έξοδος, ΑΠΟΧΩΡΗΤΗΡΙΑ αποχωρητήρια, ΤΡΑΠΕΖΑ τράπεζα, ΣΤΑΣΗ στάση, ΕΣΤΙΑΤΟΡΙΟ εστιατόριο, ΤΑΞΙ ταξί, ΚΛΙΝΙΚΗ κλινική, ΑΝΔΡΩΝ ανδρών, ΓΥΝΑΙΚΩΝ γυναικών, ΠΕΖΟΔΡΟΜΟΣ πεζόδρομος, ΕΡΓΑ έργα, ΑΕΡΟΛΙΜΕΝΑΣ αερολιμένας, ΑΕΡΟΔΡΟΜΙΟ αεροδρόμιο, ΣΤΑΘΜΟΣ σταθμός.

Exercise 2

η ψυχολογία = psychology, το τηλέφωνο = telephone, το ράδιο = radio, η αλφαβήτα =alphabet, η σύνθεση = synthesis, composition, το αεροπλάνο = aeroplane, η τεχνολογία =technology, η αρχιτεκτονική = architecture, η βιολογία = biology, η φωτογραφία =photography, η ηχώ = echo, ηλεκτρονικός = electronic, η δημοκρατία = democracy (also republic), τα μαθηματικά = mathematics, ο ηλεκτρισμός = electricity, το εξάγωνο =

hexagon, η ιδέα = idea, το θέατρο = theatre, η ορχήστρα = orchestra, ο μύθος = myth.

Exercise 3

το τέλεξ = telex, το τέλεφαξ = fax, το βίντεο = video, το σινεμά = cinema, το εξπρές = express (train), το κανό = canoe, η καφετέρια = cafeteria, το μίνι = mini dress/mini skirt, η σαλάτα = salad, το μιλκ σέικ = milk shake, το μότο = motto.

Exercise 4

a nice day = μια καλή μέρα, have a good journey = καλό ταξίδι, quietly please = σιγά, παρακαλώ, enjoy your meal = καλή όρεξη, taxi please = ταξί, παρακαλώ, good night = καληνύχτα, slowly please = σιγά, παρακαλώ.

Exercise 5

η θεραπεία – i THerapía – therapy (also treatment), το φαρμακείο – to farmakío – pharmacy, η Ευρώπη – i evrópi – Europe, η αρχαιολογία – i arheología – archaeology, η τηλεπάθεια – i tilepáTHia – telepathy, η μουστάρδα – i moostártha – mustard, η σάουνα – i sáoona – sauna, το ούζο – to oózo – ouzo, το σουπερμάρκετ – to soopermárket – supermarket, ο κομουνισμός – o komoonismós – communism.

Exercise 6

πικ απ = record player, τσιπς = crisps, κάμερα = video camera, ουίσκυ = whisky, τζιν = gin.

Exercise 7

το γκαράζ – to garáz – garage, ο μάνατζερ – o mánatzer – manager, το μπέικον – to béikon – bacon, το μάρκετινγκ – to márketing – marketing, το γκρουπ – to groop – group, το σινεμά – to sinemá – cinema, το πάρκινγκ – to párking – parking, μπράβο – brávo – bravo, το κέτσαπ – to kétsap – ketchup, ο κομπιούτερ – o compúter – computer.

Exercise 8

είσοδος – ísothos, τουαλέτες – tooalétes, γυναίκες – yinékes, ταχυδρομείο

– tahithromío, εστιατόριο – estiatório, νοσοκομείο – nosokomío, λεωφορείο – leoforío, πληροφορίες – pliroforíes, αρτοπωλείο – artopolío, καπνοπωλείο – kapnopolío, κρεοπωλείο – kreopolío, παντοπωλείο – pantopolío, βιβλιοπωλείο – vivliopolío, χαρτοπωλείο – hartopolío, περίπτερο – períptero.

Exercise 9

το ταξί – transport, εντάξει – agreement, όχι – refusal, παρακαλώ – request, η στάση – buses, η έξοδος – leaving, το τέλεξ – business, το φαρμακείο – medicines, το νοσοκομείο – illness, τα τσιπς – eating, το ούζο – drinking, καλησπέρα – greeting.

Comprehension

1 The author of this passage and his friend Maria. 2 Because he left his passport at the hotel. 3 To the hotel. 4 Argo. 5 Because a taxi is quicker and he is in a hurry. 6 That he could not go as fast as his passenger wished.

Exercise 10

γρήγορα	σιγά	quick/slow opposites
κύριος	κυρία	Mr/Mrs different gender
όχι	μάλιστα	no/yes opposites
το ταξίδι	το διαβατήριο	journey/passport
πού	ποιο	where/what – both used to ask questions
το αυτοκίνητο	το ταξί	car/taxi – both cars but for different uses
το αεροπλάνο	το αεροδρόμιο	aeroplane/airport
το αεροδρόμιο	το αερολιμένας	aerodrome/airport – often used interchangeably

Lesson 2

Exercise 1

η σαλάτα μου – my salad, το σινεμά τους – their cinema, το βίντεο σας – your video, η φωτογραφία μου – my photograph, ο σταθμός τους – their station, το αεροδρόμιό μας – our airport, η στάση του – his stop, το βιβλιοπωλείο της – her bookshop.

Exercise 2

το ξενοδοχείο τους, το ταξί της, το αεροπλάνο μου, το εστιατόριό τους, το ταξίδι του.

Exercise 3

ο κύριος	η κυρία	η Ελληνίδα
η στάση	ο σταθμός	το ταξί
ο έξοδος	το ούζο	η θάλασσα
το φαρμακείο	το βράδυ	η Ελλάδα
η Ευρώπη	ο Έλληνας	το ταξίδι

Exercise 4

το αεροδρόμιο = airport, το περίπτερο = kiosk, το αυτοκίνητο = car, το νοσοκομείο = hospital, το λεωφορείο = bus. (They all end in -o.)

Exercise 5

μια πορτοκαλάδα or μία πορτοκαλάδα	ένα τυρί	ένας καφές
ένα καφεδάκι	ένας κύριος	μια ντομάτα or μία ντομάτα
μια φρυγανία or μία φρυγανία	ένα τοστ	

Exercise 6

	Pronunciation	Meaning
ένας στιγμιαίος κάφες	énas stigmiéos kafés	an instant coffee
ένας χυμός πορτοκαλιού	énas himós portokalioó	an orange juice
μια πάστα or μία πάστα	mia pásta or mía pásta	a pastry
μια λεμονάδα or μία λεμονάδα	mia lemonátha or mía lemonátha	a lemonade
ένα ζαμπόν	éna zambón	a ham
ένα αγγούρι	éna angoóri	a cucumber
ένα παγωτό	éna pagotó	an ice-cream
ένα τσάι	éna tsái	a tea
ένα νερό	éna neró	a water
ένα γάλα	éna gála	a milk
ένα λεμόνι	éna lemóni	a lemon
ένα σαλάμι	éna salámi	a salami
ένα γιαούρτι	éna yiaoórti	a yoghurt

Exercise 7

Suggested answers – others may be equally correct:

Εγώ είμαι.
Καλά, ευχαριστώ.
Είναι το διαβατήριό μου
Όχι, είμαι ο Πέτρος, or Ναι, εγώ είμαι, ο Παύλος.
Όχι, είμαι Αγγλίδα.

Note: In the case of a man the question would be *Είστε Έλληνας*: The answer would then be *Όχι, είμαι Άγγλος*.

Exercise 8

Suggested questions others may be equally correct:

– Παρακαλώ;
– Μια λεμονάδα, παρακαλώ.
– Μια λεμονάδα ή ένα χυμό λεμονιού;
– Μια λεμονάδα, ευχαριστώ.
– Τίποτ' άλλο;
– Όχι, ευχαριστώ.

Exercise 9

1 Ο Παύλος είναι Έλληνας. 2 Ένα γλυκό καφέ, παρακαλώ. 3 Πώς είναι η Νίκη; 4 Χαίρω πολύ. 5 Πού είναι το λεωφορείο; 6 – Ευχαριστώ πολύ. – Παρακαλώ.

Exercise 10

Με συγχωρείτε! Ένα σκέτο καφέ και ένα νερό, παρακαλώ.
or perhaps
Παρακαλώ, έναν καφέ σκέτο και ένα νερό.

Comprehension

1 Hot – although we are not told this explicitly, we are told that it is August. 2 At the greengrocer's in the market. 3 Tomatoes, cucumbers and lemons. 4 No. 5 None. 6 500 drachma – Dr 200 for the tomatoes + Dr 100 for the two cucumbers + Dr 200 for one kilo of lemons = Dr 500 in total.

1 Ορίστε οι ντομάτες και τα αγγούρια. Να και τα λεμόνια σας. 2 Ένα κιλό. 3 Σοφία. 4 Πρωί. 5 200 δραχμές το κιλό.

Exercise 11

Μανάβης:	– Ορίστε τα ρέστα σας.
or simply	– Τα ρέστα σας.
Σοφία:	– Ευχαριστώ. Χαίρετε.
or	– Ευχαριστώ, γεια σας.

Exercise 12

(a)

Μανάβης:	– Με συγχωρείτε, κυρία. Το γιαούρτι σας.
or perhaps	– Με συγχωρείτε, το γιαούρτι σας.
Σοφία:	– Α, ναι. ευχαριστώ
or perhaps	– Ευχαριστώ, γεια σας.
or	– Ευχαριστώ πολύ. Χαίρετε.

(b)

Μανάβης:	– Κυρία Σοφία. Το γιαούρτι σας.
Σοφία:	– Α, ναι. ευχαριστώ, γεια σας.
or perhaps	– Ευχαριστώ, γεια σας.
or	– Ευχαριστώ πολύ. Χαίρετε.

Lesson 3

Exercise 1

Pavlos and Niki have a car.
(Mr) George has a house with a garden.
Thessaloniki has an airport.

Exercise 2

Person	Singular	Plural
1st	δένω	δένουμε
2nd	δένεις	δένετε
3rd	δένει*	δένουν

* It is the same form for a man, a woman or a child.

Exercise 3

1 πέντε λεμόνια – five lemons. 2 είκοσι τέσσερα πορτοκάλια – twenty-four oranges. 3 δεκατρία αυτοκίνητα – thirteen cars. 4 τρία βιβλιοπωλεία –

three bookshops. 5 εννέα αεροπλάνα – nine aeroplanes. 6 τέσσερα εστιατόρια – four restaurants. 7 έξι ταχυδρομεία – six post offices. 8 δύο ταξίδια – two journeys.

Singular	*Plural*
το λεμόνι	τα λεμόνια
το πορτοκάλι	τα πορτοκάλια
το αυτοκίνητο	τα αυτοκίνητα
το βιβλιοπωλείο	τα βιβλιοπωλεία
το αεροπλάνο	τα αεροπλάνα
το εστιατόριο	τα εστιατόρια
το ταχυδρομείο	τα ταχυδρομεία
το ταξίδι	τα ταξίδια

Nouns ending in **o** change to **α** and those ending in **ι** add **α**, i.e. end in **ια**.

Exercise 4

Neuter nouns ending in o	*Neuter nouns ending in ι*
τα αεροπλάνο, τα αεροπλάνα	τα νησί, τα νησιά
τα τρένο, τα τρένα	τα λιμάνι, τα λιμάνια
τα αεροδρόμιο, τα αεροδρόμια	τα ταξίδι, τα ταξίδια
τα εισιτήριο, τα εισιτήρια	τα παιδί, τα παιδιά
τα πλοίο, τα πλοία	τα αυτοκινητάκι, τα αυτοκινητάκια
τα διαβατήριο, τα διαβατήρια	
τα ποδήλατο, τα ποδήλατα	
τα λάστιχο, τα λάστιχα	
τα πρατήριο, τα πρατήρια	
τα συνεργείο, τα συνεργεία	
τα λεπτό, τα λεπτά	

Exercise 5

1 Ο Γιώργος έχει τρία εισιτήρια. 2 Εγώ έχω δύο ποδήλατα. 3 Το ταξί έχει τέσσαρα λάστιχα. 4 Τα παιδιά έχουν πέντε αυτοκινητάκια. Το ένα έχει δύο. 5 Η Μαρία έχει αυτοκίνητο; (*or* Έχει η Μαρία αυτοκίνητο;) 6 Το πρατήριο έχει βενζίνη.

Exercise 6

The sentences below are only examples of some possibilities. There are many more sentences that can be made with these words.

Η Σοφία και ο Γιώργος πηγαίνουν στην Ακρόπολη (*or* στην Αθήνα, στο σινεμά, etc.).
Ο κύριος χάνει το αυτοκίνητό του.
Η Νίκη ρωτά το Γιώργο.
Εμείς αργούμε (*or* Αργούμε).
Εσύ αγαπάς τα παιδιά (*or* Αγαπάς τις ντομάτες, τον καφέ etc.).
Η κυρία ταξιδεύει με λεωφορείο.
Εσείς αναχωρείτε για την Ελλάδα (*or* Αναχωρείτε για την Αθήνα, Αγγλία etc.).

Exercise 7

πλοίο = ship, αεροδρόμιο = airport, οδηγός = driver, τρένο = train, ταξίδι = journey, voyage, πτήση = flight, πετώ = to fly, βενζίνη = petrol, ταξί = taxi, φέρμπποτ = ferry boat

Exercise 8

Those followed by **μ.μ.**

Exercise 9

πηγαίνω – μετρό, χάνω – δραχμές, ρωτώ – πώς; αγαπώ – παιδιά, πετώ – αεροπλάνο, έχω – αυτοκίνητο, τρώω – ψάρια.

Comprehension

(a)
1 Athens airport. 2 More than one; otherwise not stated. 3 London 4 By bus
(b)
1 Ταξιδεύουν με το λεωφορείο. 2 Έχει περίπτερα, καφετερίες και καταστήματα αφορολόγητων. 3 Πτήση ΟΑ327 είναι στις πέντε και τριάντα. 4 Ναι, έχουν τα διαβατήριά τους. 5 Είναι τρείς ώρες και τριάντα πέντε λεπτά.

Exercise 10

Make your way to gate 4 and have your passports and boarding cards ready.

Exercise 11

ΤΑΞΙ

Exercise 12

Super

Lesson 4

Exercise 1

Πελάτης:	– Εδώ είναι το ξενοδοχείο «Η Ακρόπολις»;
Υπάλληλος υποδοχής:	– Ναι αυτό είναι.
Πελάτης:	– Έχω δωμάτιο για έξι μέρες.
Υπάλληλος υποδοχής:	– Το όνομά σας παρακαλώ;
Πελάτης:	– Το όνομά μου είναι Richard Brown.
Υπάλληλος υποδοχής:	– Α, ναι. Το διαβατήριό σας παρακαλώ.
Πελάτης:	– Ορίστε.
Υπάλληλος υποδοχής:	– Ευχαριστώ. Η διεύθυνσή σας στην Αγγλία;
Πελάτης:	– 16, Burleigh Close, Λονδίνο.
Υπάλληλος υποδοχής:	– Πόσες μέρες θα είστε μαζί μας, κύριε Brown;
Πελάτης:	– Έξι. Μια πληροφορία, παρακαλώ; Υπάρχει λεωφορείο για την πλάζ;
Υπάλληλος υποδοχής:	– Από αύριο, θα πηγαίνει λεωφορείο δυο φορές την ημέρα στις εννέα το πρωί και στις δύο το απόγευμα.
Πελάτης:	– Ευχαριστώ.
Υπάλληλος υποδοχής:	– Παρακαλώ, καλές διακοπές.

Exercise 2

1 Από την άλλη εβδομάδα θα πηγαίνω στη δουλειά μου με το τρένο. 2 Κάθε τόσο θα αγοράζω την εφημερίδα μου το πρωί. 3 Από μεθαύριο θα πληρώνει με πιστωτική κάρτα. 4 Από εδώ και εμπρός η γυναίκα του θα πηγαίνει μαζί του. 5 Από αύριο θα πίνει μόνο νερό.

Exercise 3

Work has now finished. From tomorrow we will be on holiday and will lead the life of Riley. In the morning we will go to the beach and swim, sunbathe and drink coffee and enjoy ourselves in the peace and quiet.

Exercise 4

οι δρόμοι, του άντρα, κύριε, των σταθμών, ο φίλος, το σκύλο, τους υπαλλήλους, Έλληνες.

Exercise 5

	Singular	*Plural*
Nominative	ο επιβάτης	οι επιβάτες
Genitive	του επιβάτη	των επιβατών
Accusative	τον επιβάτη	τους επιβάτες
Vocative	επιβάτη	επιβάτες

	Singular	*Plural*
Nominative	ο πατέρας	οι πατέρες
Genitive	του πατέρα	των πατέρων*
Accusative	τον πατέρα	τους πατέρες
Vocative	πατέρα	πατέρες

	Singular	*Plural*
Nominative	ο γιατρός	οι γιατροί
Genitive	του γιατρού	των γιατρών
Accusative	το γιατρό	τους γιατρούς
Vocative	γιατρέ	γιατροί

* Note: that in the plural the genitive is *των πατέρων*, whereas the example we used in the lesson has the stress-accent on the last syllable, i.e. *των μηνών*. There are a number of variations and we cannot possibly deal with all of them in a short book. A good grammar for modern Greek will be a useful addition if you wish to take your study into greater detail.

Exercise 6

– Ναι!
– Τον <u>κύριο</u> Γιώργο, παρακαλώ.
– Μια στιγμή, παρακαλώ. Ποιος τον ζητά;
– Ο <u>φίλος</u> του, ο Παύλος.
– Ένα λεπτό, παρακαλώ. Κύριε Γιώργο, τηλέφωνο.
– Ναι, <u>Παύλο</u>; τι κάνεις;
– Καλά, εσύ;
– Καλά, καλά.

Exercise 7

Ιανουάριος – January, Φεβρουάριος – February, Μάρτιος – March, Απρίλιος – April, Μάιος – May, Ιούνιος – June, Ιούλιος – July, Αύγουστος – August, Σεπτέμβριος – September, Οκτώβριος – October, Νοέμβριος – November, Δεκέμβριος – December.

Exercise 8

Γενάρης, Φλεβάρης, Μάρτης, Απρίλης, Μάης, Ιούνης, Ιούλης, –, Σεπτέμβρης, Οκτώβρης, Νοέμβρης, Δεκέμβρης.

Exercise 9

Present	Future simple
συστήνω	θα συστήσω
αρχίζω	θα αρχίσω
χάνω	θα χάσω
φτάνω	θα φτάσω
αγοράζω	θα αγοράσω
κοιτάζω	θα κοιτάξω
ζητώ	θα ζητήσω
ρωτώ	θα ρωτήσω
αργώ	θα αργήσω
αγαπώ	θα αγαπήσω
ευχαριστώ	θα ευχαριστήσω

Exercise 10

The sentences given below are only some examples. There are many others you can make up yourself.

Θα αρχίσω απόψε.
Θα φτάσουν την ερχόμενη εβδομάδα.
Αύριο θα αγοράσει ένα λεμόνι.
Το απόγευμα θα ζητήσετε νερό.
Απόψε θα ρωτήσουμε το Γιώργο.

Exercise 11

Present	Future continuous	Future simple
ψήνω	θα ψήνω	θα ψήσω
ανάβω	θα ανάβω	θα ανάψω
ζω	θα ζω	θα ζήσω
τσουγκρίζω	θα τσουγκρίζω	θα τσουγκρίσω
γιορτάζω	θα γιορτάζω	θα γιορτάσω
ταξιδεύω	θα ταξιδεύω	θα ταξιδέψω
οδηγώ	θα οδηγώ	θα οδηγήσω
γλεντώ	θα γλεντώ	θα γλεντήσω
βοηθώ	θα βοηθώ	θα βοηθήσω
ετοιμάζω	θα ετοιμάζω	θα ετοιμάσω
βάφω	θα βάφω	θα βάψω
κρύβω	θα κρύβω	θα κρύψω
κατοικώ	θα κατοικώ	θα κατοικήσω
προχωρώ	θα προχωρώ	θα προχωρήσω

Exercise 12

η Κυριακή, η Δευτέρα, η Τρίτη, η Τετάρτη, η Πέμπτη, η Παρασκευή, το Σάββατο.

Exercise 13

ο χειμώνας, η άνοιξη, το καλοκαίρι, το φθινόπωρο.

Exercise 14

1 Η εποχή της άνοιξης έχει τρεις μήνες. 2 Το τρένο θα φτάσει στις πέντε και τέταρτο π.μ. 3 Θα θυμώσει ο πατέρας της Ευθυμίας. 4 Θα απαντήσω στην ερώτησή σου αύριο· τώρα πηγαίνω δουλειά. 5 – Τι ώρα θα φύγει το λεωφορείο; – Νομίζω στις επτά. 6 Εγώ φεύγω τώρα. Εσύ θα φύγεις μαζί μου;

Exercise 15

```
ARRIVALS STATISTICS CARD
Please answer the questions below: Date _____
Nationality _____
Date of birth _____
Sex: male or female _____
Country of residence _____
How are you travelling to Greece:    by bus
                                     by train
                                     by aeroplane
                                     by ship
How many days will you be staying in Greece?
Thank you and bon voyage.
```

Comprehension

(a) 1 In Thessaloniki 2 A special soup, called **μαγειρίτσα** is prepared, eggs are dyed red and on Easter Sunday everybody goes to church and afterwards they have a barbecue for lunch. 3 The eggs are dyed red and struck together until only one remains uncracked. 4 The men do. 5 Attending church after which a special dish is served. It is a family occasion.

(b) 1 Χριστός ανέστη. 2 Βάφουν τα αυγά κόκκινα και το Πάσχα τσουγκρίζουν τα αυγά. 3 Στο χωριό.

Exercise 16

Καλό Πάσχα

Lesson 5

Exercise 1

Continuous	*Simple*
να πίνουμε	να πιούμε (irregular)
να βρίσκω	να βρώ (irregular)
να φεύγω	να φύγω (irregular)
να πηγαίνω	να πάω (irregular)

να υπάρχει   να υπάρξει
να έχω   να έχω

Note similarity with the infinitive in English (to drink, to find, etc.). For the irregular verbs, see Language Point 20, in this lesson.

Exercise 2

1 Θέλω να πάω ψάρεμα αύριο. 2 Μπορείς να βρεις την Τίνα; 3 Επιμένουν να φύγετε και εσείς. 4 Σκοπεύει να φύγει; 5 Συνηθίζουμε να πηγαίνουμε στα νησιά το καλοκαίρι. 6 Είναι δύσκολο να φύγουμε τώρα.

Exercise 3

Words of a single syllable do not usually take a stress-accent, **θα πιω, θα πιεις, θα πιουν, θα βρω, θα βρεις, θα βρουν** being examples of one-syllable words.

Exercise 4

Continue straight on, turn left, then immediately right. Continue for a hundred metres when you will reach the school. At the school turn left and carry on a little further; you will reach the butcher's shop, where you should turn right, and the church is five minutes down the road.

Exercise 5

He is looking for the town and he is told to follow the arrow.

Exercise 6

Χρήσιμες πληροφορίες
Συγκοινωνίες για τη Λευκάδα:
Με αεροπλάνο: Καθημερινές πτήσεις. Διάρκεια ταξιδιού 1. 15 ώρα.
Με αυτοκίνητο: Καθημερινά με λεωφορείο. Διάρκεια ταξιδιού 6 ώρες.
Με πλοίο: Καθημερινά με φέριμποτ.
Πού θα μείνετε: Έχει πολλά ξενοδοχεία και δωμάτια σε ολόκληρο το νησί. Θα βρείτε επίσης και κάμπινγκ.

Exercise 7

In this exercise there are two possible answers to most of the questions. The third alternative is definitely wrong. Choose whichever alternative applies to you.

1 Πηγαίνω στη δουλειά μια φορά την ημέρα (*or* κάθε μέρα). 2 Θέλω να πιω ένα ποτήρι κρασί (*or* γάλα). 3 Θα φύγω για ταξίδι αύριο (*or* σήμερα). 4 Θα βρούμε ένα ταξί (*or* το αυτοκίνητο του κ. Κώστα). 5 Θα απαντήσω στην ερώτησή σου το βράδυ (*or* τώρα).

Exercise 8

Full name:	Mr/Mrs/Miss
Address:	(Street and No)
	Town:
	Post code:
Telephone	– home:
	– work:

Occupation:
Magazine of your choice:
Cost of subscription: Dr 4 500
I enclose Dr _____   as a postal order/cheque
                                                          I will pay cash on delivery
Signature: Date:

Exercise 9

1 Το πλοίο για τη <u>Ρόδο</u> φεύγει στις οκτώ. 2 Πού είναι το δελτίο <u>επιβίβασης</u>; 3 Η ημερομηνία <u>γεννήσεως</u> της <u>κυρίας</u> Παπαδοπούλου είναι Ιανουάριος 1972. 4 Η μητέρα του <u>παιδιού</u> είναι στο σπίτι. Ο <u>πατέρας</u> του είναι στη δουλειά. 5 Είμαι συνδρομητής στο <u>περιοδικό</u> «4 Τροχοί». 6 Ο αριθμός <u>τηλεφώνου</u> μου είναι 01 για την Αθήνα, 23 45 564. 7 Τα <u>τρένα</u> πηγαίνουν κατευθείαν για την <u>Αθήνα</u>. 8 Ο Σταύρος και η Έρση είναι <u>παιδιά</u> του <u>κυρίου</u> της Αχαρνών 15.

Exercise 10

They will be entered in the Glossary as follows:	*Their meanings are:*
βρίσκω	to find
καταφύγιο, το	refuge

αναμονή, η	waiting
ρεπερτόριο, το	repertoire
εβδομάδα, η	week
βραδιά, η	evening, night
πρεμιέρα, η	première
ακολουθώ	to follow
παράσταση, η	performance
πόλη, η	town, city
Αύγουστος, ο	August
μοτίβο, το	motif
έρωτας, ο	eros, love
θάνατος, ο	death
πάλη, η	struggle

Exercise 11

πέντε χιλιάδες εφημερίδες, έξι χιλιάδες περιοδικά, επτά (or εφτά) χιλιάδες αυτοκίνητα, οκτώ (or οχτώ) χιλιάδες σπίτια, εννέα (or εννιά) χιλιάδες δραχμές, πεντακόσιες εβδομάδες, πεντακόσιοι μήνες, πεντακόσια θέατρα, εξακόσιες πόλεις, εξακόσια ξενοδοχεία, εξακόσιοι υπάλληλοι υποδοχής, επτακόσιες (or εφτακόσιες) αφίξεις, επτακόσια διαβατήρια, επτακόσιες γάτες, οκτακόσιοι επιβάτες, οκτακόσια ονόματα, οκτακόσιες μητέρες, εννιακόσιες αποχωρήσεις, εννιακόσια λεωφορεία, εννιακόσιοι θείοι.

Exercise 12

1 Ο ταχυδρομικός κώδικας είναι εκατόν πενήντα πέντε, τριάντα τρία. 2 Μένουν στην οδό Μενελάου τετρακόσια πενήντα έξι. 3 Θα γράψω την επιταγή για δεκατρείς χιλιάδες πεντακόσιες εβδομήντα πέντε δραχμές. 4 Το αεροπορικό εισιτήριο για το Παρίσι είναι ογδόντα οκτώ χιλιάδες εννιακόσιες δραχμές.

Exercise 13

You will see a picture of a sailing boat. The numbers not joined up are 13 and 27.

Exercise 14

première, repertoire, motif, melodic, tragedy.

Comprehension

(a) 1 It will be performed next week. 2 Its first performance will be in Thessaloniki. 3 A tragedy. It has death as one of its themes. 4 η κωμωδία 5 Γιώργος
(b) 1 Η «Ερωφίλη» είναι θεατρικό έργο. 2 Το Ηρώδειο είναι θέατρο. 3 Οι παραστάσεις θα γίνουν το καλοκαίρι. 4 Ο Γεώργιος Χορτάτσης είναι θεατρικός συγγραφέας.

Exercise 15

1 «Ερωφίλη» can be booked on Friday 20 and Saturday 21 July. 2 Performances start at 9.15 p.m. 3 The tickets are Dr 1000 and Dr 500. 4 Tickets can be bought from the EOT ticket office. 5 Greek Tourist Organization, but it is in fact known as National Tourist Organization.

Lesson 6

Exercise 1

Present	Past simple
στρίβω	έστριψα
ψήνω	έψησα
βάφω	έβαψα
κρύβω	έκρυψα
λείπω	έλειψα
λήγω	έληξα
χάνω	έχασα
κόβω	έκοψα
σπρώχνω	έσπρωξα
φτάνω	έφτασα
τρέχω	έτρεξα
ψαρεύω	ψάρεψα

Exercise 2

Verb ending in present tense	Past simple endings
-ω	-σα
-νω	-σα
-ζω	-σα or -ξα

-πω	-ψα
–βω	-ψα
–φω	-ψα
–εύω	-ψα
–κω	-ξα
–γω	-ξα
–χω	-ξα
–χνω	-ξα

The rule from the above is as follows.

Verbs ending in the present tense in -νω, -ζω end in -σα in the past simple.

Verbs ending in the present tense in -πω, -βω, -φω, -εύω end in -ψα in the past simple.

Verbs ending in the present tense in -κω, -γω, -χω, -χνω end in -ξα in the past simple.

There are exceptions, but most of these are beyond the scope of this book.

Exercise 3

1 Προχτές 2 πριν 4 χρόνια 3 την περασμένη εβδομάδα 4 πέρυσι 5 πριν τέσσερις μέρες 6 δυο ώρες 7 πριν δέκα χρόνια 8 τρεις μέρες.

Exercise 4

η ταβέρνα   το ταβερνάκι

is the odd pair out because all the others are neuter (ie preceded by **το**), whereas **η ταβέρνα** is feminine but its diminutive is neuter, i.e. **το ταβερνάκι**.

Exercise 5

1 έστελνα. 2 έκρυβε. 3 Έχανα. 4 έτρεχαν. 5 πίναμε. 6 Ρωτούσαν. 7 Αργούσε. 8 Πήγαιναν.

Exercise 6

Verbs in imperfect	Verbs in past simple
	έγινε
	έγινε
	έγινε
περπατούσα	ρώτησα

κοίταζα
περπατούσα
κοίταζα

άκουσα
άρχισε
κοίταξα
είδα

Exercise 7

1 Do you want <u>anything</u>? – τίποτα – can also mean <u>nothing</u>. 2 Will you look <u>anywhere</u>? – πουθενά – can also mean <u>nowhere</u>. 3 Do you see <u>anybody</u>? – κανένας, καμία, κανένα – can also mean <u>no one</u>. 4 Will they <u>ever</u> leave? – ποτέ – can also mean <u>never</u>.

Exercise 8

In many cases, there are various possibilities for the word order in the questions, depending on where the emphasis lies. Below we will give the simplest.

1 Πίνεις τον καφέ σκέτο. Πίνεις τον καφέ σκέτο; Δεν πίνεις τον καφέ σκέτο. 2 Έχει φουρτούνα. Έχει φουρτούνα; Δεν έχει φουρτούνα. 3 Πηγαίνουμε ψάρεμα. Πηγαίνουμε ψάρεμα; Δεν πηγαίνουμε ψάρεμα. 4 Το Σαββατοκύριακο θα πάμε στο νησί. Το Σαββατοκύριακο θα πάμε στο νησί; Το Σαββατοκύριακο δε θα πάμε στο νησί. 5 Το κατάστημα είναι στη γωνία. Το κατάστημα είναι στη γωνία; Το κατάστημα δεν είναι στη γωνία. 6 Η κυρία κοίταξε να δει τι έγινε. Η κυρία κοίταξε να δει τι έγινε; Η κυρία δεν κοίταξε να δει τι έγινε. 7 Ο αστυφύλακας ρώτησε την κυρία για το ατύχημα. Ο αστυφύλακας ρώτησε την κυρία για το ατύχημα; Ο αστυφύλακας δε ρώτησε την κυρία για το ατύχημα. 8 Ο γάμος θα είναι την Κυριακή. Ο γάμος θα είναι την Κυριακή; Ο γάμος δε θα είναι την Κυριακή.

Exercise 9

ρώτησε, Η, περπατούσε, κοίταζε, της, κοίταξε, αυτοκίνητο.

Exercise 10

Καλή χρονιά	Happy New Year
Χρόνια πολλά	Many happy returns
Καλή τύχη	Good luck
Εις υγείαν	Cheers
Καλή όρεξη	Enjoy your meal

Με γεια is the odd one out. It has no equivalent phrase in English. In Greek it is used to wish a person enjoyment from something they have just bought: e.g. if a friend is showing you his brand new car, apart from various other suitably admiring comments you can also say **με γεια**; literally it means *with health*.

Comprehension

(α) 1 Η οροσειρά του Πενταδάκτυλου είναι στην Κύπρο. 2 Οι Ακρίτες ήταν στρατιώτες στα σύνορα της Βυζαντινής Αυτοκρατορίας. 3 Έζησαν τα χρόνια Βυζαντινής Αυτοκρατορίας. 4 Ο Διγενής Ακρίτας ήταν ο πιο γνωστός από τους Ακρίτες. 5 Έφτασε κυνηγημένος από τους εχθρούς του. (β) Είναι για το Διγενή Ακρίτα.

Exercise 11

It means five-fingered. According to one story, Digenis Akritas, a Byzantine warrior, was being chased by some of his enemies and, while leaping over the sea from what is now Turkey, then part of the Byzantine Empire, to get away from them, he put his hand on the top of the mountain to gain leverage and left the imprint of his fingers on the mountain top.

Lesson 7

Exercise 1

	Singular	
ο όμορφος άντρας	η όμορφη γυναίκα	το όμορφο παιδί
του όμορφου άντρα	της όμορφης γυναίκας	του όμορφου παιδιού
τον όμορφο άντρα	την όμορφη γυναίκα	το όμορφο παιδί
όμορφε άντρα	όμορφη γυναίκα	όμορφο παιδί
	Plural	
οι όμορφοι άντρες	οι όμορφες γυανίκες	τα όμορφα παιδιά
των όμορφων αντρών	των όμορφων γυναικών	των όμορφων παιδιών
τους όμορφους άντρες	τις όμορφες γυναίκες	τα όμορφα παιδιά
όμορφοι άντρες	όμορφες γυναίκες	όμορφα παιδιά

Exercise 2

καταγάλανος,	clear blue in colour
καταπράσινος,	covered in green (completely)
πολυτάραχος,	turbulent, eventful
πολυσύχναστος,	much-frequented, busy

πολύτεκνος,   having many children
αξιοσημείωτος,   noteworthy
αξιολύπητος,   pitiable

Exercise 3

1 γαλανός   2 κόκκινο   3 κίτρινα   4 άσπρα,   γκρίζα   5 πράσινο
6 πράσινα 7 κόκκινα 8 μαύρα

Exercise 4

Compound word	Meaning of compound word	Words combined
1 το δεκάλεπτο	ten-minute period	δέκα + λεπτό
2 η πρωτομαγιά	May Day	πρώτος + Μάιος
3 ο δεκαπενταύγουστος	15 August,	δεκαπέντε + Αύγουστος
	first 15 days of August	
4 το ημερονύχτιο	a day and a night, 24 hours	ημέρα + νύχτα
5 η πρωταπριλιά	1 April	πρώτος + Απρίλιος
6 το δεκαπενθήμερο	fortnight	δεκαπέντε + ημέρα
7 η πρωτοχρονιά	New Year's Day	πρώτος + χρονιά
8 το δευτερόλεπτο	second (of a minute)	δεύτερος + λεπτό
9 επτάχρονος	seven-year-old, seven-year-long	επτά + χρόνος
10 διήμερος	two-day-long	δύο + ημέρα
11 η εξαετία	six-year period	έξι + έτος

Exercise 5

Number	Numerical adjective
δεκατέσσερα	δέκατη τέταρτη μέρα του Μαΐου
δεκαπέντε	δέκατη πέμπτη σειρά
δεκαέξη	δέκατος έκτος όροφος
δεκαεπτά	δέκατο έβδομο άτομο
είκοσι ένα	εικοστό πρώτο βιβλίο
είκοσι πέντε	εικοστή πέμπτη Μαρτίου 1821
είκοσι οκτώ	εικοστή ογδόη Οκτωβρίου 1940
τριάντα τρία	τριακοστό τρίτο έτος
τριάντα επτά	τριακοστή έβδομη επέτειος
	(η επέτειος = anniversary)

Both 25 March and 28 October are public holidays in Greece and Cyprus. On 25 March Greeks celebrate the uprising against the Turks in 1821, and 28 October is Ohi Day, commemorating Metaxas' government's refusal to give Italian troops permission to enter Greece in 1940.

Exercise 6

	In full	Abbreviated
70th year	εβδομηκοστό έτος	70ο έτος
75th anniversary	εβδομηκοστή πέμπτη επέτειος	75η επέτειος
80th floor	ογδοηκοστός όροφος	80ος όροφος
89th woman	ογδοηκοστή ένατη γυναίκα	89η γυναίκα
90th car	ενενηκοστό αυτοκίνητο	90ό αυτοκίνητο
91st day	ενενηκοστή πρώτη μέρα	91η μέρα
100th book	εκατοστό βιβλίο	100ο βιβλίο
110th page (η σελίδα)	εκατοστή δέκατη σελίδα	110η σελίδα

Exercise 7

	Meaning	Words forming the compound word
βαθυγάλαζος	deep blue / deep + blue	βαθύς + γαλάζιος
πεντακάθαρος	very clean, spotless / five + clean	πέντε + καθαρός

Exercise 8

επάνω, αριστερά, δεξιά.
Επάνω.
The house of the poet Αριστοτέλης Βαλαωρίτης.
Αριστερά.
A small tavern by the sea.
Δεξιά.
A nice sandy beach where the sea is clean and has a deep blue colour.

Exercise 9

Present	κατεβαίνω	βγαίνω	παίρνω
Future continuous	θα κατεβαίνω	θα βγαίνω	θα παίρνω
Future simple	θα κατεβώ	θα βγω	θα πάρω

Imperfect	κατέβαινα	έβγαινα	έπαιρνα
Past simple	κατέβηκα	βγήκα	πήρα

Exercise 10

Past	Future	Present
χτες	αύριο	σήμερα
την περασμένη Δευτέρα	την ερχόμενη άνοιξη	
τον περασμένο Δεκέμβριο	το 2010	
το 1821	μεθαύριο	
προχτές	το καλοκαίρι του 1999	
την εβδομάδα που πέρασε		

Exercise 11

1 έφυγε. 2 πηγαίναμε. 3 λες *or* έλεγες *or* είπες. 4 πήγαμε, Μείναμε.
5 τηλεφωνήσω; 6 θα δίνω *or* θα δίνει *or* θα δίνουμε *or* θα δίνουν.

Exercise 12

Ούτε θέλω να τον ξαναδώ στα μάτια μου.	I don't want to see him ever again.
Αυτός ούτε φωνή ούτε ακρόαση.	He ignored me completely.
Ούτε γάτα ούτε ζημιά.	As if nothing had happened.

Comprehension

(α) 1 Λευκαδίτες. 2 Αμπέλια και ελιές. 3 Το νησί έχει έκταση 303 τ.χλμ.
(β) 1 They are islands to the west of Greece and are so called because there are seven of them. 2 They are the women of the island of Lefkas.
3 On the mountains, of course. 4 In the Ionian sea.

Exercise 13

Compound word	Meaning	Words joined to form the compound word
φιλόξενος	hospitable	φίλος + ξένος
κατάφυτος	with rich vegetation	κατά + φυτεύω
απρόσωπος	faceless	α + πρόσωπο
Επτάνησα	(Heptanese) Ionian islands	επτά + νησί
αντίθεση	antithesis, contrast	αντί + θέση

Exercise 14

By making every effort to maintain their traditions alive and by continuing their age-old activities in agriculture and fishing.

Lesson 8

Exercise 1

1 **Του τα** ζήτησε. 2 **Της το** έβαλαν. 3 **Τον** πλήρωσε. 4 Δεν **τη** διαβάζουν. 5 Θα μας **τη** δώσετε; 6 Ο πατέρας της **τής το** αγόρασε. 7 Δεν **το** απάντησα εγώ. 8 Μου **τα** είπε.

Exercise 2

Ο κ. Anderson πήρε τον κ. Φιλιππάκη τηλέφωνο να <u>του</u> ζητήσει να συναντηθούν στην Αθήνα. Ο κ. Φιλιππάκης δεν ήταν στο γραφείο και απάντησε στο τηλέφωνο η γραμματέας <u>του</u>. Ο κ. Anderson μίλησε στη γραμματέα και <u>της</u> ζήτησε τον αριθμό του τέλεφαξ για να στείλει ένα φαξ. Είπε πως θα τηλεφωνούσε την επομένη.

Exercise 3

		CARDHOLDER'S COPY
0000 00 000 000	DAY MONTH YEAR	DEPT. SALES No. INITIALS
K ANDERSON ΕΤΑΙΡΙΑ ΕΠΕ		DESCRIPTION AMOUNT
		AUTHORISATION CODE TOTAL

I CONFIRM THE SALE AND ACCEPT THE VOUCHER

CARDHOLDER'S SIGNATURE

The buyer, (referred to on this voucher as Cardholder) will pay the issuer of the card on his order, the sum of money shown on the voucher under TOTAL, in accordance with the Card Holder Conditions governing the use of the card.

SALES VOUCHER
PLEASE KEEP THIS COPY FOR YOUR RECORDS

1 By credit card. 2 12 000 Dr. 3 A set of backgammon. 4 It needs to be signed in the space above the words ΥΠΟΓΡΑΦΗ ΚΑΤΟΧΟΥ. 5 In Greek drachmas.

Exercise 4

The English expressions are only rough equivalents of the Greek expressions and would be used in similar circumstances. There are, of course, other possibilities, but those given below are the most common.

Ελληνικά	Αγγλικά
Αγαπητέ κ. Anderson	Dear Mr Anderson
Φιλικά	Best wishes

1 Κύριοι,   (b) Sirs
        Με τιμή   Yours faithfully
        Κ. Μενελάου   M. Jones

2 Αγαπητή κ. Φιλίππου   (c) Dear Mrs Adams
        Με εκτίμηση   Yours sincerely
        Κ. Μενελάου   Michael Jennings

3 Αγαπητέ κ. Μιχάλη   (a) Dear Peter
        Χαιρετισμούς   Best regards
        Πέτρος Δημητρίου   George

Exercise 5

το γραφείο, ο ηλεκτρονικός υπολογιστής, ο (το) κομπιούτερ, ο υπολογιστής, το τέλεξ, ο εκτυπωτής, η γραφομηχανή, η δακτυλογράφος, η γραμματέας, η αλληλογραφία, ο κώδικας κλήσεως, ο ταχυδρομικός κώδικας, η ταχυδρομική θυρίδα, το ταχυδρομικό κιβώτιο, ο χαρτοφύλακας, ο Φόρος Προστιθέμενης Αξίας, το τιμολόγιο πώλησης, η απόδειξη, η λιανική πώληση, η χονδρική πώληση, το δελτίο αποστολής, ο αριθμός φορολογικού μητρώου.

Exercise 6

1 καφέ. 2 μπλε. 3 γκρι. 4 μπεζ. 5 βυσσινί. 6 θαλασσί.

Exercise 7

Αυτός ο κύριος είναι <u>καλός</u> πελάτης μου. Έρχεται <u>τακτικά</u>, σχεδόν κάθε πρωί, για να <u>αγοράσει</u> την εφημερίδα του. Συνήθως, παίρνει κι ένα <u>πακέτο τσιγάρα</u>. Εμένα με πληρώνει κάθε Παρασκευή πρωί. Παίρνει το λεωφορείο από τη στάση στη γωνία. Καθώς περιμένει <u>διαβάζει</u> και την εφημερίδα του.

Exercise 8

1 με. 2 σε. 3 Μου. 4 με. 5 την. 6 εμένα. 7 Τον. 8 Μας.

Exercise 9

SALES INVOICE – DESPATCH NOTE
Mr Anderson
Occupation: Sales Manager   Tax Registration No. (VAT No.)
Address: 26 Burleigh Corner   Town: London

Quantity	Description of goods	Unit price	Dr	
3	Tyres	10,169	30,507	
Paid				
	Quantity in full: Three	Total	30 507	
			VAT at 16%	5 491
			Grand Total	36, 008

Dr: Thirty six thousand and eight
Delivered by: Received by:

Comprehension

(α) 1 Στο περιοδικό «Επαγγελματικός κόσμος». 2 Με το τεύχος του Δεκεμβρίου (το Δεκέμβριο). 3 Ένα ερωτηματολόγιο. (β) 1 Send the cutting together with a postal order or cheque for the appropriate sum of money. 2 To help with plans for the magazine's second year. 3 The cheque will be made out to the organisation publishing the magazine, i.e. ΕΠΑΓΓΕΛΜΑΤΙΚΕΣ ΕΚΔΟΣΕΙΣ Α.Ε.

Exercise 10

Complete by marking the correct answer with an X. Then post it TODAY (Freepost). Thank you for your help.

1 How do you get your copy of the magazine?
Are you a subscriber?
Do you buy it from kiosks?
Does your company buy it?

2 Where do you usually read the magazine?   At home
At the office
Elsewhere

3 Would you prefer the magazine to come out   Every month
Every fortnight
Once a week

4 Sex   Female
               Male
5 Age   up to 25
               25 – 45
               45 or over.

Exercise 11

Το ταχυδρομικό τέλος θα καταβληθεί από τον παραλήπτη.

Lesson 9

Exercise 1

Imperative continuous	*Imperative simple*
βλέπε	δες
βλέπετε	δέστε
λέγε	πες
λέγετε	πέστε
φεύγε	φύγε
φεύγετε	φύγετε
μένε	μείνε
μένετε	μείνετε
δίνε	δώσε
δίνετε	δώστε
μπαίνε	μπες
μπαίνετε	μπείτε
στέλνε	στείλε
στέλνετε	στείλτε
πίνε	πιες
πίνετε	πιέστε
πέρνα	πέρασε
περνάτε	περάστε
δίψα	δίψασε
διψάτε	διψάστε
ξέχνα	ξέχασε
ξεχνάτε	ξεχάστε

πείνα	πείνασε
πεινάτε	πεινάστε

Exercise 2

Αφήστε, Προσθέστε, Προσθέστε, Συνεχίστε, Κατεβάστε, προσθέστε, Βάλτε, ανακατέψτε, βάλτε, Βάλτε, ψήστε.

Exercise 3

1 σερβίρεις *or* σερβίρετε. 2 φας *or* φάτε. 3 Προσκάλεσε. 4 πίνετε. 5 προσθέστε. 6 αφήνετε. 7 συνεχίσεις. 8 σερβίρεις *or* σερβίρετε. 9 Τρώε, πίνε. 10 ξεχάσετε.

Exercise 4

Adjectives	*Nouns*
μικρός, -ή, -ό	η κατσαρόλα
χτυπημένος, -η, -ο	το ασπράδι
σκληρός, -ή, -ό	η άκρη
βουτυρωμένος, -η, -ο	το ταψί
χλιαρός, -ή, -ό	το γάλα
προζεσταμένος, -η, -ο	ο φούρνος
γεμιστός, -ή, -ό	η αγκινάρα
λίγος, -η, -ο	το αλάτι
τριμμένος, -η, -ο	το τυρί

Exercise 5

πλουσιότερος	φτωχότερος
το πιο μεγάλο	το πιο μικρό
κοντά	μακριά
περισσότερα	λιγότερα
λίγος	πολύς
καλός	κακός
πιο νόστιμη	πιο άνοστη
τελευταίος	πρώτος
πουθενά	παντού
πίσω	μπροστά
μαύρος	άσπρος
ωραία	άσχημη

They are opposites.

Exercise 6

1 Πάντα έχει <u>τα ακριβότερα</u> ρούχα. 2 <u>Τα φτηνότερα</u> πράγματα είναι, καμιά φορά, και <u>τα ακριβότερα</u>. 3 Τι είναι το <u>πολυτιμότερο</u> πράγμα στον κόσμο; 4 Προτιμώ το ψάρι από τα αβγά. Είναι <u>νοστιμότερο</u>. 5 Τον καφέ σας τον πίνετε <u>γλυκότερο</u> (<u>γλυκύτερο</u>); 6 Βάζετε τα <u>περισσότερα</u> υλικά μαζί μέσα στην κατσαρόλα. 7 Τα φρούτα είναι <u>φτηνότερα</u> το καλοκαίρι.

Exercise 7

1 Είναι μακριά; 2 Σου αρέσει το τυρί; 3 Πού είναι το σπίτι σας; 4 Ποιος είναι ο πιο ζεστός μήνας του χρόνου; 5 Πού θα πάτε το καλοκαίρι; 6 Τι είναι το ελαιόλαδο; 7 Ποια κρασιά είναι φτηνότερα – τα ελληνικά ή τα κρασιά του εξωτερικού; 8 Πότε θα φύγουν; 9 Ποιο είναι το νοστιμότερο φαΐ; 10 Τι βάζεις πάντα στη σαλάτα;

Exercise 8

Put two or three ice cubes in a tall glass. Add sufficient ouzo, up to a third of the glass. Add water until the glass is full; the ouzo will turn white like milk. Drink it slowly.

Exercise 9

Ingredients

Finely chopped lettuce.
Artichoke, cut into cubes.
Boiled potato, cut into cubes.
Salt, oil (olive oil), pepper.
Place the lettuce leaves in a bowl and decorate nicely with the other ingredients. Add salt, oil, lemon and pepper.

Comprehension

(α) 1 Το κρασί ΜΥΡΤΙΛΟΣ. 2 Το καμπερνέ Νέα Δρυς. 3 Το ΜΥΡΤΙΛΟΣ από την Εύβοια. (β) 1 Red wine. 2 It's from Naousa. 3 Two red and one white.

Exercise 10

Goods made in Greece usually bear the phrase «Ελληνικό προϊόν».

Exercise 11

Tahini
Ingredients
half a jar of tahini
water
1 lemon
finely chopped parsley
1 clove of garlic, finely chopped
a little salt

Put the tahini in a bowl. Start adding a little water at a time and keep stirring. When the tahini starts to turn white, add a little salt and the lemon juice, a little at a time. Continue to mix. Add the finely chopped garlic, pour into a dish, add on top the finely chopped parsley, and serve with bread.

Lesson 10

Exercise 1

1 The driver is a woman, because the assistant refers to her as δεσποινίς. 2 She is going to pay by credit card. 3 It will cost 35 800 dr. 4 The insurance is included in the price. 5 The insurance will cover third party fire and theft. 6 Ten days.

Exercise 2

1 Χάσαμε τα διαβατήριά μας. 2 Μας έσπρωξαν και έφυγαν. 3 Δεν ξέρουμε τίποτα. 4 Πού θέλετε να κατεβείτε; 5 Λίγες ερωτήσεις κάναμε. 6 Και εμείς λίγες απαντήσεις δώσαμε. 7 Μας πρόσφεραν αναψυκτικά. 8 Τι λέτε, να νοικιάσουμε αυτοκίνητο (αυτοκίνητα); 9 Πόσο κοστίζουν; 10 Προσκαλέσαμε τους φίλους μας. 11 Συνεχίστε, παρακαλώ.

Exercise 3

1 με. 2 μαζί με. 3 Χωρίς. 4 Για. 5 Σε. 6 Στην. 7 για. 8 ως.

Exercise 4

1 είναι 2 έχει 3 πληρώνει χρησιμοποιεί 4 αφήστε, ζητήσετε, πληρώσετε 5 πληρώσει

Exercise 5

1 Between Dr 9100 and Dr 11700 depending on the model. 2 Opel, Seat, Nissan. 3 Between Dr 3580 and Dr 6050.

Exercise 6

1 The driver was a woman. 2 The officer asks using **ποια**, which is the feminine form of **ποιος**, and from the name *Lynda Thompson*. 3 It happened on the way out of the village.

Exercise 7

1 Δεν έχεις σβήσει το φως.
2 Είχαν πάει στην εξοχή για λίγες μέρες.
3 Περίμενέ τους κι έρχονται.
4 Είχαν φύγει από το ξενοδοχείο.
5 Μόλις άρχισα να οδηγώ το αυτοκίνητο κατάλαβα ότι κάτι δεν πήγαινε καλά.
6 Δεν ήθελε να τη δει αν και.

(e) Είναι αναμμένο ακόμη.
(f) Γύρισαν χτες.
(d) Έχουν κιόλας ξεκινήσει.
(c) και μετά άρχισε η βροχή.
(a) Ευτυχώς δεν το είχα πληρώσει.
(b) του είχε ζητήσει συγνώμη.

Exercise 8

Questions

1 Έχω πάει στην Αθήνα; 2 Έχουν διαβάσει την εφημερίδα; 3 Έχει νοικιάσει αυτοκίνητο για μια βδομάδα; 4 Είχε πληρώσει την ασφάλεια πριν το ατύχημα; 5 Έχει τελειώσει τις δουλειές της και θα φύγει; 6 Έχουν αργήσει πολύ. Να περιμένω για λίγα λεπτά;

Negative sentences

1 Δεν έχω πάει στην Αθήνα. 2 Δεν έχουν διαβάσει την εφημερίδα. 3 Δεν έχει νοικιάσει αυτοκίνητο για μια βδομάδα. 4 Δεν είχε πληρώσει την ασφάλεια πριν το ατύχημα. 5 Δεν έχει τελειώσει τις δουλειές της και δε θα φύγει. 6 Δεν έχουν αργήσει πολύ. Θα περιμένω για λίγα λεπτά.

Exercise 9

– Σ' εμένα μιλάς μικρέ;
– Ναι σ' εσάς μιλώ κύριε. Δε βλέπετε που πάτε;
– Θράσος να σου πετύχει! Έτσι βγαίνουν απ' το πεζοδρόμιο στο δρόμο χωρίς καν να κοιτάξουν ούτε δεξιά ούτε αριστερά;
– Κι' εσείς κύριε, με πόσα χιλιόμετρα την ώρα οδηγούσατε σε κύριο

δρόμο μέσα στην πόλη; Κοίταξα πριν κατέβω απ' το πεξοδρόμιο και το αυτοκίνητό σας μόλις είχε μπει στο δρόμο. Μέσα σ' ένα λεπτό με είχε χτυπήσει.

Exercise 10

πάνω	φτάνω
ποτέ	η αρχή
μεγάλη	το χωριό
η θάλασσα	μαζί με, με
αργά	πλούσιος

Exercise 11

η γυναικούλα	small woman
η γυναικούλα μου	a form of endearment, my dear wife
η βαρκούλα	small boat
η μητερούλα	sweet mother
η μανούλα	young mother, dear mother
η αδελφούλα	little sister
η Νικούλα	used to show special affection
η νυφούλα	young bride
η γατούλα	young female cat
η κορούλα	dear daughter
η κοτούλα	young hen

Comprehension

(α) 1 φίλος + ξένος 2 ξένος + φίλος 3 Με τη σημασία του επισκέπτη. (β) 1 ξένος is used to mean *guest, visitor, foreigner* 2 Of the four evils – living away from one's homeland, losing one's parents, bitterness and love, having to leave one's homeland is considered the worse. 3 It is used to describe the hospitality extended to many visitors to Greece by the local population.

Exercise 12

Είμαι ξένος – ξένη, δε μιλώ καλά τα ελληνικά. Θέλω διερμηνέα που μιλά αγγλικά, παρακαλώ.

Exercise 13

από + στροφή   from + bend, turn

Lesson 11

Exercise 1

(α) 1 The patient went to the doctor in the late afternoon. 2 I hope you will get better soon. (β) In Greece and Cyprus, where doctors work in their own privately-owned individual surgeries, the receptionist in the waiting-room arranges appointments and often collects payments from patients. Some doctors prefer to handle the financial side themselves. This doctor is obviously indicating to his patient that his receptionist handles his fees.

Exercise 2

The word η συνταγή is used both for a *recipe* and for a *prescription* . The context indicates which applies. Here, of course, the doctor is referring to a *prescription.*

Exercise 3

το έγκαυμα, το σφράγισμα, το διάλυμα, το τσίμπημα, το κέντρισμα.

Examples

Singular	
το σφράγισμα	το τσίμπημα
του σφραγίσματος	του τσιμπήματος
το σφράγισμα	το τσίμπημα
σφράγισμα	τσίμπημα

Plural	
τα σφραγίσματα	τα τσιμπήματα
των σφραγισμάτων	των τσιμπημάτων
τα σφραγίσματα	τα τσιμπήματα
σφραγίσματα	τσιμπήματα

Exercise 4

1 Αν δεν είχες διαβάσει για το ατύχημα στην εφημερίδα	τώρα δε θα ανησυχούσες.
2 Αν δε σου αρέσει	μην το πιεις.
3 Αν το ήξερα	θα σου το έλεγα.
4 Αν φύγουν αργά το βράδυ	θα πρέπει να πάρουν ταξί.
5 Θα είμαι ακόμη στο σπίτι	αν έρθεις νωρίς.
6 Θα σε πιάσει πονοκέφαλος	αν μείνεις στον ήλιο πολλή ώρα.
7 Δε θα αργούσαμε	αν ξεκινούσαμε την ώρα που έπρεπε.

Exercise 5

Αν ήμουν πλούσια, θα αγόραζα ένα πολύ μεγάλο σπίτι και έναν ακόμη μεγαλύτερο κομπιούτερ.

Exercise 6

Μην αφήνετε την ελπίδα
να σβήσει
οφείλουμε, κάνουμε, εφαρμόζουμε, σώζουμε, Βοηθήστε, σβήσει, **σώστε**

Exercise 7

1 To prevent a recurrence of her husband's experience and to protect herself from the sun while at the same time acquiring a tan.

Exercise 8

Future continuous: θα νομίζω; future simple: θα νομίσω; past perfect: είχα νομίσει; imperative simple: νόμισε, νομίστε; imperative continuous: νόμιζε, νομίζετε.

Exercise 9

1 Θέλω να συνεχίσω να πηγαίνω με το λεωφορείο.
Θέλεις να συνεχίσεις να πηγαίνεις με το λεωφορείο.
Θέλει να συνεχίσει να πηγαίνει με το λεωφορείο.

Θέλουμε να συνεχίσουμε να πηγαίνουμε με το λεωφορείο.
Θέλετε να συνεχίσετε να πηγαίνετε με το λεωφορείο.
Θέλουν να συνεχίσουν να πηγαίνουν με το λεωφορείο.

2 Δε θα καθαρίσω το σπίτι σήμερα;
Δε θα καθαρίσεις το σπίτι σήμερα;
Δε θα καθαρίσει το σπίτι σήμερα;

Δε θα καθαρίσουμε το σπίτι σήμερα;
Δε θα καθαρίσετε το σπίτι σήμερα;
Δε θα καθαρίσουν το σπίτι σήμερα;

Exercise 10

α Παρά. β κατά. γ Αντί. δ μετά. ε Αν. στ. αντίθετο. ζ κατά. η Μετά. θ και. ι να. ια θα.

Exercise 11

ΑΝΤΙΗΛΙΑΚΗ ΠΡΟΣΤΑΣΙΑ

Η αδιάβροχη σειρά αντιηλιακών διατηρεί την αποτελεσματικότητά της ακόμα και μετά το μπάνιο, ακόμα και μετά τα θαλάσσια σπορ. Η σύνθεσή της διατηρεί την αποτελεσματικότητα των φίλτρων για 80 λεπτά ακόμα και μετά το κολύμπι. Σας εξασφαλίζει πολύωρη προστασία μέσα κι έξω από το νερό.

Μαυρίστε με ασφάλεια!

Exercise 12

Στο φαρμακείο – ο λευκοπλάστης, ο επίδεσμος, το χάπι, η κρέμα, το αυτί, το κεφάλι, το χέρι, το πόδι, το στομάχι, το συνάχι.

Στον οπτικό – τα γυαλιά, τα γυαλιά του ήλιου, ο φακός επαφής, το καθαριστικό διάλυμα, το διαβρεκτικό διάλυμα, η μυωπία, η πρεσβυωπία.

Στο γιατρό – το κρυολόγημα, η γρίππη, η διάρροια, η ναυτία, η ζάλη.

Στον οδοντογιατρό – το δόντι, το σφράγισμα, η ένεση.

Comprehension

(α) 1 Κουνούπια, μύγες και σφήκες. 2 Μπορούμε να χρησιμοποιούμε εντομοαπωθητικές λοσιόν και να προσπαθούμε να μένουμε κοντά σε κάποιον «γλυκοαίματο». (β) 1 They are useful because they tend to attract the mosquitoes themselves thus freeing us from their unwelcome attentions. They are called γλυκοαίματοι because the mosquitoes evidently think their blood 'sweet' since they prefer them. 2 Without offering yourselves to mosquitoes to devour.

Exercise 13

Με έχει κεντρίσει μέλισσα. Δεν έχω αλλεργία στα κεντρίσματα αλλά θέλω μια αλοιφή ή λοσιόν για το κέντρισμα.

Lesson 12

Exercise 1

	Singular	
η σκέψη		η κατασκήνωση
της σκέψεως		της κατασκηνώσεως
τη σκέψη		την κατασκήνωση
σκέψη		κατασκήνωση

	Plural	
οι σκέψεις		οι κατασκηνώσεις
των σκέψεων		των κατασκηνώσεων
τις σκέψεις		τις κατασκηνώσεις
σκέψεις		κατασκηνώσεις

	Singular	
η καλή κυρία		η ωραία γυναίκα
της καλής κυρίας		της ωραίας γυναίκας
την καλή κυρία		την ωραία γυναίκα
καλή κυρία		ωραία γυναίκα

	Plural	
οι καλές κυρίες		οι ωραίες γυναίκες
των καλών κυριών		των ωραίων γυναικών
τις καλές κυρίες		τις ωραίες γυναίκες
καλές κυρίες		ωραίες γυναίκες

Exercise 2

It's raining, it's snowing
the marble slabs are being watered
the cat is cooking
and the mouse is dancing.

Exercise 3

1 He doesn't give a damn. 2 She has her wrapped up in cotton wool. 3 Whatever the weather. 4 Come rain or shine.

Exercise 4

News for philatelists
Stamp and Philatelic Service of the Postal Services Department.

New issue of stamps

Day of issue: 4 July 1994

Special first day covers will also be available with the stamps. The covers will be stamped with the special first day stamp.

Subscribe to the Philatelic Service of the Postal Services Department and the envelope will be sent to your address. Fill in the card and return it to us.

Επώνυμο .... Surname
Όνομα .... Name
Διεύθυνση .... Address   Τηλ. .... Tel.
Πόλη .... Town
Τ.Κ. .... Post Code

Exercise 5

ΝΑΥΤΙΚΟΣ ΟΜΙΛΟΣ

Τι είναι η <u>θάλασσα</u>; Τι είναι η ιστιοπλοΐα; Ελάτε μαζί μας να γίνουμε <u>φίλοι</u>, να ταξιδέψουμε μαζί και να μάθετε τα <u>μυστικά</u> της. Θα αγαπήσετε ακόμα περισσότερο την <u>περιπέτεια</u> και θα μείνετε <u>παντοτινοί</u> εραστές του υγρού <u>στοιχείου</u>. Η σχολή λειτουργεί <u>χειμώνα</u> και <u>καλοκαίρι</u> και οργανώνει ταξίδια στο Αιγαίο το <u>καλοκαίρι</u>.

<u>ΠΛΗΡΟΦΟΡΙΕΣ</u>
Τηλ. 98 23 45

Exercise 6

κοινωνικός, -ή, -ό, άριστος, -η, -ο, σύγχρονος, -η, -ο, εξοπλισμένος, -η, -ο, πολυτελής, -ής, -ές, διεθνής, -ής, -ές, σοβαρός, -ή, -ό

κοινωνική μόρφωση	social education – here it means socially refined
άριστη κατάσταση	excellent condition
σύγχρονα γραφεία	modern offices
εξοπλισμένο διαμέρισμα	fully equipped flat
πολυτελές διαμέρισμα	luxury flat
για διεθνή εταιρία	for an international company
σοβαρός κύριος	serious gentleman

Exercise 7

No smoking (literally: Smoking is forbidden), No parking, For sale, To rent, Rooms to let, Road works, No entry, Flats for sale, No dogs.

Exercise 8

χρειάζεται, καταστρέφει, επιτρέπεται, παρακαλούμε.

Exercise 9

A healthy mind in a healthy body.

Exercise 10

έτοιμα ρούχα, οικιακές συσκευές, εξοχική κατοικία, ανοιξιάτικες μόδες, έκθεση θαλασσινής αναψυχής, γαμήλια δώρα, υγιεινές τροφές, φυσικά υλικά, πανελλήνιοι αγώνες, Ολυμπιακοί αγώνες, Ευρωπαϊκή Κοινή Αγορά, μηνιαίο περιοδικό, εβδομαδιαία εφημερίδα, πανεπιστημιακές σπουδές, μοναδική ευκαιρία, παγκόσμιο πρωτάθλημα.

Comprehension

(α) 1 Δύο παίχτες. 2 Υπάρχουν δύο χρώματα πούλια, τα μαύρα και τα άσπρα. (β) 1 The players throw the dice and proceed to play according to the numbers they throw. 2 The player who initially throws the higher number plays first.

Exercise 11

Underlined passive forms in the narrative	Passive voice present tense	Active voice present tense
ρίχνονται	ρίχνομαι	ρίχνω
διπλασιάζεται	διπλασιάζομαι	διπλασιάζω
να κινηθούν	κινούμαι	κινώ
αντικαθιστάται	αντικαθιστούμαι	αντικαθιστώ
συγκεντρωθούν	συγκεντρώνομαι	συγκεντρώνω

Exercise 12

Verbs in the narrative	Passive voice present tense	Active voice present tense
αρχίσουμε, αρχίζει	–	αρχίζω
ρίχνει	ρίχνομαι	ρίχνω
φέρει	φέρομαι	φέρω
ρίχνονται	ρίχνομαι	ρίχνω
έχουν	–	έχω
διπλασιάζεται	διπλασιάζομαι	διπλασιάζω
είναι	–	είμαι
μπορούμε	–	μπορώ
να κινηθούν, κινήσει	κινούμαι	κινώ
πρέπει	–	–
υπάρχουν, υπάρχει	–	υπάρχω
μπορεί	–	μπορώ
βγαίνει, βγάζουμε	–	βγαίνω
αντικαθιστάται	αντικαθιστούμαι	αντικαθιστώ
σχηματίζουν	σχηματίζομαι	σχηματίζω
εμποδίζει	εμποδίζομαι	εμποδίζω
περάσει	–	περνώ
κινεί	κινούμαι	κινώ
θέλει	–	θέλω
συγκεντρωθούν	συγκεντρώνομαι	συγκεντρώνω
νικά	νικιέμαι	νικώ

Exercise 13

The two players have 15 counters each. The aim is first to get all counters into the opponent's section and, second, once that stage has been completed, to take out of the game all the counters. The person who does that first is the winner.

Two dice are thrown by each player in turn, and the player moves his counters on the board according to the numbers on the dice. If a position is occupied by more than one of his opponent's counters, he cannot make a move there but has to wait until his next turn. If only one of his opponent's counters is left at a particular position to which he must move, then he can make his move and at the same time takes that counter out of the game.

Lesson 13

Exercise 1

They can be cashed in banks, they can be used to purchase goods and services and can be replaced if stolen or lost.

Exercise 2

Underlined passive forms in the passage	Active voice present tense
δημιουργήθηκαν	δημιουργώ
εξαργυρώνονται	εξαργυρώνω
χρησιμοποιούνται	χρησιμοποιώ
εκδίδονταν	εκδίδω

Exercise 3

Underlined active form in the passage	Passive voice present tense
ανακαλύψτε	ανακαλύπτομαι
ταξιδεύετε	−
μπορείτε	−
επικοινωνήσετε	−
εξαργυρώνετε	εξαργυρώνομαι
πληρώνετε	πληρώνομαι

Exercise 4

Imperfect passive voice	Past simple passive voice	Imperfect passive voice	Past simple passive voice
δροσιζόμουν	δροσίστηκα	συμβουλευόμουν	συμβουλεύτηκα
δροσιζόσουν	δροσίστηκες	συμβουλευόσουν	συμβουλεύτηκες
δροσιζόταν	δροσίστηκε	συμβουλευόταν	συμβουλεύτηκε
δροσιζόμαστε	δροσιστήκαμε	συμβουλευόμαστε	συμβουλευτήκαμε
δροσιζόσαστε	δροσιστήκατε	συμβουλευόσαστε	συμβουλευτήκατε
δροσίζονταν	δροσίστηκαν	συμβουλεύονταν	συμβουλεύτηκαν

Imperfect passive voice	Past simple passive voice	Imperfect passive voice	Past simple passive voice
αναπαυόμουν	αναπαύτηκα	αγαπιόμουν	αγαπήθηκα
αναπαυόσουν	αναπαύτηκες	αγαπιόσουν	αγαπήθηκες
αναπαυόταν	αναπαύτηκε	αγαπιόταν	αγαπήθηκε
αναπαυόμαστε	αναπαυτήκαμε	αγαπιόμαστε	αγαπηθήκαμε
αναπαυόσαστε	αναπαυτήκατε	αγαπιέστε	αγαπηθήκατε
αναπαύονταν	αναπαύτηκαν	αγαπιόνταν	αγαπήθηκαν

Exercise 5

1 εξαργυρώνονται 2 Προσφέρονται 3 ειδοποιήθηκε 4 ανοίχτηκε 5 συμπληρώθηκε 6 Κλεινόταν 7 Ειδοποιήθηκαν 8 χρεώθηκε

Exercise 6

1 Ο λογαριασμός δεν πληρώθηκε. 2 Το ταξίδι μας συνεχιζόταν. 3 Οι ταξιδιωτικές μου επιταγές χάθηκαν. 4 Τα χρήματα θα πληρωθούν από το ταμείο. 5 Το όριο παρατραβήγματος συμφωνήθηκε από την τράπεζα και τον πελάτη. 6 Το δελτίο συμπληρώθηκε έγκαιρα. 7 Πληρώνονταν τακτικά οι λογαριασμοί της;

Exercise 7

1 Περίμενε να εξαργυρώσει ταξιδιωτικές επιταγές. 2 Ήταν νεαρή και νόστιμη, υπερμοντέρνα και με μίνι. Φορούσε κατακόκκινο κραγιόν και είχε κόκκινα μακριά και σγουρά μαλλιά.

Exercise 8

1 Ό,τι 2 τόσες 3 ότι 4 περισσότερο 5 Λίγοι 6 Όποιος 7 που

Exercise 9

Γίνονται, Αποστέλλεται, Γίνονται, Προσφέρει.

Exercise 10

1 The bank's name is Trapeza S.A., and the branch is in the district of Acropolis in the town of Kavala. 2 The branch is in the town of Kavala. 3 The cheque is payable to an individual named A Apostolou. 4 The cheque is drawn on an account held by a school – Hellenic School.

Comprehension

(α) 1 Από τράπεζες. 2 Ο λογαριασμός μπορεί να ανοιχθεί σε οποιοδήποτε από τα υποκαταστήματα της τράπεζας. 3 3-5 χρόνια. 4 6% τόκος. (β) 1 The mortgage can be used to purchase a house. 2 Once the account has been opened, payments must continue to be made for at least 36 months before the holder of the account can apply for a loan. (γ) 1 In the case of a mortgage in the UK, applicants need not necessarily have been making regular savings into a special savings account, as seems to be the case in the Greek equivalent. Also in the UK, the level of the mortgage depends on the income of the applicant, while in Greece it seems to be dependent on the level of the contributions made to the special savings account. 2 The level of the mortgage granted depends on the length of time for which the account has been held and the level of contributions paid into it.

Exercise 11

Passive voice form in the narrative	Passive voice present tense	Active voice present tense
να ανοιχτεί	ανοίγομαι	ανοίγω
γίνονται	γίνομαι	–
να γίνονται	γίνομαι	–
σημειώνεται	σημειώνομαι	σημειώνω
επιτρέπονται	επιτρέπομαι	επιτρέπω
εξαρτάται	εξαρτούμαι	εξαρτώ

Exercise 12

(a)

Member's application form
Please fill in all the details, legibly, and send in the reply envelope.
Personal details
Surname   First name
Married/single
Name of father/husband   Maiden name
Date of birth   Place
Nationality
Statements to be sent to my home/business address
Home address
Town/area   Post Code
Tel. (home)   Owner occupier/rented accommodation
ID no.
Using the Latin alphabet, write down below your name and surname as
these appear in your passport. You can use up to 26 squares for letters
and blanks.
Place   Date

Signature of applicant   Signature of applicant

for main card   for additional card

Please complete in full to enable us to give you the best service.

(b) On the envelope it is stated that it can be posted FREEPOST. The
addressee will be paying the postage.

Lesson 14

Exercise 1

Κριός – Aries, **Ταύρος** – Taurus, **Δίδυμοι** – Gemini, **Καρκίνος** – Cancer,
Λέων – Leo, **Παρθένος** – Virgo, **Ζυγός** – Libra, **Σκορπιός** – Scorpio,
Τοξότης – Sagittarius, **Αιγόκερως** – Capricorn, **Υδροχόος** – Aquarius,
Ιχθύες – Pisces.

Exercise 2

Future continuous passive voice	Future simple passive voice
θα αγοράζομαι	θα αγοραστώ
θα κερδίζομαι	θα κερδηθώ
θα κεντρίζομαι	θα κεντριστώ
θα ζαλίζομαι	θα ζαλιστώ
θα κρύβομαι	θα κρυφτώ
θα μαγεύομαι	θα μαγευτώ
θα πιάνομαι	θα πιαστώ
θα διώχνομαι	θα διωχτώ
θα αγαπιέμαι	θα αγαπηθώ
θα επηρεάζομαι	θα επηρεαστώ
θα στενοχωριέμαι	θα στενοχωρηθώ
θα ασχολούμαι	θα ασχοληθώ
θα συμπαραστέκομαι	θα συμπαρασταθώ
θα εξασφαλίζομαι	θα εξασφαλιστώ
θα ταλαιπωρούμαι	θα ταλαιπωρηθώ
θα ξανοίγομαι	θα ξανοιχτώ

Exercise 3

Future continuous

θα επηρεάζομαι	θα στενοχωριέμαι	θα ασχολούμαι
θα επηρεάζεσαι	θα στενοχωριέσαι	θα ασχολείσαι
θα επηρεάζεται	θα στενοχωριέται	θα ασχολείται
θα επηρεαζόμαστε	θα στενοχωριόμαστε	θα ασχολούμαστε
θα επηρεάζεστε	θα στενοχωριέστε	θα ασχολείστε
θα επηρεάζονται	θα στενοχωριούνται	θα ασχολούνται

Future simple

θα επηρεαστώ	θα στενοχωρηθώ	θα ασχοληθώ
θα επηρεαστείς	θα στενοχωρηθείς	θα ασχοληθείς
θα επηρεαστεί	θα στενοχωρηθεί	θα ασχοληθεί
θα επηρεαστούμε	θα στενοχωρηθούμε	θα ασχοληθούμε
θα επηρεαστείτε	θα στενοχωρηθείτε	θα ασχοληθείτε
θα επηρεαστούν	θα στενοχωρηθούν	θα ασχοληθούν

Exercise 4

1 Περασμένα σας <u>θα επηρεάζουν</u> τη δουλειά και την υγεία σας κατά τις ερχόμενες εβδομάδες. 2 Παλιές οικονομικές διαφορές <u>θα σας ταλαιπωρήσουν</u> για λίγο ακόμα. 3 <u>Γιόρτασε</u> τα γενέθλιά της το βράδυ με ένα πάρτι για τους φίλους της. 4 <u>Θα αντιμετωπίσουμε</u> τα διάφορα προβλήματα όταν πρέπει. 5 Η ομορφιά της <u>με μάγεψε</u> or <u>Με μάγεψε</u> η ομορφιά της. 6 Η αδελφή του <u>τον έκρυψε</u> στον κήπο της για να μην τον βρουν. 7 Η κυρία με το σκυλάκι <u>αγόρασε</u> κόκκινο αυτοκίνητο. 8 <u>Τους δάνεισε</u> η τράπεζα. 9 <u>Θα μοιράσουμε</u> τα λεφτά στα τέσσερα.

Exercise 5

1 **Πώς πας;** 2 **Πώς θα τα καταφέρουμε** ; 3 **Πώς κάνει;**

Exercise 6

Μια καταπράσ<u>ιν</u>η όαση για διακοπές δίπλα σ<u>τη</u> θάλασσα

Μόλις 100 μέτρα από την πεντακάθ<u>αρη</u> θάλασσα, μέσα σε καταπράσινη έκτασ<u>η</u> 6 περίπου στρεμμάτων, δημιουργήσ<u>αμε</u> ένα μικρό χωριό με ανεξάρτ<u>ητα</u> σπίτια με δικό τους λουτρό, ψυγείο και τηλέφω<u>νο</u> Όλ' αυτά σ' έ<u>να</u> φιλικό περιβάλλον με υψηλής ποιότ<u>ητας</u> service. Είν<u>αι</u> ό,τι καλύτερο για να χαρεί<u>τε</u> τις καλοκαιρινές διακοπ<u>ές</u> σας.

Exercise 7

Purpose continuous tense	Purpose simple tense
να απαντιέμαι	να απαντηθώ
να απαντιέσαι	να απαντηθείς
να απαντιέται	να απαντηθεί
να απαντιόμαστε	να απαντηθούμε
να απαντιέστε	να απαντηθείτε
να απαντιούνται	να απαντηθούν

Purpose continuous tense	Purpose simple tense
να ωφελούμαι	να ωφεληθώ
να ωφελείσαι	να ωφεληθείς
να ωφελείται	να ωφεληθεί
να ωφελούμαστε	να ωφεληθούμε
να ωφελείστε	να ωφεληθείτε
να ωφελούνται	να ωφεληθούν

Purpose	Purpose
continuous tense	simple tense
να δροσίζομαι	να δροσιστώ
να δροσίζεσαι	να δροσιστείς
να δροσίζεται	να δροσιστεί
να δροσιζόμαστε	να δροσιστούμε
να δροσίζεστε	να δροσιστείτε
να δροσίζονται	να δροσιστούν

Exercise 8

ό,τι	whatever	Θα σου δώσω ό,τι θέλεις.	I will give you whatever you want.
ότι	that	Μου είπε ότι θα φύγει.	He/she told me that he/she is leaving
που	that, which	Είναι αυτή που σου έλεγα.	She's the one I was telling you about
πού	where?	Πού πας;	Where are you going?
πως	that	Λέει πως μ' αγαπά.	He/she says that he/she loves me.
πώς	how?	Πώς είσαι;	How are you?

Exercise 9

Singular

το σώμα	το πλύσιμο	το γάλα	το πλυντήριο
του σώματος	του πλυσίματος	του γάλατος	του πλυντηρίου
το σώμα	το πλύσιμο	το γάλα	το πλυντήριο
σώμα	πλύσιμο	γάλα	πλυντήριο

Plural

τα σώματα	τα πλυσίματα	τα γάλατα	τα πλυντήρια
των σωμάτων	των πλυσιμάτων	των γαλάτων	των πλυντηρίων
τα σώματα	τα πλυσίματα	τα γάλατα	τα πλυντήρια
σώματα	πλυσίματα	γάλατα	πλυντήρια

Note: *το γάλα* has an alternative form in the genitive singular which is often used in advertising etc. – *του γάλακτος* as, e.g., in *σοκολάτα γάλακτος* milk chocolate.

Και ρωτούμε

(α) 1 Για να μην τον αναγνωρίζουν. 2 Έλεγε ότι ήταν μηχανικός βόθρων. 3 Σ' ένα αεροπλάνο. 4 Κρυβόταν πίσω από μια εφημερίδα ή ένα βιβλίο.

(β) 1 A well built man who sat in the seat next to him. 2 It is a compound word from το κρασί meaning wine and το βαρέλι meaning barrel. Το κρασοβάρελο is a wine cask. 3 Perhaps a gravedigger?

Exercise 10

'Good Lord! What a coincidence, so am I.'

Exercise 11

A well-known author preferred his own company when travelling and in order to put people off starting idle conversations with him, he usually busied himself reading a book or newspaper. When his more persistent fellow travellers attempted to start a conversation he used to put them off by saying that he was a cesspool engineer!

This worked fairly well until one day he had the misfortune to sit next to a rather well-built man who had obviously had one too many to drink and who actually happened to be a cesspool engineer!

Lesson 15

Exercise 1

Τώρα, φέρτε το προς τα αριστερά και σηκώστε το επάνω. Αφήστε το να γείρει προς τη δεξιά πλευρά και να πέσει πάλι μπροστά.

Exercise 2

It is the equivalent phrase of the English 'on the air', as in 'you are on the air', i.e. the programme is live.

Exercise 3

Present	Imperfect	Past simple	Future simple	Future continuous
ακουμπώ	ακουμπούσα	ακούμπησα	θα ακουμπήσω	θα ακουμπώ
ξαπλώνω	ξάπλωνα	ξάπλωσα	θα ξαπλώσω	θα ξαπλώνω
γέρνω	έγερνα	έγειρα	θα γείρω	θα γέρνω
βγαίνω	έβγαινα	βγήκα	θα βγω	θα βγαίνω
σηκώνω	σήκωνα	σήκωσα	θα σηκώσω	θα σηκώνω

Present	Past
perfect	*perfect*
έχω ακουμπήσει	είχα ακουμπήσει
έχω ξαπλώσει	είχα ξαπλώσει
έχω γείρει	είχα γείρει
έχω βγει	είχα βγει
έχω σηκώσει	είχα σηκώσει

Exercise 4

	Imperative simple
παντρεύομαι	παντρέψου
	παντρευτείτε
ανακαλύπτομαι (to be discovered)	ανακαλύψου
	ανακαλυφθείτε
τοποθετούμαι (to be placed)	τοποθετήσου
	τοποθετηθείτε
παρουσιάζομαι (to appear)	παρουσιάσου
	παρουσιαστείτε
λυπούμαι (to be sorry)	λυπήσου
	λυπηθείτε
ταλαιπωρούμαι (to be troubled)	ταλαιπωρήσου
	ταλαιπωρηθείτε
αναγκάζομαι (to be forced to)	αναγκάσου
	αναγκαστείτε
ξανοίγομαι (to open up)	ξανοίξου
	ξανοιχτείτε
κοιτάζομαι (to look at oneself)	κοιτάξου
	κοιταχτείτε

Exercise 5

1 Λυπήσου 2 ταλαιπωρηθείς 3 Δανείσου 4 Παρουσιάσο
5 Γνωριστείτε 6 ανασηκώσου 7 Στάσου 8 Κοιτάξου 9 Χαρείτ
10 Κινηθείτε

Exercise 6

	Singular
η καλή μέρα	η πρώτη άσκηση
της καλής μέρας	της πρώτης άσκησης / ασκήσεως
την καλή μέρα	την πρώτη άσκηση
καλή μέρα	πρώτη άσκηση

	Plural
οι καλές μέρες	οι πρώτες ασκήσεις
των καλών ημερών*	των πρώτων ασκήσεων
τις καλές μέρες	τις πρώτες ασκήσεις
καλές μέρες	πρώτες ασκήσεις

	Singular
η ίσια πλάτη	η αριστερή πλευρά
της ίσιας πλάτης	της αριστερής πλευράς
την ίσια πλάτη	την αριστερή πλευρά
ίσια πλάτη	αριστερή πλευρά

	Plural
οι ίσιες πλάτες	οι αριστερές πλευρές
των ίσιων -†	των αριστερών πλευρών
τις ίσιες πλάτες	τις αριστερές πλευρές
ίσιες πλάτες	αριστερές πλευρές

* Another form of the word *μέρα* is *ημέρα*, and in the genitive plural this is the only form in use.

† It is not unusual for nouns not to have a genitive plural. This is just one example of a word that does not have this case. Where it would be necessary to use the genitive plural of a word and this form does not exist, native speakers will often use a different construction which can be used with another case.

Exercise 7

1 A motorcycle race in Sparta. 2 Two competitors looked close joint firsts at one stage but one of them managed to overtake his rival.

Exercise 8

	Column 1 Present	Column 2 Form in glossary	Column 3 Meaning
ακούγεται	ακούγομαι	ακούω	to hear
να ακολουθήσει	ακολουθώ	ακολουθώ	to follow
καλωσορίσατε	καλωσορίζω	καλωσορίζω	to welcome
περνά	περνώ	περνώ	to pass
παρακολουθήσαμε	παρακολουθώ	παρακολουθώ	to watch
χύνεται	χύνομαι	χύνω	to pour
μπήκαν	μπαίνω	μπαίνω	to enter
να ξεπεράσει	ξεπερνώ	ξεπερνώ	to overtake
μαίνεται	μαίνομαι	μαίνομαι	to rage
πλησιάζει	πλησιάζω	πλησιάζω	to approach
θα τερματίσει	τερματίζω	τερματίζω	to finish
καταβάλλει	καταβάλλω	καταβάλλω	to make (efforts

Exercise 9

Όταν, εμπρός, αλλά, Αν και, ούτε, ούτε, όμως, ή, πρώτος.
The error is that Papayannis did not finish first, but third.

Exercise 10

1 Πού είναι το βιβλίο μου; 2 Ποια είναι αυτή; 3 Πότε θα πηγαίνουμε να βλέπουμε τη γιαγιά; / Τι θα κάνουμε κάπου κάπου; 4 Πού πήγαν; 5 Πώς είσαι;/ Τι κάνεις; 6 Γιατί τερμάτισαν πρώτοι; 7 Ποιο είναι το αυτοκίνητο της; 8 Πού το βρήκε;

Exercise 11

στη Σπάρτη	η Σπάρτη
στην πλατεία	η πλατεία
τρίτο	τρίτος,-η, -ο
προσπάθειες	η προσπάθεια
πανελλήνιο	πανελλήνιος, -α, -ο
αστεία	το αστείο
στη θέση	η θέση
πρώτη	πρώτος, -η, -ο
μεγάλη	μεγάλος, -η, -ο
θάλασσα	η θάλασσα
αποστάσεως	η απόσταση

Exercise 12

Οι οργανωτές δούλεψαν όλο το Σάββατο για να προετοιμάσουν τον αγώνα και παρόλο το κρύο και τη βροχή κοιμήθηκαν στο βουνό ώστε αμέσως με το ξημέρωμα να ελέγχουν την κατάσταση και να συμπληρώσουν τις τελευταίες λεπτομέρειες. Η Κυριακή ξημέρωσε και δεν έλεγε να σταματήσει η βροχή.

Comprehension

α) 1 Η επίθεση και η άμυνα. 2 Το μπάσκετ έχει γίνει σήμερα μια επιχείρηση. 3 Οι φίλαθλοι ενδιαφέρονται για το θέαμα. 4 Οι οπαδοί ενδιάφερονται να νικά η ομάδα τους. (β) 1 Because finance has become important. 2 Defence aims at preventing the opponents from winning. The purpose of attack is to win. 3 A team must of course defend itself but, in order to win, it must play aggressively.

Exercise 13

ο, η φίλαθλος	sports fan
ρομαντικός, -ή, -ό	romantic
ο μπάσκετ	basketball

Exercise 14

Με πολλή προπόνηση και ακόμη πιο πολλή προσευχή

Στα ίχνη των μοναχών που, 800 χρόνια πριν, σκαρφάλωναν τις κατακόρυφες πλαγιές για να χτίσουν τα μοναστήρια τους, οι ορειβάτες τους σήμερα προσπαθούν να αντιγράψουν τη διαδρομή των πρώτων εκείνων μοναχών χωρίς να χρησιμοποιήσουν στηρίγματα άλλα από εκείνα που χρησιμοποίησε ο πρώτος μοναχός του Άγιου Βράχου.

Η μορφολογία των βράχων τα κάνουν μια από την πιο δύσκολη άσκηση πινοητικότητας και δύναμης για τους φανατικούς ορειβάτες σε όλο τον κόσμο και ακόμη και λίγη βροχή τα κάνει απόρθητα καθώς με το νερό οι πέτρες αρχίζουν να γλιστρούν σαν σαπούνι. Με λίγη τύχη, πολλή προπόνηση και ακόμη πιο πολλή προσευχή, η κορυφή απέχει τέσσερις ώρες.

Exercise 15

γνωρίζω	to know
η ανάγκη	need
η επιδερμίδα	skin
απελευθερώνω	to free
το πρόσωπο	face
η συνθήκη	condition
η ενυδάτωση	moisturizing
αφυδατώνομαι	to become dehydrated

Lesson 16

Exercise 1

Literally the verse means: 'The turnings of the circle which move up and down'. More idiomatically perhaps: 'The wheel which keeps turning'.

Exercise 2

I believe in nothing, I am afraid of nothing, I am free.

Exercise 3

The present perfect is formed using the auxiliary verb **έχω** + the third person singular of the form of the verb used in the future simple, e.g. **έχω δροσιστεί, έχω ωφεληθεί.**

The past perfect is formed using the imperfect tense of **έχω**, i.e. **είχα** the third person singular of the form of the verb used in the future simple, e.g. **είχα δροσιστεί, είχα ωφεληθεί.**

Exercise 4

Future continuous	Present perfect	Past perfect	Expression of purpose Simple	Continuous
θα χαίρομαι	έχω χαρεί	είχα χαρεί	να χαρώ	να χαίρομαι
θα έρχομαι	έχω έρθει	είχα έρθει	να έρθω	να έρχομαι
θα εύχομαι	έχω ευχηθεί	είχα ευχηθεί	να ευχηθώ	να εύχομαι
θα σκέφτομαι	έχω σκεφτεί	είχα σκεφτεί	να σκεφτώ	να σκέφτομαι
θα κάθομαι	έχω καθίσει	είχα καθίσει	να καθίσω	να κάθομαι
θα γίνομαι	έχω γίνει	είχα γίνει	να γίνω	να γίνομαι
θα σέβομαι	έχω σεβαστεί	είχα σεβαστεί	να σεβαστώ	να σέβομαι
θα αισθάνομαι	έχω αισθανθεί	είχα αισθανθεί	να αισθανθώ	να αισθάνομαι

Exercise 5

1 Δεν είναι εδώ. Μόλις έχει φύγει (or, more idiomatically, Μόλις έφυγε). 2 Είχαν κιόλας τελειώσει όταν έφτασα. 3 Μου είπες ψέματα. Η συνάντηση δεν είχε αρχίσει. 4 Τα τείχη του Ηρακλείου είχαν κτιστεί πριν την πολιορκία από τους Τούρκους. 5 Η Κρήτη έχει γίνει τουριστικό κέντρο. 6 Ο Ερωτόκριτος είχε γραφτεί πριν το τέλος της πολιορκίας. 7 Έχετε πάει στην Κρήτη; 8 Δεν έχουμε δει τα τείχη της πόλης (πόλεως). 9 Το λιμάνι είχε κτιστεί πριν την πόλη; 10 Λίγοι τουρίστες είχαν πάει στο νησί πριν τη δεκαετία του '70.

Exercise 6

1 Τίνος είναι η εφημερίδα; 2 Τι να σου πω; 3 Πόσο κάνει το κιλό; 4 Τι θέλεις; 5 Δικά τους είναι αυτά; 6 Πόσα τηλέφωνα έχετε; 7 Δικά σου είναι αυτά τα δυο;

Exercise 7

It was 6.30 in the morning when we arrived at Iraklio. First, we went to the hotel where we had reserved rooms and we left our luggage there. We then went out for a walk in the as yet quiet streets of the town.

Most shops had not opened yet. We arrived at El. Venizelos square, known as Lion Square. It took its name from the Venetian fountain decorated with lions. We stopped for a while to see the square and then walked on towards the old harbour.

Exercise 8

It has been given that name because near the coast there are many depressions in the ground which fill with sea water from time to time.

Exercise 9

ολόγυρα = all round, ολοταχώς = at full speed, σπιρτόκουτα = matchboxes, πανάρχαιος = (very) ancient, παραθαλάσσιος = by the sea, ακρόπολη = citadel.

Exercise 10

ιδιαίτερου φυσικού κάλλους   of outstanding natural beauty.

Exercise 11

Present	Imperfect	Present	Imperfect
φοβάμαι	φοβόμουν	θυμούμαι	θυμόμουν
φοβάσαι	φοβόσουν	θυμάσαι	θυμόσουν
φοβάται	φοβόταν	θυμάται	θυμόταν
φοβόμαστε	φοβόμαστε	θυμούμαστε	θυμόμαστε
φοβάστε	φοβόσαστε	θυμάστε	θυμόσαστε
φοβούνται	φοβόνταν	θυμούνται	θυμόνταν

Exercise 12

Past perfect
είχα λυπηθεί
είχα φοβηθεί
είχα κοιμηθεί
είχα θυμηθεί
είχα χρειαστεί
είχα δεχτεί

Exercise 13

Ποιο means *which, as in* Ποιο βιβλίο θέλεις;
Πιο means *more, most* and is used to form the comparative of adjectives,
e.g. το σπίτι μου είναι πιο μεγάλο από το δικό σου *or* το πιο μεγάλο σπίτι
είναι το δικό μου.

Exercise 14

	Singular	
ο θησαυρός	ο μοναδικός βράχος	ο γίγαντας
του θησαυρού	του μοναδικού βράχου	του γίγαντα
το θησαυρό	το μοναδικό βράχο	το γίγαντα
θησαυρέ	μοναδικέ βράχε	γίγαντα

	Plural	
οι θησαυροί	οι μοναδικοί βράχοι	οι γίγαντες
των θησαυρών	των μοναδικών βράχων	των γιγάντων
τους θησαυρούς	τους μοναδικούς βράχους	τους γίγαντες
θησαυροί	μοναδικοί βράχοι	γίγαντες

Exercise 15

ο πατερούλης	ο πατέρας
ο παππούλης	ο παππούς
ο αδερφούλης	ο αδερφός
ο θαλαμίσκος	ο θάλαμος
ο αστερίσκος	ο αστέρας
ο θειούλης	ο θείος

Comprehension

(α) 1 Τα Παλάτια βρίσκονται στη Νάξο. 2 Η πόλη είναι από τη μυκηναϊκή εποχή. 3 Προγραμματίζεται να γίνει υπόγειο μουσείο. (β) 1 In order to display what has been excavated as it was found. 2 Judging by the size of the entrance to it quite big, but it was never completed.

Exercise 16

το κτίσμα	construction
η εποχή	age
αρχαιολογικός, -ή, -ό	archaeological
οι αρχαιότητες	antiquities

Exercise 17

The word is used to describe travels; it means *travelogue*. It was chosen for this lesson because the lesson itself deals with subjects of interests to travellers on a number of Greek islands.

Exercise 18

Zorba the Greek   (the title of the book in Greek means: 'The life and times of Alexis Zorba')

The Last Temptation of Christ

Lesson 17

Exercise 1

Tap it with your fingers and listen for the sound; squeeze the watermelon at the top and bottom to feel for some softness. The safest way is to make an incision which will enable you to look at the colour; it should be bright red.

Exercise 2

The woman did not buy the watermelon. Instead she suggested that the greengrocer eat it himself.

Exercise 3

αγοράσει, είναι, είναι, είναι, φάει.

Exercise 4

2 Μια διαφήμιση για καλλυντικά υπόσχεται στις γυναίκες ότι θα διατηρήσουν το δέρμα τους απαλό. 3 Η αντιηλιακή κρέμα υπόσχεται ότι θα χαρείτε τον ήλιο άφοβα. 4 Εδώ, μας προσκαλεί να απολαύσουμε γεύση. 5 Η πινακίδα λέει ότι απαγορεύεται το κάπνισμα. 6 Αυτή εδώ η πινακίδα λέει να μην κόβουμε τα λουλούδια. 7 Εδώ λέει να μετράμε το χρήματά μας πριν φύγουμε.

Exercise 5

The dialogue begins from the second paragraph, since the first paragraph is an introduction to it by the eye-witness to the exchange. There are a number of variations possible. The one below is one version that stays reasonably close to the original.

Αυτός με τη λιμουζίνα:	– Εγώ είδα πρώτος το χώρο και επομένως πρέπει να βάλω εγώ το αυτοκίνητό μου.
Ο δεύτερος:	– Όχι, όχι, εγώ έφτασα πρώτος κι έτσι έχω το δικαίωμα να βάλω το δικό μου αυτοκίνητο.
Ο πρώτος:	– Αφήστε τ' αστεία γιατί βιάζομαι· έχω ραντεβού μ' έναν πελάτη μου.
Ο δεύτερος:	– Τι λέτε, κύριε, εγώ έφτασα πρώτος και δε φεύγω, ό,τι και να μου πείτε. Ο χώρος είναι μικρός. Η λιμουζινάρα δε χωρά.
Ο πρώτος:	– Σαν δε ντρέπεσαι λέω 'γω!

Exercise 6

The driver of the smaller and older car won the argument and the parking space.

Exercise 7

– Λοιπόν, κύριε, γνωρίζετε το γάτο της κυρίας;
– Ναι, τον γνωρίζω, δηλαδή απλώς εξ όψεως.
– Τι θέλετε να πείτε εξ όψεως;
– Δηλαδή τον έχω δει. Δε γνωριζόμαστε από κοντά.
– Ε, λοιπόν, τον είδατε;
– Ναι, τον έχω δει.
– Ε, και πως είναι;
– Πώς είναι; Γάτος. Έχει τέσσερα πόδια, μια ουρά και δυο . . . αυτιά.
– Τι χρώμα είναι αυτός ο γάτος με τα τέσσερα πόδια κλπ, κλπ;
– Νομίζω μαύρος. Έχει και μια βούλα στο αυτί κι' άλλη μια στην ουρά.
– Και πότε τον είδατε για τελευταία φορά;
– Χτες το βράδυ, όταν γύρισα απ' τη δουλειά.
– Και τι ώρα γυρίσατε απ' τη δουλειά;
– Μα, γύρω στις δέκα.
– Τη νύχτα. Και είδατε μαύρο γάτο στο σκοτάδι;
– Μάλιστα, τον είδα. Καθόταν έξω από την πόρτα μου.

Exercise 8

A young blonde girl is leaving on a sailing boat and her friends are waving goodbye to her from the pier.

Exercise 9

1 κοινωνική 2 εμπορικό 3 καλός 4 φτωχή 5 εξυπνότατα 6 μοναδική
7 συγκλονιστικά 8 φτηνά 9 πλούσιος 10 χείριστη 11 καλύτερη
12 πλουσιότερη 13 ψηλότερος 14 ωραιότερη 15 υγιέστατη

Exercise 10

1 λιγότερη 2 πολύ απλό 3 συντομότερο 4 ζεστότερο 5 μεγαλύτερη
6 καλύτερος 7 επιμελέστερη 8 πολύ λίγα

Comprehension

(α) 1 Because, although Ithaca is the ultimate destination, what is important is the journey to it and the experiences and knowledge we will gain *en route*. 2 Ultimately the arrival at Ithaca but also the knowledge and wisdom we will acquire on the way and the enjoyment of new experiences.

(β) 1 We will not meet them unless we carry them in our own imagination, suggesting that many of our nightmares are the product of our own fears rather than of the outside world. 2 That Ithaca is used as a metaphor for any goals we may set in our lives or even for life itself. 3 οι Ιθάκες.

Exercise 11

A literal translation:

MONOTONY

One monotonous day is followed by
another monotonous day, just the same.
The same things will happen again –
the same moments find us and leave us.

One month passes and brings another month.
What is coming can be easily surmised;
it's the same boring things of yesterday.
And tomorrow ends up not looking like tomorrow any more.

A freer translation may read:

MONOTONY

Each monotonous day is followed
by another just the same. The same things
will be repeated, the same moments
will come and go.

Each month that passes brings another month.
One can easily guess what will be;
the same boring things of yesterday.
And tomorrow is no longer
tomorrow at all.

Exercise 12

The art of the word or the art of speech.

Lesson 18

Exercise 1

η αρχή = beginning, ο λόγος = word, speech, και = and, ο Θεός = god.

Exercise 2

1 One form of the language developed naturally through usage. The other one was the result of a rather artificial attempt to keep the language close to that of the ancient Greeks. 2 καθαρεύουσα can be explained as a *formal* form of the language used mainly in official documents, and δημοτική as the language of the people, or even *demotic*. 3 The language used today is mainly the demotic, but it owes much to katharevousa. In English, it is referred to as Standard Modern Greek.

Exercise 3

1 Φεύγοντας   2 Μπαίνοντας   3 πίνοντας   4 τραγουδώντας
5 αναγκασμένος 6 Τρώγοντας, πίνοντας 7 Ρωτώντας 8 νοικιασμένο
9 λυπημένη 10 ευχαριστημένος 11 Βγαίνοντας 12 κουνώντας

Exercise 4

Το νερό νεράκι είπ*αν* οι κάτοικοι του Λεκανοπεδίου και περιόρι*σαν* την κατανάλωσή του κατά 30,57% τον Ιούνιο, έναντι του περυσινού αντίστοιχου μήνα. Μάλιστα στο διάστημα Φεβρουαρίου – Ιουνίου η κατανάλωση μειώ*θηκε* κατά 28,75%.

Τα στοιχεία ανακοινώ*θηκαν* από την ΕΥΔΑΠ με τις ευχαριστίες προς τους κατοίκους του Λεκανοπεδίου, οι οποίοι με την οικονομία που έκα*ναν* κέρδι*σαν* νερό για δύο μήνες.

Exercise 5

Verbs which in the present tense, first person, end in -**ώ** form their active participle with an ending -**ώντας**, e.g. **τραγουδώ – τραγουδώντας**.

Verbs which in the present tense, first person, end in -**ω** form their active participle with the ending -**οντας**, e.g. **δένω -δένοντας**.

Exercise 6

(α) 1 Ο σύζυγος της λεχώνας έκανε σαματά. 2 Πολύ μικρό, με δύο δωμάτια. 3 Είχε γεννηθεί κοριτσάκι. (β) 1 To a visitor, probably a neighbour. 2 Three, the other two were a boy and a girl. 3 Lullaby.

Exercise 7

Some of the English phrases we would use are the equivalent to the Greek phrases; others are slightly different but would be used in a similar situation:

ο ακρογωνιαίος λίθος	the cornerstone
ο επιμένων νικά	he who dares wins
το γοργόν και χάριν έχει	speed has grace*
συν Αθηνά και χείρα κίνει	God helps those who help themselves
παν μέτρον άριστον	all things in moderation
υπέρ το δέον	to a fault
Κύριε ελέησον	Good God
μετά φόβου Θεού και πίστεως	with the fear of God
πανταχού παρών	omnipresent
ο μη γένοιτο	God forbid
στους αιώνες των αιώνων	forever and ever
μνήσθητί μου Κύριε	bless my soul

* In English we would probably say: *time is money*, although there is a Greek equivalent to this, i.e. *Ο χρόνος είναι χρήμα*.

Comprehension

1 Το πρώτο μοναστήρι ιδρύθηκε από τον Άγιο Αθανάσιο το 10ο αιώνα. 2 Οι μοναχοί του Αγίου Όρους δεν υπάγονται σε καμιά αρχή. Είναι ανεξάρτητοι. 3 Δεν είναι πολύ φιλόξενοι αφού ο λόγος που κατέφυγαν στο Άγιον Όρος ήταν ότι προτιμούσαν να μείνουν μακριά από τους άλλους ανθρώπους. 4 Πρέπει να περάσουν μια δοκιμαστική περίοδο ενός έτους μετά από την οποία επιλέγονται από τον ηγούμενο και το συμβούλιο του μοναστηριού.

Exercise 8

You will need to include the following points:

1 Greek became the official language of the Byzantine Empire and as such bore a great deal of resemblance to some forms of classical Greek. 2 Demotic developed naturally through everyday usage. 3 A more purist form was used by the educated classes. 4 These two forms remained apart and developed into what became known as katharevousa and demotic. 5 When Greece gained its independence from Turkey in the late nineteenth century, katharevousa became the official language of the state. 6 In 1976 demotic was made the official language. 7 In 1982 the polytonic form of accentuation (three stresses, two breathings) was abolished in favour of a monotonic system using a single stress-accent).

WARM CONGRATULATIONS

If you have arrived at this page because you have completed the course.
We hope that our book has proved a good companion.

Greek–English glossary

The glossaries cover most of the essential vocabulary used in the Greek texts in this book as far as possible. They are by no means intended to be comprehensive and the student is advised to use a good bilingual dictionary, preferably published after 1982. For suggestions, please see Suggestions for further reading page x.

The translations of terms included in the Glossaries are with specific reference to the contexts in which they occur in this book.

αβγο, το	egg	άθλημα, το	sport
αγαπώ	to love	αθόρυβος, -η, -ο	noiseless
αγγούρι, το	cucumber	αίθουσα, -η	room, lounge
αγορά, η	market	ακολουθώ	to follow
αγοράζω	to buy	ακούω	to hear
αγώνας, ο	struggle, conflict, race	ακριβώς	precisely
		ακρογιαλιά, η	seashore
αγωνία, η	anxiety	ακτή, η	shore
άδεια, η	permit, leave, licence	αλλά	but
		αλληλογραφία, η	correspondence
άδεια οδηγήσεως, η	driving-licence	άλλος, -η, -ο	other, another
		αλλού	elsewhere
αδελφή (αδερφή), η	sister	αμέσως	immediately, at once
αδελφός (αδερφός), ο	brother	άμμος, η	sand
αέρας, ο	wind, air	αμμουδιά, η	sandy shore
αεροδρόμιο, το	airport, aerodrome	αμπέλι, το	vine
		αν	if, whether
αερολιμένας, ο	airport	αν και	although
αεροπλάνο, το	aeroplane	ανάβω	to light
αεροσκάφος, το	aircraft	ανακαλύπτω	to invent, to discover
Αθήνα, η	Athens		

ανάμεσα	amongst
αναμονή, η	waiting
αναπτήρας, ο	cigarette lighter
ανατολή, η	east
αναχωρώ	to depart
αναψυκτικό, το	soft drink
Ανδρών	Gents (toilets)
ανεβαίνω	to go up, to rise
ανήκω	to belong
ανηφορικός, -ή, -ό	steep
άνθρωπος, ο	man
ανθρωπότητα, η	humankind
ανιψιά, η	niece
ανιψιός, ο	nephew
ανοίγω	to open
ανοιχτός, -ή, -ό	open
αντέχω	to withstand, to endure
αντί	instead of, against
αντίθεση, η	contrast
αντίθετος, -η, -ο	opposite, opposed
αντικατάσταση, η	replacement
αντιμετωπίζω	to confront
άντρας, ο	man
αξία, η	value
απαντώ	to answer, to meet by chance
απαραίτητος, -η, -ο	necessary
απέναντι	opposite
απευθείας	direct, straight
απέχω	to be at a distance from
απλός, -ή, -ό	simple
απλό εισιτήριο, το	one-way ticket
από	from
απόγευμα, το	this afternoon
απόδειξη, η	receipt
αποκαλύπτω	to reveal
αποκάτω	underneath
αποκτώ	to acquire
απολαμβάνω	to relish
απομονωμένος, -η, -ο	isolated
αποσκευή, η	luggage
απόσταση, η	distance
αποτελεσματικά	effectively
αποχαιρετώ	to say goodbye, to bid farewell
αποχωρητήριο, το	toilet
απόψε	tonight
αργά	late
αργώ	to be late
αριστερά	left
άριστος, -η, -ο	excellent
αρκετός, -ή, -ό	enough, sufficient
αρραβωνιαστικιά, η	fiancée
αρραβωνιαστικός, ο	fiancé
άρρωστος, -η, -ο	ill, sick
αρτοπωλείο, το	baker's
αρχή, η	beginning
αρχίζω	to begin
αρχιτεκτονική, η	architecture
άσκηση, η	exercise
άσπρος, -η, -ο	white
αστείο, το	joke
άστρο, το	star (planetary)
αστυφύλακας, ο	police constable
ασφάλεια, η	insurance, security, safety

ασχολούμαι	to pay attention to, to be occupied with	βιολογία, η	biology
		βλέπω	to see
		βοηθώ	to help
ατύχημα, το	accident	βούτυρο, το	butter
Αύγουστος, ο	August	βραδιά, η	evening, night
αυλή, η	yard	βραδιάζει	it's getting dark
αύριο	tomorrow	βράδυ, το	evening
αυτί, το	ear	βράζω	to boil
αυτοκίνητο, το	car	βρέχει	it's raining
αυτός, -ή, -ό	he, she, it	βρίσκω	to find
αφήνω	to leave	βροντά	it's thundery
άφιξη, η	arrival	βροχή, η	rain
αφορολόγητα, τα	duty-free goods	βυθισμένος, -η, -ο	sunken
αφυδατώνομαι	to become dehydrated	βυσσινής, -ιά, -ί	purple
		γάλα, το	milk
αχλάδι, το	pear	γαλανός, -ή, -ό	blue
βάζω	to put	γάμος, ο	wedding
βαθμός, ο	degree, mark	γαμπρός, ο	son-in-law, brother-in-law, bridegroom
βαλίτσα, η	suitcase		
βαρετός, -ή, -ό	boring, tiresome		
βάρκα, η	boat	γεια	hello, bye, (see υγεία)
βαρύς, -ιά, -ύ	heavy		
βαστάζω	to bear, to hold	γελώ	to laugh
βάφω	to die	γέννηση, η	birth
βγάζω	to take out, to take off	Γενάρης, ο	see Ιανουάριος
		γεύση, η	taste
βγαίνω	to come out, to get out	γη, η	earth, soil
		για	for
βέβαια	sure, certainly	γιαγιά, η	grandmother
βενζινάδικο, το	petrol station	γιαούρτι, το	yoghurt
βενζίνη, η	petrol	γιατί	since, because, why
αμόλυβδος, -η, -ο	unleaded		
		γιατρός, ο, η	doctor
βήμα, το	step	γίνομαι	to become
βιάζομαι	to be in a hurry	γιορτάζω	to celebrate
βιαστικός, -ή, -ό	hurried	γιορτή, η	a holiday (i.e. day off work), celebration
βιβλιαράκι, το	booklet		
βιβλιοπωλείο, το	bookshop	γκαράζ, το	garage
		γκρι invar.	grey
βίντεο, το	video	γκρίζος, -α, -ο	grey

γλεντώ	to have fun	Δεκέμβριος, ο	December
γλυκός, -ιά, -ό	sweet	δένω	to tie
γνωρίζομαι	to get to know	δεξιά	right
γνωρίζω	to know	δεσποινίς, η	Miss
γνώση, η	knowledge	δευτερόλεπτο,	second (of an
γνωστός, -ή, -ό	known	το	hour)
γράμμα, το	letter	Δευτέρα, η	Monday
γραφείο, το	office, desk	δεύτερος, -η, -ο	second
γρήγορα	quick	δημιουργώ	to create
γυαλί, το	glass	δημοκρατία, η	democracy
γυαλιά, τα	glasses,	δήμος, ο	municipality, the
	spectacles		common people
γυαλιά του	sunglasses	διαβάζω	to read
ήλιου		διαβατήριο, το	passport
γυναίκα, η	woman	διαγωνισμός, ο	competition
Γυναικών	Ladies (toilets)	διαδικασία, η	procedure
γυρίζω	to return, to turn	διαδρομή, η	route
γύρω	round, around	διακοπές, οι	holidays
γωνία, η	corner	διακόσια	two hundred
δαγκώνω	to bite	διαλέγω	to choose, to
δανείζομαι	to borrow		select
δανείζω	to lend	διαμέρισμα, το	apartment
δασκάλα, η	teacher (woman)	διανυκτερεύω	to be open (or
δάσκαλος, ο	teacher (man)		up) all night
δάχτυλο, το	finger	διάρκεια, η	duration
δέκα	ten	διαρκώ	to last
δεκαεννέα,	nineteen	διάρροια, η	diarrhoea
δεκαεννιά		διασκεδάζω	to amuse oneself,
δεκαέξι	sixteen		to entertain
δεκαεπτά,	seventeen	διατηρώ	to preserve, to
δεκαεφτά			keep
δεκάλεπτο, το	ten minutes	διαφήμιση, η	advertisement
δεκαοκτώ,	eighteen	διαφορά, η	difference
δεκαοχτώ		διαφορετικός,	different
δεκαπενθή-	fortnight	-ή, -ό	
μερο, το		διαφωνώ	to disagree
δεκαπενταύγ-	15 August	διεθνής, -ής, -ές	international
ουστος, ο		διεύθυνση, η	address
δεκαπέντε	fifteen	διήμερος, -η, -ο	lasting two days
δεκατέσσερα	fourteen	δικός, -ή, -ό	my (your etc.),
δέκατος, -η, -ο	tenth	(μου, σου κλπ)	mine (yours
δεκατρία	thirteen		etc.)

δίνω	to give	εκατό	a hundred
δίπλα	next to	εκατομμύριο,	million
διπλασιάζω	to double	το	
δίχως	without	εκεί	there
διώχνω	to send away	εκείνος , -η, -ο	that (man,
δολάριο	dollar		woman, child)
δουλειά, η	work	εκκλησία, η	church
δραχμή, η	drachma	εκτός	out of, outside,
δρόμος, ο	road		except
δροσίζω	to cool, to	έκτος, -η, -ο	sixth
	refresh	ελαφρός, -ή, -ό	light (in weight)
δύναμη, η	force, strength	έλεγχος	ticket check-in
δύο, δυο	two	εισιτηρίων, ο	
δυόμιση	half past two	αποσκευών, ο	luggage check-in
δύση, η	west	διαβατηρίων, ο	passport control
δύσκολος, -η, -ο	difficult	ελευθερία, η	liberty, freedom
δυστυχώς	unfortunately	ελεύθερος,	free
δώδεκα	twelve	-η, -ο	
δωδέκατος,	twelfth	ελιά, η	olive, olive tree
-η, -ο		ελικόπτερο, το	helicopter
δωμάτιο, το	room	Ελλάδα, η	Greece
εβδομάδα, η	week	Έλληνας, ο	Greek man
εβδομήντα	seventy	Ελληνίδα, η	Greek woman
έβδομος, -η, -ο	seventh	ελληνικά, τα	Greek language
έγγραφο, το	document	ελληνικός,	Greek
εγώ	I	-ή, -ό	
έδαφος, το	ground	ελπίζω	to hope
εδώ	here	εμείς	we
εθνικός, -ή, -ό	national	εμποδίζω	to prevent
είδα	past tense of	εμπορικός, -ή, -ό	commercial
	βλέπω	εμπρός	ahead, in front of
ειδοποιώ	to notify	ένας, μία, ένα	one
εικάζω	to surmise, to	ένατος, -η, -ο	ninth
	guess	ενδέκατος,	eleventh
είκοσι	twenty	-η, -ο	
είμαι	I am	ενδιαφέρομαι	to be interested
εισιτήριο, το	ticket		in
εισιτήριο με	return ticket	ενδιαφέρον, το	interest
επιστροφή		ενδιαφέρω	to interest
απλό	single	ενενήντα	ninety
είτε ... είτε	either ... or,	ένεση, η	injection
	whether ... or	εννιά, εννέα	nine

εννιακόσια	nine hundred	επιχείρηση, η	business
ενοικιάζω	to hire, to rent	επτά, εφτά	seven
ενοικίαση, η	hiring, renting	επτακόσια,	seven hundred
εντάξει	okay	εφτακόσια	
έντεκα	eleven	επτάχρονος,	seven-year
έντυπο, το	form (to fill in)	-η, -ο	
ενυδατώνω	to moisturize	εργάζομαι	to work
ενυδάτωση, η	moisturizing	εργασία, η	work, profession,
ενώ	while		job
εξάγωνο, το	hexagon	έρευνα, η	research
εξαδέλφη, η	cousin (female)	ερχόμενος,	coming, next
εξάδελφος, ο	cousin (male)	-η, -ο	
εξαετία, η	six-year period	εσείς	you (pl.)
εξακόσια	six hundred	εστιατόριο, το	restaurant
εξασφαλίζω	to ensure	εσύ	you (sing.)
εξήντα	sixty	εσωτερικός,	internal
έξι	six	-ή, ό	
έξοδος, η	exit	εταιρία, η	company
εξοπλισμένος,	equipped		(business)
-η, -ο		ετοιμάζω	to prepare
εξοχή, η	countryside	έτος, το	year
εξ όψεως	by sight	εύκολος, -η, -ο	easy
εξπρές, το	express	ευτυχώς	fortunately
εξωτερικό, το	abroad	ευχαριστώ	to thank, thank
επαναλαμβάνω	to repeat		you
επάνω	up, above	εφαρμόζω	to apply
επειδή	because	εφημερίδα, η	newspaper
επηρεάζω	to affect	εχθρός, ο	enemy
επιβίβαση, η	boarding (an	έχω	to have
	aeroplane)	έως	up to, until
επιδερμίδα, η	skin	ζαλίζω	to make dizzy
επιμένω	to insist, persist	ζαμπόν, το	ham
επίσημος, -η, -ο	official, formal	invar.	
επίσης	also, too	ζάχαρη, η	sugar
επισκέπτομαι	to visit	ζεσταίνω	to warm, to
επιστήμη, η	science		make feel warm
επιστημονικός,	scientific	ζέστη, η	heat
-ή, -ό		ζεστός, -ή, -ό	warm, hot
επιταγή, η	cheque	ζήτημα, το	matter
επιτέλους	finally	ζητώ	to seek, to ask
επιτρέπω	to permit, to	ζυγίζω	to weigh
	allow	ζω	to live

ζωή, η	life	ίσια	straight, equally
ζωντανός, -ή, -ό	alive	ίσος, -η, -ο	equal
η	the (*feminine*)	ιστορία, η	history, story
ή	or	κ.	Mr, Mrs
ή . . .. ή	either . . . or	Κα	Mrs
ηλικία, η	age	καθαρίζω	to clean
ηλιοθεραπεία, η	sunbathing	κάθε	each, every
		καθένας,	everyone
ήλιος, ο	sun	καθεμιά,	
ημέρα, η	day	καθένα	
ημερομηνία, η	date	καθιερώνω	to establish
ημερονύχτιο, το	a day and a night	καθόλου	at all, by no means
ησυχία, η	quiet	κάθομαι	to sit
ήταν	was, past tense of είναι	καθώς	as, while
		και	and, too, past (the hour)
ηχώ, η	echo		
θα	will, shall	καίω	to burn
θάλασσα, η	sea	κακά	bad, badly
θαλασσής, -ιά, -ί	blue (like the sea)	κακός, -ή, -ό	bad
		καλά	fine, well
θάνατος, ο	death	καλημέρα	good morning
θάρρος, το	courage	καληνύχτα	good night
θέατρο, το	theatre	καλησπέρα	good evening
θεία, η	aunt	καλύτερα	better
θείος, ο	uncle	καλοκαίρι, το	summer
θέλω	to want	καλός, -ή, -ό	good
θεός, ο	god	καλωσορίζω	to welcome
θεραπεία, η	therapy	κάμερα, η	video camera, cine camera
θερμοκρασία, η	temperature		
θέση, η	position	κανένας ή	nobody, anybody
θησαυρός, ο	treasure	κανείς, καμιά,	
θυμάμαι, θυμούμαι	to remember	κανένα	
		κανό, το	canoe
θυμίζω	to remind	κάνω	to do, to make
Ιανουάριος, ο	January	καπνοπωλείο, το	tobacconist
ιδέα, η	idea		
ίδιος, -α, -ο	same, similar	κάποιος, -α, -ο	someone
ικανοποιη-μένος, -η, -ο	satisfied	κάπου	somewhere
		κάπως	somehow, in some way
Ιούνιος, ο	June		
Ιούλιος, ο	July	καρέκλα, η	chair

καριέρα, η	career	**κεφάλι, το**	head
καρπούζι, το	watermelon	**κέφι, το**	good mood, high
κάρτα, η	card		spirits, joviality
κάρτα	boarding-card	**κήπος, ο**	garden
επιβίβασης, η		**κιλό, το**	kilo
πιστωτική	credit card	**κίνηση, η**	movement
κάρτα, η		**κινώ**	to move
κατά	against, towards	**κιόλας**	already
καταβάλλω	to defeat, to pay	**κίτρινος, -η, -ο**	yellow
	(money), to	**κλαίω**	to cry
	make (effort)	**κλήση, η**	call (telephone)
καταθέτω	to testify, deposit	**κλινική, η**	clinic
	(money)	**κόβω**	to cut
κατάκλειστος,	shut up (house)	**κοιλιά, η**	tummy
-η, -ο		**κοιμάμαι,**	to sleep
καταλαβαίνω	to understand	**κοιμούμαι**	
κατάλογος, ο	list, catalogue	**κοιμίζω**	to put to sleep
καταντώ	to end up	**κοινωνικός,**	social
κατάστημα, το	shop	**-ή, -ό**	
καταστρέφω	to destroy	**κοιτάζω**	to look, to see
καταφεύγω	to take refuge	**κόκκινος, -η, -ο**	red
καταφύγιο, το	refuge	**κολυμπώ**	to swim
κατεβαίνω	to go down, to	**κομμάτι, το**	piece
	descend	**κοντά**	near
κατοικία, η	house, residence	**κοπέλα, η**	young woman,
κάτοικος, ο	inhabitant		young lady
κατοικώ	to reside, to live	**Κος**	Mr
κάτω	down	**κόσμος, ο**	people
καφέ *invar.*	brown	**κοστίζω**	to cost
καφεδάκι, το	small coffee	**κότα, η**	hen
	(*usually used*	**κουνούπι, το**	mosquito
	for Greek	**κουράζω**	to tire
	coffee)	**κουρασμένος,**	tired
καφές, ο	coffee	**-η, -ο**	
καφετέρια, η	cafeteria	**κουτάλι, το**	spoon
καφετής, -ιά, -ί	brown	**κρασί, το**	wine
κεντρίζω	to sting	**κρατώ**	to hold
κεντρικός,	central	**κρέας, το**	meat
-ή, -ό		**κρέμα, η**	cream
κέντρο, το	centre	**κρεοπωλείο, το**	butcher's
κερδίζω	to win, to earn	**κρύβω**	to hide
	(money)	**κρύο, το**	cold

κτίζω	to build	Μάιος, ο	May
κύκλος, ο	circle	μακριά	away, far (from)
κυρία, η	madam, lady, Mrs	μάλιστα	yes (certainly)
		μαλλιά, τα	hair (on head)
Κυριακή, η	Sunday	μαμά, η	mum
κύριος, -α, -ο	main	μανάβης, ο	greengrocer
κύριος, ο	gentleman, sir, Mr	μανάβικο, το	greengrocer's
		μαρούλι, το	lettuce
κυρίως	mainly	Μάρτιος, ο	March
κώδικας, ο	code	μας	our
λάδι, το	oil	μαυρίζω	to tan (literally go black)
λάθος, το	mistake		
λάστιχο, το	tyre	μαύρος, -η, -ο	black
λείπω	to be absent, to be missing	μαχαίρι, το	knife
		με	with
λεμονάδα, η	lemonade	μεγάλος, -η, -ο	big, large
λεμόνι, το	lemon	μεζές, ο	a tasty morsel
λέξη, η	word	μεθαύριο	the day after tomorrow
λεπτό, το	minute		
λεπτομέρεια, η	detail	μέλι, το	honey
λευκός, -ή, -ό	white	μελωδικός, -ή, -ό	melodic
λέω, λέγω	to say		
λεωφορείο, το	bus	μεν ... αλλά	it's true ... but
λήγω	to expire	μένω	to stay, to live
λίγος, -η, -ο	little, few	μέρα, η	day
λιμάνι, το	harbour, port	μερικοί, -ές, -ά	some
λιοντάρι, το	lion	μέρος, το	place
λίρα, η	pound	μεσημέρι, το	noon, midday
λογαριασμός, ο	account, bill	μετά	later, after, then
λόγος, ο	word, speech, reason	μετανιώνω	to change one's mind, to repent
λοιπόν	so, then	μεταξύ	between
λυπάμαι, λυπούμαι	to be sorry, sad	μεταφράζω	to translate
		μετρητά, τα	cash
λυπημένος, -η, -ο	sad	μέτριος, -α, -ο	medium
		μήλο, το	apple
μαγαζί, το	shop (κατάστημα)	μήνας, ο	month
		μήνυμα, το	message
μαζεύω	to gather, to collect	μητέρα, η	mother
		μικρός, -ή, -ό	small
μαζί με	together with	μιλκ σέικ, το	milk shake
μαθαίνω	to learn	μιλώ	to speak

μίνι, το *invar.*	mini (dress or skirt)	νομίζω	to think, to be of the opinion
μισός, -ή, -ό	half	νοσοκόμα, η	nurse (woman)
μόδα, η	fashion	νοσοκομείο, το	hospital
μοιάζω	to be like	νοσοκόμος, ο	nurse (man)
μοιράζομαι	to share	νόστιμος, -η, -ο	tasty, atttractive
μοιράζω	to divide, to share out	νότος, ο	North
		νους, ο	mind
μόλις	just	ντομάτα, η	tomato
μοναδικός, -ή, -ό	unique	ντρέπομαι	to feel ashamed
μονότονος, -η, -ο	monotonous	νύφη, η	daughter-in-law, sister-in-law, bride
μόρφωση, η	education		
μοτίβο, το	motif	νύχτα, η	night
μότο, το	motto	νωρίς	early
μου	my	ξαναπερνώ	pass again
μπαίνω	to enter	ξανασυναντώ	to meet again
μπαμπάς, ο	dad	ξανθός, -ή, -ό	blonde, fair (also ξανθός, -ιά, -ό)
μπάσκετ, το	basketball		
μπεζ *invar.*	beige	ξεκινώ	to begin, to start
μπέικον, το *invar.*	bacon	ξενιτιά, η	foreign lands
		ξενοδοχείο, το	hotel
μπλε *invar.*	dark blue	ξένος, ο	foreigner, stranger, guest
μπορώ	I can		
μπράτσο, το	arm	ξέρω	to know
μπροστά	in front of	ξηρά, η	land
μύγα, η	fly	ξηρός, -ή, -ό	dry
μύθος, ο	myth	ογδόντα	eighty
να	there, there it is	όγδοος, -η, -ο	eighth
νανούρισμα, το	lullaby	οδηγός, ο	driver
ναός, ο	temple, church	οδηγώ	to drive
ναύτης, ο	sailor	οδοντογιατρός, ο, η	dentist
ναυτία, η	nausea, sea-sickness		
		οδός, η	road (address)
νέος, -α, -ο	young	οικογένεια, η	family
νερό, το	water	οίνος, ο	wine
νησί, το	island	οκτακόσια, οχτακόσια	eight hundred
νίκη, η	victory		
νικώ	to win	Οκτώβριος, ο	October
νιώθω	to feel	οκτώ, οχτώ	eight
Νοέμβριος, ο	November	ολόκληρος, -η, -ο	entire, whole
νοικιάζω	to hire		

όλος, -η, -ο	all, whole	παππούς, ο	grandfather
ομάδα, η	team	παρά	in spite of, rather than, to (the hour)
όμως	but, however		
όνομα, το	name		
ονομάζω	to name, to call	παράδειγμα, το	example
οπαδός, ο	follower	παράθυρο, το	window
όποιος, -α, -ο	whoever	παρακαλώ	to plead, please, not at all
οποίος, -α, -ο	who, who, which		
οποιοσδήποτε, οποιαδήποτε, οποιοδήποτε	whoever	παρακάτω	further down
		παρακολουθώ	to watch, to attend
όρεξη, η	appetite	παρακούω	to hear wrong
ορίστε	here you are (when giving something)	παραλαμβάνω	to take delivery of
		παραλία, η	beach
όροφος, ο	floor, storey	Παρασκευή, η	Friday
ορχήστρα, η	orchestra	παράσταση, η	performance
όσος, -η, -ο	as many, as much	παρέα, η	company of friends
όταν	when	παρελθόν, το	past
ότι	that	πάρκινγκ, το	parking
ό,τι	whatever	παρουσία, η	presence
οτιδήποτε	whichever	παρουσιάζομαι	to appear
ούζο, το	ouzo	πάστα, η	pastry
ουρά, η	queue, tail	Πάσχα, το	Easter
ουρανής, -ιά, -ί	sky-blue	πάτωμα, το	floor
ουρανός, ο	sky	πεζόδρομος, ο	pedestrian area
όχι	no	πεινασμένος, -η, -ο	hungry
παγωτό, το	ice-cream		
παιδί, το	child	Πέμπτη, η	Thursday
παίρνω	to take	πέμπτος, -η, -ο	fifth
παιχνίδι, το	game	πενήντα	fifty
παίχτης, ο	player	πεντακόσια	five hundred
πάλη, η	struggle	πέντε	five
παλιός, -ά, ό	old	περασμένος, -η, -ο	(of the) past
πανηγύρι, το	fare (village fare)		
πανί, το	sail (of a boat)	περιβάλλον, το	environment
πάντα	always	περιγράφω	to describe
παντοπωλείο, το	grocer's	περιοδικό, το	magazine, periodical
παντού	everywhere	περιουσία, η	property
πάνω	up	περιοχή, η	area

περίπατος, ο	walk	πολύτιμος, -η, -ο	valuable
περιπέτεια, η	adventure		
περιποίηση, η	looking after	πονοκέφαλος, ο	headache
περίπτερο, το	kiosk		
περισσότερος, -η, -ο	more	πόρτα, η	door
		πορτοκαλάδα, η	orangeade
περνώ	to pass		
περπατώ	to walk	πορτοκαλής, -ιά, -ί	orange (colour)
πέρσι, πέρυσι	last year		
πετώ	to fly, to throw away	πορτοκάλι, το	orange (fruit)
		πόσοι, -ες, -α;	how many?
πέφτω	to fall	πόσος, -η, -ο;	how much?
πηγαίνω	to go	πότε	when
πιάνω	to take, to pick up	ποτέ	never, ever
		ποτίζω	to water
πιάτο, το	dish, plate	που	that (who, which)
πικ απ, το	record player		
πινακίδα, η	sign	πουθενά	nowhere, anywhere
πίνω	to drink		
πιστεύω	to believe	πουλώ	to sell
πίσω	behind	πράγμα, το	thing
πλαζ, η *invar.*	beach	πράσινος, -η, -ο	green
πλάτη, η	back (of person, chair)	πρατήριο, το (βενζίνης)	petrol station
πλήθος, το	crowd	πρεμιέρα, η	première
πληροφορία, η	information	πρέπει	must
πληρώνω	to pay	πριν	ago, before
πλησιάζω	to approach	πρόβλημα, το	problem
πλοίο, το	ship	προγραμματίζω	to plan
πλούσιος, -α, -ο	rich	προειδοποί-ηση, η	notice
πλύσιμο, το	washing	προετοιμάζω	to prepare
ποδήλατο, το	bicycle	προς	towards
πόδι, το	foot	προσθέτω	to add
ποιητής, ο	poet	προσκαλώ	to invite
ποιότητα, η	quality	προσπαθώ	to try
ποιου, -ας, -ου;	whose?	προστασία, η	protection
πόλη, η	city, town	προστατεύω	to protect
πολύς, πολλή, πολύ	much, a lot, a great deal	πρόσφατος, -η, -ο	recent
πολυτελής, -ής, ές	luxurious	προσφέρω	to offer
		πρόσωπο, το	face

προτίμηση, η	preference	σβήνω	to die out, to extinguish
προτιμώ	to prefer	σε	to
προχτές, προχθές	the day before yesterday	σέβομαι	to respect
προχωρώ	to carry on, to proceed	σειρά, η	turn
		Σεπτέμβριος	September
πρωί, το	morning	σερβίρω	to serve
πρώτα	first	σήμα, το	signal
πρωταπριλιά, η	1 April	σημαίνω	to mean
πρωτομαγιά, η	1 May	σημασία, η	meaning
πρώτος, -η, -ο	first	σιγά	slowly, quietly
πρωτοχρονιά, η	New Year's Day	σίγουρος, -η, -ο	certain
		σινεμά, το	cinema
πτήση, η	flight	σκέψη, η	thought
πτωχικός, -ή, -ό	poor, meagre	σκηνή, η	tent, stage, scene
		σκόρδο, το	garlic
πυρετός, ο	fever	σκοτάδι, το	darkness
πωλώ, πουλώ	to sell	σκύβω	to bend down
πώς	how	σοβαρός, -ή, -ό	serious
πως	that	σου	your
ράδιο, το	radio	σουπερμάρκετ, το	supermarket
ραντεβού, το	appointment		
ρεπερτόριο, το	repertoire	σπάνια	rarely
ρέστα, τα	change (money)	σπίτι, το	house
ρίζα, η	root	σπρώχνω	to push
ρίχνω	to throw	στάθμευση, η	parking
ροζ *invar.*	pink	σταθμός, ο	station
ρομαντικός, -ή, -ό	romantic	σταματώ	to stop
		στάση, η	stop (bus)
ρωτώ	to ask	σταχτής, -ιά, -ί	grey
Σάββατο, το	Saturday	στέκομαι	to stand
Σαββατο- κύριακο, το	weekend	στέλνω	to send
		στενοχωρη- μένος, -η, -ο	worried
σαλάτα, η	salad		
σαλάμι, το	salami	στενοχωρώ	to upset, to worry
σαν	like, as		
σάντουιτς, το *invar.*	sandwich	στερλίνα, η	sterling (pound)
		στιγμή, η	moment
σάουνα, η	sauna	στιγμιαίος καφές, ο	instant coffee
σαπούνι, το	soap		
σαράντα	forty	στομάχι, το	stomach-ache
σας	your	στρίβω	to twist

στρογγυλός, -ή, -ό	round	συστήνω	to recommend, introduce
στροφή, η	bend	συχνά	often
συγγενής, ο	relative	σχέδιο, το	plan
συγκεντρώνω	to gather, to collect	σχέση, η	relation
		σχηματίζω	to form
συγκίνηση, η	emotion	σώζω	to rescue, to save
σύγκρουση, η	collision	σώμα, το	body
συγνώμη	sorry, I beg your pardon, excuse me	τάβλι, το	backgammon
		τακτικά	regularly
		ταμείο, το	cashier's
σύγχρονος, -η, -ο	contemporary	ταξί, το	taxi
		ταξιδεύω	to travel
συγχρόνως	at the same time	ταξίδι, το	journey, voyage
συγχωρώ	to forgive	ταξιδιωτική επιταγή, η	traveller's cheque
με συγχωρείτε	I beg your pardon, excuse me		
		ταχυδρομείο, το	post office
συζητώ	to discuss	ταχύτητα, η	speed, gear (in car)
σύζυγος, ο,η	husband, wife		
συμβουλεύομαι	to consult	τείχος, το	wall (surround- ing a town)
συμβουλεύω	to advise		
συμπληρώνω	to fill in, to complete	τελειώνω	to finish, to end
		τέλος, το	end
σύμφωνα με	according to, in accordance with	τέρμα, το	finishing line
		τερματίζω	to finish
		τέσσερα	four
συνάλλαγμα, το	foreign exchange	Τετάρτη, η	Wednesday
συναντώ	to meet	τέταρτος, -η, -ο	fourth
συνδυάζω	to combine	τέτοιος, -α, -ο	such (man, woman, child)
συνεργείο, το	garage (for car repairs)		
		τετρακόσια	four hundred
συνεχίζω	to continue, continuously	τεχνολογία, η	technology
		τζάμι, το	glass
συνήθως	usually	τηλεπάθεια, η	telepathy
σύνθεση, η	synthesis, composition	τηλέφωνο, το	telephone
		τηλεφωνώ	to telephone
συνταγή, η	prescription, recipe	τι	what
		τιμή, η	price, honour
συντροφιά, η	company (as in keep you company)	τίνος	whose
		τίποτα	nothing
		τοίχος, ο	wall (of a house)

τοποθεσία, η	place, site	υπερασπίζω	to defend
τοποθετώ	to place	υπηρεσία, η	service
τόπος, ο	place	υπεραστική	long-distance
τόσος, -η, -ο	so, such (man, woman, child)	κλήση, η	telephone call
		υπόγειος, -α, -ο	underground
τότε	then	υπογράφω	to sign
του, της, του	his, her, its	υπομονή, η	patience
τουαλέτα, η	toilet	υπουργός, ο, η	minister
τουλάχιστον	at least		(politics)
τουριστικός, -ή, -ό	tourist	ύστερα	later
		φακός, ο	lens
τραγωδία, η	tragedy	φακός	contact lens
τράπεζα, η	bank	επαφής, ο	
τρένο, το	train	φαρμακείο, το	pharmacy,
τρέχω	to run		chemist's
τρία	three	φάρμακο, το	medicine
τριακόσια	three hundred	Φεβρουάριος	February
τριάντα	thirty	φέγγω	to shine
τρίζω	to squeeze, to squeak	φέριμποτ, το *invar.*	ferry boat
Τρίτη, η	Tuesday	φέρνω	to bring
τρίτος, -η, -ο	third	φέτα, η	slice
τρόλεϊ, το	trolley bus	φεύγω	to leave
τρώω, τρώγω	to eat	φθινόπωρο, το	Autumn
τσάι, το	tea	φίλαθλος, ο, η	sports fan
τσιμπώ	to pinch, to sting, to bite	φίλη, η	friend (female)
		φιλικά	in a friendly manner
τσιπς, τα	crisps	φιλόξενος,	hospitable
τυρί, το	cheese	-η, -ο	
τυχερός, -ή, -ό	lucky	φίλος, ο	friend (male)
τύχη, η	luck	Φλεβάρης, ο	*see*
υγεία, η	health		**Φεβρουάριος**
εις υγείαν	your health		
υγιής, -ής, -ές	healthy	φοβάμαι	to fear
υγρασία, η	humidity	φορά, η	occasion
υλικό, το	ingredient, material	φόρεμα, το	dress
		φρέσκος, -ια, -ο	fresh
υπάλληλος, ο, η	employee	φρυγανιά, η	toast
υπάλληλος	receptionist	φτάνω	to arrive
υποδοχής,		φτιάχνω	to make
ο, η		φύλλο, το	leaf
υπάρχω	to exist	φυσά	it's windy

φυσικός, -ή, -ό	natural	χρόνος, ο	year, time, tense
φωνή, η	voice	χρόνια πολλά	many happy
φως, το	light		returns
φωτιά, η	fire	χρωστώ	to owe
φωτογραφία, η	photograph	χτες, χθες	yesterday
χαιρετισμός, ο	greeting, regards	χτίζω	to build
χαίρομαι	to be pleased, to	χτυπώ	to strike, to hit
	enjoy, to be	χυμός, ο	juice
	glad	χύνω	to spill
χαρούμενος,	cheerful	χωριό, το	village
-η, -ο		χωρίς	without
χαρτοπωλείο,	stationer's	χώρος, ο	space, area, field
το		ψαράς, ο	fisherman
χειμώνας, ο	winter	ψάρεμα, το	fishing
χέρι, το	hand	ψαρεύω	to fish
χίλια	one thousand	ψάρι, το	fish
χιλιάδα, η	thousand	ψήνω	to cook
χιονίζει	it's snowing	ψυγείο, το	fridge
χορεύω	to dance	ψυχή, η	soul
χρειάζομαι	to need	ψυχολογία, η	psychology
χρεώνω	to debit, to	ώμος, ο	shoulder
	charge	ώρα, η	time
χρήμα, το	money	ως	up to, as
χρήση, η	use	ωσάν	like, as
χρησιμοποιώ	to use	ωστόσο	however,
χρονιά, η	year		nevertheless

English–Greek glossary

accident	το ατύχημα
account, bill	ο λογαριασμός
address	η διεύθυνση
aeroplane	το αεροπλάνο
after	μετά
age	η ηλικία
airport	ο αερολιμένας, το αεροδρόμιο
also	επίσης
although	αν και
always	πάντα, πάντοτε
am	είμαι
and	και
answer, to	απαντώ
apartment	το διαμέρισμα
apple	το μήλο
arrival	η άφιξη
ask, to	ρωτώ
August	ο Αύγουστος
aunt	η θεία
Autumn	το φθινόπωρο
baker's	το αρτοπωλείο
bank	η τράπεζα
bathroom	το λουτρό
be, to	είμαι
beach	η παραλία, η πλαζ invar.
because	επειδή, γιατί
bedroom	το υπνοδωμάτιο
before	πριν
begin, to	αρχίζω
behind	πίσω
between	μεταξύ
bicycle	το ποδήλατο
big, large	μεγάλος, -η, -ο
black	μαύρος, -η, -ο
blonde, fair	ξανθός, -ιά, -ό, ξανθός, -ή, -ό
blue: dark	μπλε invar.
light	γαλανός, -ή, -ό
boarding-card	η κάρτα επιβίβασης
boat	η βάρκα
bookshop	το βιβλιοπωλείο
bring, to	φέρνω
brother	ο αδελφός, ο αδερφός
brown	καφέ invar.
but	αλλά
butcher's	το κρεοπωλείο
butter	το βούτυρο
buy, to	αγοράζω
cafeteria	η καφετέρια
call (telephone)	η κλήση
can (v.)	μπορώ
car	το αυτοκίνητο
cash	τα μετρητά
cash (cheque), to	εξαργυρώνω
cashier's	το ταμείο

chair	η καρέκλα	doctor	ο, η γιατρός
change (money)	τα ρέστα	drachma	η δραχμή
cheese	το τυρί	dress	το φόρεμα
cheque	η επιταγή	drink, to	πίνω
child	το παιδί	drive, to	οδηγώ
choose, to	διαλέγω	driver	ο, η οδηγός
cigarette lighter	ο αναπτήρας	driving-licence	η άδεια
cinema	το σινεμά		οδηγήσεως
city, town	η πόλη	dry	στεγνός, -ή, -ό
clean, to	καθαρίζω		(for wine)
clinic	η κλινική		ξηρός, -ή, -ό
coffee	ο καφές	duty-free goods	τα
cold	το κρύο,		αφορολόγητα
	(illness) το	ear	το αυτί
	συνάχι, το	east	η ανατολή
	κρυολόγημα	eat, to	τρώω, τρώγω
contact lens	ο φακός	egg	το αβγό
	επαφής	eight	οκτώ, οχτώ
cook, to	μαγειρεύω	eight hundred	οκτακόσια,
cost, to	κοστίζω		οχτακόσια
cough	ο βήχας	eighteen	δεκαοκτώ,
credit card	η πιστωτική		δεκαοχτώ
	κάρτα	eighty	ογδόντα
crisps	τα τσιπς	eleven	έντεκα
cucumber	το αγγούρι	evening	το βράδυ
cut, to	κόβω	exit	η έξοδος
dad	ο μπαμπάς	face	το πρόσωπο
date	η ημερομηνία	family	η οικογένεια
day	η ημέρα, η	far (from)	μακριά
	μέρα	February	ο Φεβρουάριος
day after	μεθαύριο	ferry boat	το φέριμποτ
tomorrow,			*invar.*
day before	προχτές,	fever	ο πυρετός
yesterday	προχθές	fifteen	δεκαπέντε
December	ο Δεκέμβριος	fifth	πέμπτος, -η, -ο
dentist	ο, η οδο-	fifty	πενήντα
	ντογιατρός	fish	το ψάρι
depart, to	αναχωρώ	fish, to	ψαρεύω
destination	ο προορισμός	five	πέντε
diarrhoea	η διάρροια	five hundred	πεντακόσια
dish, plate	το πιάτο	floor (storey)	ο όροφος
do, to	κάνω	'flu	η γρίππη

fly, to	πετώ	help, to	βοηθώ
foot	το πόδι	here	εδώ
for	για	hire, to	νοικιάζω,
foreign exchange	το συνάλλαγμα		ενοικιάζω
forty	σαράντα	hiring, renting	η ενοικίαση
four	τέσσερα	his	του
four hundred	τετρακόσια	holidays	οι διακοπές
fourteen	δεκατέσσερα	honey	το μέλι
fourth	τέταρτος,	hospital	το νοσοκομείο
	-η, -ο	hotel	το ξενοδοχείο
Friday	η Παρασκευή	house	το σπίτι
friend	ο φίλος	how many?	πόσοι, -ες, -α;
from	από	how much?	πόσος, -η, -ο;
garage (for car	το συνεργείο	hundred	εκατό
repairs)		husband	ο σύζυγος
give, to	δίνω	I	εγώ
glass	το γυαλί	ice-cream	το παγωτό
glasses	τα γυαλιά	if, whether	αν
(spectacles)		information	η πληροφορία
go, to	πηγαίνω	injection	η ένεση
good evening	καλησπέρα	insect repellent	η εντομοαπωθη-
good morning	καλημέρα	(lotion)	τική λοσιόν
good night	καληνύχτα	instant coffee	ο στιγμιαίος
Greece	η Ελλάδα		καφές
Greek	ελληνικός,	island	το νησί
	-ή, -ό	jam	η μαρμελάδα
language	τα ελληνικά	January	ο Ιανουάριος
man	ο Έλληνας	journey	το ταξίδι
woman	η Ελληνίδα	juice	ο χυμός
green	πράσινος, -η, -ο	July	ο Ιούλιος
greengrocer	ο μανάβης	June	ο Ιούνιος
grey	γκρίζος, -α, -ο	kilo	το κιλό
grocer's	το	kiosk	το περίπτερο
	παντοπωλείο	knife	το μαχαίρι
hand	το χέρι	lemon	το λεμόνι
handkerchief	το μαντίλι	lemonade	η λεμονάδα
harbour, port	το λιμάνι	letter	το γράμμα
have, to	έχω	light, to	ανάβω
he, she, it	αυτός, -ή, -ό	little, few	λίγος, -η, -ο
head	το κεφάλι	live, to	ζω
headache	ο πονοκέφαλος	look, to	κοιτάζω
hello	γεια	love, to	αγαπώ

luggage	η αποσκευή	no	όχι
luggage check-in	ο έλεγχος αποσκευών	north	ο νότος
		November	ο Νοέμβριος
madam	η κυρία	number	ο αριθμός
magazine, periodical	το περιοδικό	October	ο Οκτώβριος
		often	συχνά
man	ο άνθρωπος	oil	το λάδι
March	ο Μάρτιος	ointment	η αλοιφή
market	η αγορά	olive, olive tree	η ελιά
May	ο Μάιος	one	ένας, μία, ένα
meat	το κρέας	one thousand	χίλια
medicine	το φάρμακο	one-way ticket	το απλό εισιτήριο
meet, to	συναντώ	open	ανοιχτός, -ή, -ό
milk	το γάλα	or	ή
milk-shake	το μιλκ σέικ	orange (colour)	πορτοκαλής,
mine	δικός, -ή, -ό		-ιά, -ί ,
	(μου)	(fruit)	το πορτοκάλι
minute	το λεπτό	orangeade	η πορτοκαλάδα
Miss	η δεσποινίς	our	μας
Monday	η Δευτέρα	ouzo	το ούζο
money	το χρήμα	parking	το πάρκινγκ, η
month	ο μήνας		στάθμευση
morning	το πρωί	passport	το διαβατήριο
mother	η μητέρα	passport control	ο έλεγχος διαβατηρίων
motorcycle	η μοτοσικλέτα		
Mr	Κος, κ.	pay, to	πληρώνω
Mrs	Κα, κ.	pear	το αχλάδι
much	πολύς, πολλή,	petrol	η βενζίνη
	πολύ	petrol station	το βενζινάδικο,
my	μου		το πρατήριο
name	το όνομα		(βενζίνης)
near	κοντά	pharmacy	το φαρμακείο
need, to	χρειάζομαι	please	παρακαλώ
never	ποτέ	to be pleased, to be glad	χαίρομαι
new	νέος, -α, -ο		
newspaper	η εφημερίδα	post office	το ταχυδρομείο
nine	εννιά, εννέα	pound	η λίρα
nine hundred	εννιακόσια	prescription	η συνταγή
nineteen	δεκαεννέα,	quick	γρήγορα
	δεκαεννιά	quiet	ήσυχος, -η, -ο
ninety	ενενήντα	radio	το ράδιο, το
ninth	ένατος, -η, -ο		ραδιόφωνο

receipt	η απόδειξη	small	μικρός, -ή, -ό
receptionist	ο, η υπάλληλος υποδοχής	soap	το σαπούνι
		soft drink	το αναψυκτικό
recipe	η συνταγή	some	μερικοί, -ές, -ά
record player	το πικ απ	sorry	συγνώμη
red	κόκκινος, -η, -ο	speak, to	μιλώ
restaurant	το εστιατόριο	spoon	το κουτάλι
return ticket	το εισιτήριο με επιστροφή	station	ο σταθμός
		stationer's	το χαρτοπωλείο
road	ο δρόμος	stomach	το στομάχι
room	το δωμάτιο	stop (bus)	η στάση
sailing	η ιστιοπλοΐα	stop, to	σταματώ
salad	η σαλάτα	sugar	η ζάχαρη
salami	το σαλάμι	suitcase	η βαλίτσα
Saturday	το Σάββατο	summer	το καλοκαίρι
say, to	λέω, λέγω	sun	ο ήλιος
say goodbye, to	αποχαιρετώ	sunbathing	η ηλιοθεραπεία
sea	η θάλασσα	Sunday	η Κυριακή
seashore	η ακρογιαλιά	sunglasses	τα γυαλιά του ήλιου
see, to	βλέπω		
sell, to	πουλώ, πωλώ	supermarket	το σουπερμάρκετ
September	ο Σεπτέμβριος		
service	η υπηρεσία	swim, to	κολυμπώ
seven	επτά, εφτά	taxi	το ταξί
seven hundred	επτακόσια, εφτακόσια	tea	το τσάι
		telephone	το τηλέφωνο
seventeen	δεκαεπτά, δεκαεφτά	ten	δέκα
		thank, to; thank you	ευχαριστώ
seventy	εβδομήντα		
ship	το πλοίο	thirteen	δεκατρία
single (ticket)	το απλό εισιτήριο	thirty	τριάντα
		thousand	η χιλιάδα
sister	η αδελφή, η αδερφή	three	τρία
		three hundred	τριακόσια
sit, to	κάθομαι	Thursday	η Πέμπτη
six	έξι	ticket	το εισιτήριο
six hundred	εξακόσια	time	η ώρα
sixteen	δεκαέξι	tobacconist	το καπνοπωλείο
sixty	εξήντα		
shop	το κατάστημα, το μαγαζί	toilet	το αποχωρητήριο, η τουαλέτα
slowly, quietly	σιγά		

tomato	η ντομάτα	weekend	το Σαββατο-
tomorrow	αύριο		κύριακο
tonight	απόψε	west	η δύση
train	το τρένο	what	τι
travel, to	ταξιδεύω	when	όταν, πότε;
traveller's	η ταξιδιωτική	while	ενώ
cheque	επιταγή	white	άσπρος, -η, -ο,
Tuesday	η Τρίτη		λευκός, -ή, -ό
twelve	δώδεκα	who, which	οποίος, -α, -ο
twenty	είκοσι	whose?	τίνος, ποιου,
two	δύο, δυο		-ας, -ου;
two hundred	διακόσια	why	γιατί
tyre	το λάστιχο	wife	η σύζυγος
uncle	ο θείος	will, shall	θα
use	η χρήση	win, to	νικώ, (a game)
use, to	χρησιμοποιώ		κερδίζω
village	το χωριό	wind, air	ο αέρας
vine	το αμπέλι	window	το παράθυρο
vineyard	ο αμπελώνας	wine	το κρασί
visit, to	επισκέπτομαι	winter	ο χειμώνας
walk	ο περίπατος	with	με
walk, to	περπατώ	without	δίχως, χωρίς
want, to	θέλω	year	ο χρόνος, το έτος
warm	ζεστός, -ή, -ό	yellow	κίτρινος, -η, -ο
water	το νερό	yes	ναι
watermelon	το καρπούζι	yesterday	χτες, χθες
we	εμείς	you (plural)	εσείς
welcome, to	καλωσορίζω	you (singular)	εσύ
Wednesday	η Τετάρτη	young	νέος, -α, -ο
week	η εβδομάδα,	your (plural)	σας (singular)
	βδομάδα		σου

Grammar index

The numbers refer to the lessons in the book.